Theodor Fontane

»Wie man in Berlin so lebt«

atb aufbau taschenbuch

Theodor Fontane wurde am 30. Dezember 1819 im märkischen Neuruppin geboren. Er erlernte den Apothekerberuf, den er 1849 aufgab, um sich als Journalist und freier Schriftsteller zu etablieren. Ein Jahr später heiratete er Emilie Rouanet-Kummer. 1852 und 1855 bis Anfang 1859 arbeitete Fontane als »Presseagent« des preußischen Gesandten in London. Nach Berlin zurückgekehrt, galt sein Hauptinteresse den »Wanderungen durch die Mark Brandenburg«. Neben der umfangreichen Tätigkeit als Kriegsberichterstatter, Reiseschriftsteller und Theaterkritiker schuf er seine berühmt gewordenen Romane und Erzählungen sowie die beiden Erinnerungsbücher »Meine Kinderjahre« und »Von Zwanzig bis Dreißig«. Fontane starb am 20. September 1898 in seiner Berliner Wohnung Potsdamer Straße 134c. Von hier aus hatte er vierzig Jahre lang den Aufstieg Berlins zur europäischen Metropole beobachtet und das Tun und Treiben der Hauptstädter mit Liebe, Skepsis und Sarkasmus verfolgt.

Ob man Berlin liebt oder haßt, den charmant-witzigen Äußerungen Fontanes über die Haupt- und werdende Weltstadt kann man sich einfach nicht entziehen. »Je berlinischer man ist, je mehr schimpft man oder spöttelt man auf Berlin.« Doch wußte er um den Vorzug der großen Stadt und hätte an keinem anderen Ort der Welt leben und schreiben können. Seinem Freund und Kollegen Paul Heyse bekannte er: »Es ist mir Bedürfnis geworden, ein solches Schwungrad in nächster Nähe sausen zu hören, auf die Gefahr hin, daß es gelegentlich zu dem bekannten Mühlrad wird.«

Theodor Fontane

»Wie man in Berlin so lebt«

Beobachtungen und Betrachtungen aus der Hauptstadt

Herausgegeben
von Gotthard Erler

atb aufbau taschenbuch

Mit einem Beitrag von Hans-Werner Klünner
über »Fontanes Berliner Wohnstätten«

FSC
www.fsc.org
MIX
Papier aus verantwortungsvollen Quellen
FSC® C083411

ISBN 978-3-7466-5246-7

Aufbau Taschenbuch ist eine Marke der Aufbau Verlag GmbH & Co. KG

5. Auflage 2012

Die Originalausgabe erschien 2000 bei Aufbau,
einer Marke der Aufbau Verlag GmbH & Co. KG
Umschlaggestaltung Dagmar & Torsten Lemme, Berlin
unter Verwendung des Gemäldes
»Blick von der Schleusenbrücke zum Stadtschloß«
von Albert Kiekebusch (1892),
Bildarchiv Preußischer Kulturbesitz
Druck und Binden CPI – Clausen & Bosse, Leck
Printed in Germany

www.aufbau-verlag.de

Theodor Fontane, 1869

Porträtfoto von Loescher & Petsch
(Theodor-Fontane-Archiv, Potsdam)

Inhalt

Fontane und Berlin
Geschichte einer Haßliebe

Von Gotthard Erler

Theodor Fontane, der gebürtige Neuruppiner, hat etwa sechs Jahrzehnte in Berlin gelebt, die Entwicklung der Stadt von 1833 bis 1898 mit wachsender Intensität beobachtet und in Widerspruch und Liebe reflektiert. Sein Leben gestaltete sich im Kontext der gewaltigen sozialen, politischen und technisch-topographischen Veränderungen, die den Aufstieg der preußischen Residenz zur deutschen Hauptstadt begleiteten, und sein literarisches Werk ist in der steten Auseinandersetzung mit ebendiesem Berlin und der umliegenden Mark Brandenburg entstanden.

Von der Residenz zur Metropole

Als der Dreizehnjährige 1833 nach Berlin kam, fuhr in keinem der zahlreichen deutschen Staaten eine Eisenbahn; als er 1898 starb, verfügte das Deutsche Reich über ein Streckennetz von 50000 Kilometern, hatte der »Hafermotor« (wie man den Droschkengaul nannte) in den ersten »Benzinkutschen« eine lautstarke Konkurrenz erhalten, und Otto Lilienthal hatte die Versuche mit seinen Flugapparaten bereits mit dem Leben bezahlt. Als der Apothekerlehrling Fontane im Dezember 1839 im »Berliner Figaro« seine erste Novelle, »Geschwisterliebe«, veröffentlichte, sammelten die Kinder noch Brennholz im Tiergarten, dem man »ohnehin aus Sommer- und Herbsttagen her für Champignons und Steinpilze verpflichtet war«. Als er seinen letzten Roman, den »Stechlin«, konzipierte, wohnte er, nahe diesem Tiergarten, »im belebtesten Teil der Potsdamer Straße und schrieb« (nach dem Zeugnis eines Besuchers) »bei geöffnetem Fenster unter ohrenbetäubendem Straßenlärm«. Als die Fontanes 1859 aus England zurückkehrten, bezog die Familie in der Potsdamer Straße 33 eine ganz und gar noch ländlich gelegene »Sommerwohnung«, sog, wie der Hausherr bemerkte, »die echte Berliner Gartenluft (Blumen vorne und Müllkute hinten) in vollen Zügen ein« und fand die sarkastische Aussage von Professor Magnus bestätigt, »daß der gute Gesundheitszustand der Berliner in der schamlosen Unbedecktheit ihrer Rinnsteine wurzele«. Als man im September 1898 seine sterbliche Hülle die berühmten 75 Stufen im Hause Potsdamer Straße 134c hinuntertrug, war diese Straße längst an die Kanalisation angeschlossen, und die alte Pferdebahn, die seit 1879 durch die Potsdamer nach Schöneberg führte, hatte einer elektrischen Straßenbahn Platz gemacht.

Als Fontane 1833 in die Friedrichswerdersche Gewerbeschule von Karl Friedrich Klöden aufgenommen wurde, bestand Deutschland aus drei Dutzend selbständigen Fürstentümern und vier Freien Reichsstädten; Fontanes vier Kinder wuchsen im Deutschen Kaiserreich auf, das Bismarck 1871 mit »Blut und Eisen« geschaffen hatte. In der Vormärzzeit übersetzte Fontane Verse englischer Arbeiterdichter und schrieb ein Buch über einen ihrer prominenten Vertreter; folgerichtig bat er 1848 seinen Freund Lepel um einen leibhaftigen »Muskedonner«, weil die Konterrevolution »Taten oder doch Wort *und* Tat« erheische. Als er Ende der neunziger Jahre auf seine Erlebnisse »Von Zwanzig bis Dreißig« zurückblickte, war von dem

Radikaldemokraten Theodor Fontane auf den Berliner Barrikaden freilich nicht mehr die Rede. 1860, als er, von Berlin aus, seine Wanderungen durch die Mark Brandenburg begann, postulierte er: »Wer den Adel abschaffen wollte, schaffte den letzten Rest von Poesie aus der Welt.« Aber vierzig Jahre später wird er im »Stechlin« (und zwar bei einem Ausflug zum Eierhäuschen im Treptower Park) die Frage erörtern lassen: »ob sich der vierte Stand etabliert und stabiliert ..., darauf läuft doch in ihrem vernünftigen Kern die ganze Sache hinaus«. 1851 hatte er das Festgedicht auf die Enthüllung von Rauchs Friedrich-Denkmal Unter den Linden verfaßt, 1871 läßt er diesen erzenen König den siegreich aus Frankreich heimkehrenden Truppen suggestiv zuraunen: »*Nun*, Messieurs, ist es *genug*«, und 1898 wird ihm bei den chauvinistischen Reden Wilhelms II. »himmelangst«.

»Geldsackgesinnung« und »Kommißknüppelzustand«

Schon diese wenigen episodisch verknüpften Fakten deuten die enge Verbindung der Fontaneschen Biographie mit der Geschichte Berlins und Preußens an; sie zeigen, wie sich die widerspruchsvolle Entwicklung des Schriftstellers Fontane synchron mit dem Aufstieg Berlins zur modernen Großstadt, ja zur Weltstadt vollzog. Seit seinem mehrjährigen Aufenthalt in London war es ihm ein Bedürfnis geworden, »an einem großen Mittelpunkte zu leben«. »Wie man auch über Berlin spötteln mag ...«, schrieb er 1860 an Heyse in München, »das Faktum ist doch schließlich nicht wegzuleugnen, daß das, was hier geschieht und nicht geschieht, direkt eingreift in die großen Weltbegebenheiten.«

Fontane anerkannte gelegentlich, daß Berlin allmählich »eine schöne und vornehme Stadt« werde (1881), aber sein Unbehagen gegenüber geistigem Zuschnitt und psychischem Habitus der neuen tonangebenden Berliner wuchs ständig. Der plötzliche wirtschaftliche Machtzuwachs nach dem Deutsch-Französischen Krieg wurde charakterlich nicht bewältigt, und so etablierte sich in seinen Augen eine »Äußerlichkeitsherrschaft«, ein vulgärer Materialismus voller »Ruppigkeit« und »Protzentum«. In den prunkvollen Tiergartenvillen waren Oberflächlichkeit und Pseudobildung zu Hause, und oft genug hatten die Bewohner ihre Geschmacklosigkeit ungeniert Fassade werden lassen.

Man muß den Roman »Frau Jenny Treibel« *und* die zahllosen briefverborgenen Äußerungen zusammennehmen, um das ganze Ausmaß von Fontanes Abscheu vor dem »Bourgeoisstandpunkt« zu begreifen. Wie weit diese »Geldsackgesinnung« und »Verrohung« bereits in die intimen Bereiche des Lebens eingedrungen waren, wurde dem Dichter 1887 beim Tode seines ältesten Sohns George schmerzlich bewußt; resigniert sprach er von dem »fabrikmäßigen« Trauerapparat, der »das Beste, was der Mensch hat, zu bloßer Phrase, ja zur Kunstträne und Gefühlsheuchelei« herabdrücke.

Als er 1891 das Manuskript des Romans »Frau Jenny Treibel«, den er selbst als »humoristische Verhöhnung unsrer Bourgeoisie mit ihrer Redensartlichkeit auf jedem Gebiet« bezeichnete, noch einmal überarbeitete, bekannte er seiner Tochter: »Ich hasse das Bourgeoishafte mit einer Leidenschaft, als ob ich ein eingeschworner Sozialdemokrat wäre. ›Er ist ein Schafskopf, aber sein Vater hat ein Eckhaus‹, mit dieser Bewunderungsform kann ich nicht mehr mit.« 1894 umschrieb er seine Haltung noch einmal in einem Brief an Georg Friedlaender: »Die Stadt wächst und wächst, die Millionäre verzehnfachen sich, aber eine gewisse Schusterhaftigkeit bleibt, die sich vor allem in dem Glauben ausspricht: ›Mutters Kloß sei der beste.‹«

Fontane hat mehrfach versucht, die sozialpsychologischen Merkmale des »spezifisch Berlinischen« auch essayistisch zu erfassen (»Berliner Ton«, »Die Märker und die Berliner«, »Berliner Sprechanismus« u. a.), und er kam dabei unausweichlich auf ein Charakteristikum, das er als »Kommißknüppelzustand« und »Pflichttrampeltum« bezeichnete. Er verstand darunter die herzlose, kunstfeindliche preußische Ministerialbürokratie und den Standesdünkel der Beamten, die sich meist aus ostelbischem Adel rekrutierten und die ein lebensfernes Bildungssystem für die Praxis weitgehend unfähig gemacht hatte. Er hegte eine tiefe Abneigung gegen den »durch sechs Examina gegangenen Patentpreußen«, den »Examensheiligen«, der Schlachten auf dem Papier schlägt, aber keine Sektion über den Rinnstein führen kann. »In Berlin«, bemerkte Fontane 1897, »sind die Menschen infolge des ewigen Lernens und Examiniertwerdens am talentlosesten – eine Beamtendrillmaschine.«

»Er schuf Berlin zum zweiten Male«

Und doch hat kaum einer dieses Berlin zugleich so liebevoll und kenntnisreich dargestellt wie Fontane – in der städtischen Szenerie wie in einer Fülle liebenswerter Figuren. Wer viel Fontane gelesen hat – Briefe, Autobiographisches, »Wanderungen« und natürlich Romane –, fühlt sich im Berlin des 19. Jahrhunderts einigermaßen zu Hause, in jenem vom Baufieber geschüttelten Berlin der siebziger, achtziger und neunziger Jahre, in dem das biedermeierliche Stadtbild verschwand und einem neuen Platz machte, das dann in den Bombennächten des zweiten Weltkriegs unterging.

Mit Hilfe eines alten Stadtplans sind die Schauplätze der Romane meist aufzufinden, die Landpartien teilweise heute noch nachzuvollziehen. Diese historische »Stimmigkeit« hängt mit Fontanes Berlinerschaft ebenso zusammen wie mit seinen reichen Erfahrungen als Reiseschriftsteller und Wanderer durch die Mark. Aber er hat immer davor gewarnt, seine »Wanderungen« mit dem Baedeker zu verwechseln, und er war höchst verdrossen, wenn man seine Romane nur wegen ihrer Lokaltreue lobte. Denn ihm kam es auf das Typische, das Charakteristische an, nicht auf simple, naturalistische Übereinstimmung. So hat er beispielsweise das van der Straatensche Stadthaus, das in »L'Adultera« in der Großen Petristraße 4 steht, recht genau nach dem (heute noch vorhandenen) Ravené-Haus in der Wallstraße gestaltet. Auch die Villa Treibel hat nie in der Köpenicker Straße gestanden, ist aber gleichwohl eine genaue Kopie eines Hauses in der Schlesischen Straße, das einem Kommerzienrat Heckmann gehörte.

In jedem Roman gibt es Ausblicke aus Fenstern und von Balkonen, und Heimwege und Spaziergänge geraten unterderhand zu anschaulichen Beschreibungen von Straßen und Stadtvierteln. In »Stine« ist es die Invalidenstraße, wo »Borsig und Schwarzkoppen seine« zur Arbeit gehen; in »Frau Jenny Treibel« die Fischerbrücke mit dem Blick zur Parochialkirche; in »Mathilde Möhring« die Gegend am Bahnhof Friedrichstraße; im »Stechlin« die Jannowitzbrücke und das Eierhäuschen, wo man am östlichen Horizont die Fabrikschornsteine von Spindlersfelde erkennt; in »Irrungen, Wirrungen« Hankels Ablage in Zeuthen; in den »Poggenpuhls« die hinreißende Beschreibung des Potsdamer Platzes. Und überall gewährt Fontane, scheinbar beiläufig, aufschlußreichen Einblick in die gut- und kleinbürgerliche Wohnkultur wie in die Hängebodenwelt der Bediensteten, und wenn man wollte, könnte man aus seinen Büchern einen Katalog der besten Hotels und der vornehmsten Restaurants, der Wein- und Bierlokale und der Ausflugsgaststätten, der Warenhäuser und Modegeschäfte zusammenstellen und auf diese Weise ein interessantes Stück Berliner Kulturgeschichte rekonstruieren. Er schuf, wie Erich Kästner einmal gesagt hat, Berlin tatsächlich zum zweiten Male.

Das Scheusal vom Parkettplatz 23

In ungezählten Briefen und manchen fragmentarischen Aufzeichnungen hat Fontane mit oft bissiger Ironie festgehalten, wie er selbst »als Mensch und Dichter« in dieser Stadt gelebt und – gelitten hat: Mädchenwechsel, Mieterhöhung und Umzüge, mörderischer Verkehr und malariaverdächtige Kanalluft, Fluch und Segen der Wasserspülung, die Schwierigkeit, ein scharfes Rasiermesser zu bekommen, und der moderne Aufwand beim Kauf einer Hose. Auch in diesen Details kommt das Berlin der Fontane-Zeit so deutlich zum Vorschein, daß die Phantasie ersetzen kann, was realiter nicht mehr vorhanden ist. Von den siebzehn Häusern zum Beispiel, in denen Fontane in Berlin gewohnt hat, steht heute kein einziges mehr; auch das in der Potsdamer Straße 134c mußte bereits 1905/06 einem Neubau weichen. Von den vier Apotheken, in denen er Pillen drehte und Verse schmiedete, gibt's nur noch die im Bethanienkrankenhaus, dem heutigen Künstlerhaus.

Dagegen sind zwei andere seiner »Wirkungsstätten«

noch zu besichtigen: Schinkels »Neue Wache« Unter den Linden, wo Fontane 1844 als Einjährig-Freiwilliger auf »Königswache« war und nach eigenem Bekenntnis Karten spielte, uckermärkische Zigarren rauchte und Weißbier trank, und Schinkels Schauspielhaus am Gendarmenmarkt, wo er an ungezählten Abenden zwischen 1870 und 1890 auf dem legendären Parkettplatz 23 saß und sich seine sachgerechte, aber meist unkonventionelle Meinung bildete, sie tags darauf in der »Vossischen Zeitung« veröffentlichte und dabei sukzessive ein bemerkenswertes, rund 1800 Seiten umfassendes Kapitel Berliner Theatergeschichte schrieb. Er amüsierte sich, als sich der von ihm heftig attackierte Star-Schauspieler Theodor Döring mit Glaßbrenner verbündete und dieser in seiner »Montagszeitung« Fontanes Kritiker-Chiffre Th. F. in »Theater-Fremdling« auflöste. Nicht nur sein späteres Engagement für die naturalistischen Dramatiker bewies, daß er keiner war.

»Wie man in Berlin so lebt«

Auch das gehört zum Thema: Berlin als Zeitungsstadt und Fontane als praktizierender Journalist und passionierter Zeitungskonsument. Er konnte von der schönsten und ausgedehntesten Gesellschaft nach Hause kommen – um sich dem Alltag wiederzugeben, las er noch seine geliebte »Vossin«, und es verging kein Tag, an dem ihm nicht (so wenigstens behauptete er) aus dem elenden Löschpapier etwas Hochpoetisches entgegenkam. Und überdies: bei allen oft bitteren Vorbehalten gegen Berlin und das Berlinertum brauchte er das Leben in der Großstadt, den geselligen Umgang mit einem beträchtlichen Freundeskreis, in dem Adolph Menzel der Prominenteste war. Und als dann die Kinder ausgeflogen waren, die alten Bekannten starben oder wegblieben, die politische Entwicklung im Deutschland der Nach-Bismarck-Zeit ihn mit großer Sorge erfüllte, da hielt er wenigstens beim täglichen Spaziergang Kontakt mit der aufregenden Stadt. Mit größter Gewissenhaftigkeit absolvierte er seine »Sport- und Rennstunde«. In allen zeitgenössischen Zeugnissen wird dabei jenes Requisits gedacht, ohne das er auch im Sommer nicht aus dem Hause ging: »den kleinen Wollplaid über die Schulter«, wie sich Gerhart Hauptmann erinnert, oder, wie es bei Alfred Kerr steht, »ein großes Tuch um den Hals«. Kerr fügt übrigens seiner vorzüglichen Charakteristik in der »Breslauer Zeitung« vom 1. Januar 1895 hinzu: »Er hat etwas Altfränkisch-Militärisches. Er hat das Gesicht eines friedlichen pensionierten Offiziers aus den dreißiger Jahren. Über dem ganzen Mann schwebt im Äußeren, auch in der Kleidung, bis auf Halsbinde und Kragen ein Hauch der guten alten Zeit. Und das Staunenswerte ist: diese unmoderne Persönlichkeit hat unglaublich moderne Ansichten.« (»Wo liegt Berlin? Briefe aus der Reichshauptstadt 1895–1900«)

Dieses innerlich Gegenwärtige im äußerlich Altmodischen belegt auch der vorliegende Band mit Texten aus Fontanes vielgestaltigem Werk und dem unausschöpflichen Schatz seiner Briefe. Das Buch enthält, chronologisch geordnet, Äußerungen über »Berlin und die Berliner« und stellt »Fontane als Berliner« vor, und es zeigt »Berliner Topographie« im kompetenten Urteil des Autors. Es will hilfreicher (und stets amüsanter) Stadt-Verführer sein und ein wenig zum historischen Selbstverständnis alter und neuer Berliner beitragen – zu einer Zeit, in der Berlin wieder einmal, und wieder aus einer außergewöhnlichen Situation heraus, Hauptstadt geworden ist.

Berlin und die Berliner

Die Stadt wächst und wächst, die Millionäre verzehnfachen sich, aber eine gewisse Schusterhaftigkeit bleibt, die sich vor allem in dem Glauben ausspricht: »Mutters Kloß sei der beste.«

An Georg Friedlaender, 14. Mai 1894

Dogma vom »schönen Berlin«

In Berlin empfing mich mein alter Freund Fritz Esselbach [...] und führte mich in seine Wohnung, eine Chambre garnie in der Alten Jakobsstraße. Da wollte ich eine Woche lang sein Gast sein. Am dritten Januar [1841] saßen wir denn auch behaglich beim Frühstück und delektierten uns eben an jenem eigentümlichen Berliner Gebräu, dessen erste Bekanntschaft einem Fremden, seiner Wirtin gegenüber, die Bemerkung aufgedrängt haben soll: »Ja, liebe Frau, wenn das Kaffee war, so bitte ich morgen um Tee, wenn es aber Tee war, so bitte ich morgen um Kaffee.« Gegen neun kam die Zeitung, und ein Zufall wollte, daß mein erster Blick auf die Fremdenliste fiel. Da las ich gleich obenan: »Hôtel de Saxe: Neubert und Frau, Apothekenbesitzer aus Leipzig.« Sofort war ich entschlossen, mich ihm vorzustellen und anzufragen, »ob er mich haben wolle«. Die ganze Sache hatte durchaus was von einem Überfall, aber gerade *das* kam mir zustatten. Denn Neubert, der mehr forscher Jäger als philiströser Apotheker war, war von einer großen Vorliebe für frank und freies Wesen, für alles, was außerhalb der Schablone lag. Er war ein ungewöhnlich reizender Mann; jetzt, wo jeder in seinen Geschäften aufgeht, aufgehen muß, kann sich solche Figur kaum noch ausbilden. Ich fand das Paar in sehr verschiedenen Stadien der Toilette vor, die Dame bereits in Mantel und Muff, er noch weit zurück, in Hemdsärmeln, eine Zahnbürste in der Hand. Bei der freien Art beider aber verursachte dies nicht die geringste Störung, und ehe drei Minuten um waren, war ich auf Ostern hin engagiert [...].

Das Neubertsche Haus lag in der Hainstraße, so daß ich, um dorthin zu gelangen, den echtesten und schönsten Teil von Leipzig, die Grimmasche Gasse und den Rathausplatz, zu passieren hatte. Mein Gepäckträger ging neben mir und machte in gutem Sächsisch den Führer. Ich war ganz benommen und möchte behaupten, daß, soweit Architektur und Stadtbild in Betracht kommen, nichts wieder in meinem Leben einen so großen, ja, komisch zu sagen, einen so berauschenden Eindruck auf mich gemacht hat wie dieser in seiner Kunstbedeutung doch nur mäßig einzuschätzende Weg vom Post- und Universitätsplatz bis in die Hainstraße. Die Sache findet darin ihre Erklärung, daß ich, außer einer Anzahl märkischer und pommerscher Nester, in denen ich meine Kinderjahre verbracht hatte, bis zu jener Stunde nichts von der Welt kannte wie unser gutes Berlin, das mir von allen echten Berlinern immer als der Inbegriff städtischer Schönheit geschildert worden war. Und nun! Welcher Zusammenbruch. Es gereicht mir noch in diesem Augenblick zu einer gewissen Eitelkeitsbefriedigung, daß mein künstlerisches Gefühl angesichts des Neuen oder richtiger des Alten, was ich da sah, sofort gegen das Dogma vom »schönen Berlin« revoltierte und instinktmäßig weghatte, daß Städteschönheit was andres ist als grade Straßen und breite Plätze mit aus der Schachtel genommenen Häusern und Bäumen. Ein paar Ausnahmehäuser, hinter denen ein ausländischer Meister und ein königlicher Wille steckt, können das Ganze nicht retten. Seitdem hat sich freilich sehr vieles gebessert; aber eines fehlt auch jetzt noch: individuelles Leben. Wir ahmen nach. Nur die Schachtel, aus der genommen wird, ist etwas größer, reicher und bunter geworden. Originelles, wie selten!

»Von Zwanzig bis Dreißig«, Abschnitt »Mein Leipzig lob ich mir«. Fontane begann am 1. April 1841 als Gehilfe in der Apotheke »Zum Weißen Adler« in der Leipziger Hainstraße. Haus und Apotheke existieren noch.

Berliner Wesen

Die Aussicht, Sie auf ein halb Jahr, vielleicht auf immer hier zu sehn, erfüllt uns alle mit großer Freude. Glauben Sie mir, es ist nicht so kreuzerbärmlich hier, wie unsere Gegner in Süd und Nord gewöhnlich glauben. Das Berliner Wesen, das einem auf der Straße und in der Kneipe, überhaupt im alltäglichen Leben entgegentritt, ist anfangs ungenießbar; Schärfe, Unverschämtheit, Lieblosigkeit bringen den Fremden um. Aber hinter diesen trostlosen Erscheinungen, die sich aufdrängen, gibt es wohltuende, die sich verbergen und die man kennenlernen muß, um nicht voll ungerechter Vorurteile uns wieder zu verlassen. Auch unser Bestes, was wir bieten können – ich weiß es wohl! –, hat etwas von jener Schärfe, die seit den Tagen des Alten Fritz hier in der Luft zu liegen scheint, aber in gehöriger Verdünnung hat diese Schärfe ihren Reiz und söhnt uns zuletzt auch mit den starken Dosen aus, die schließlich (wenn wir dahinterkommen, daß es *Senf* und kein *Sublimat* ist) zur Quelle unsres Vergnügens und herzlichsten Gelächters werden. Die Süddeutschen und wir verhalten uns zueinander wie die *fliegenden Blätter* zum Kladderadatsch; ich glaube, wir sind ihnen um eine ganze Pferdelänge vor.

An Theodor Storm nach Husum, Berlin, 19. März 1853. Im selben Jahr kam Storm nach Preußen, wo er bis 1856 Assessor in Potsdam war.

Echte Berliner Gartenluft

Wir saßen vorgestern beim Nachmittagskaffe in unsrer Geisblattlaube und sogen die echte Berliner Gartenluft (Blumen vorne und Müllkute hinten) in vollen Zügen ein – Professor Magnus hat nämlich bewiesen, daß der gute Gesundheitszustand der Berliner in der schamlosen Unbedecktheit ihrer Rinnsteine wurzelt –, als Deine liebenswürdigen Zeilen, nach kurzer Irrfahrt durch die Schönebergerstraße, hier eintrafen.

An den Schriftsteller und Übersetzer Wilhelm Wolfsohn, 26. Mai 1859. Die Familie Fontane hatte im April 1859 eine »Sommerwohnung« in der Potsdamer Straße 33 bezogen. Eine Kanalisation erhielt Berlin, auf Anregung Virchows, erst Jahre später.

Auf den Witz gestellte Naturen

Viele von den Unleidlichkeiten unserer Bühne sind, meiner Meinung nach, viel weniger ein Produkt mangelnden Talents oder mangelnden Eifers als vielmehr ein Resultat jenes berlinischen je ne sais quoi, dessen künstlerisch-nachteiligen Einwirkungen sich wenige zu entziehen vermögen. Ganz abgesehen von dem Berliner Organ (worauf sich allenfalls erwidern ließe, daß ein Sachse ebenfalls ein bedenklicher Macbeth-Spieler sei), drückt das Berliner Wesen, die vieljährige Berührung mit dem Berliner Geschmack – auch in Dingen und auf Gebieten, die in keiner direkten Beziehung zur Bühne stehen – dem Schauspieler einen Stempel auf, der der Lösung letzter großer Aufgaben schwerlich zugute kommt. Die Berliner, wie sich von selbst versteht, glänzende Ausnahmen im einzelnen zugegeben, sind auf den Witz gestellte Naturen. Der Sinn für das *Ganze* fehlt; man läßt ein Buch, ein Stück um eines Witzes, um einer guten Szene oder eines überraschenden Tableaus willen gelten und verwirft oder ignoriert das Tüchtige, das schmucklos seines Weges zieht. Unser großes Publikum hat *nicht* das Bedürfnis, sich zum Herzen sprechen, sich in Wahrheit erheben zu lassen, es hat nur das Bedürfnis des Gestreichelt- und Geprickeltwerdens, sei es durch Witz oder Rührung. So ist der vorherrschende Geschmack. Wer wäre stark genug, sich zwanzig Jahre lang (eine *kurze* Zeit für königliche Hofschauspieler) siegreich dagegen zu wehren? Das pointierte Wesen, das unsere Stadt so sehr charakterisiert, führt zu dem Sichvordrängen der einzelnen Persönlichkeit, zur Forciertheit, d. h. zum Virtuosentum des *großen* Talents und zur Geckenhaftigkeit des *kleinen.*

Vorwort zu der Studie »Die Londoner Theater. Insonderheit mit Rücksicht auf Shakespeare«, Juli 1860.

Das damalige Berlin

Die märkischen Städte damals [im 17. Jahrhundert] ließen viel zu wünschen übrig und standen so ziemlich auf der niedrigsten Stufe in Deutschland. Nehmen wir Berlin, das damals die besseren märkischen Städte zwar wenig überragte, aber doch auch sicherlich nicht hinter ihnen zurückblieb, so läßt sich mit Leichtigkeit der Beweis führen, daß die kurfürstlich brandenburgische Residenz unter allen kurfürstlichen Residenzen jener Zeit die kümmerlichste war und weder mit München und Dresden noch mit Mainz und Köln verglichen werden konnte. Trat es gegen diese Städte in den Schatten, so blieb es ebensosehr hinter den Freien Reichsstädten im südwestlichen Deutschland wie hinter den Hansa- und Handelsstädten im Norden zurück. Das damalige Berlin besaß außer der durch ihre Schönheit bekannten kleinen Klosterkirche in der Klosterstraße nur drei Gotteshäuser: die Marien-, die Nikolai- und die Petrikirche, sehr ansehnliche Gebäude, die aber doch, damals wie jetzt, an innerem Schmuck wie in äußerer Erscheinung keinen Vergleich aushielten mit den Kathedralen von Bamberg und Ulm, von Freiburg und Regensburg. Neben den genannten vier Kirchen hatte Berlin noch sein Rathaus, das wir in unsern Tagen endlich haben verschwinden sehen, den Palast der Bischöfe von Lebus, das alte kurfürstliche Schloß in der Klosterstraße und endlich das Schloß zu Cölln an der Spree, das, mit Turm und Giebel nach der Burgstraße hinaus gelegen, bekanntlich jetzt den ältesten Teil des gegenwärtigen Königsschlosses bildet. Hierzu gesellten sich einige Klostergebäude, vielleicht auch sonst noch das Wohnhaus eines einzelnen Würdenträgers der Stadt, des Staats oder der Kirche; aber wir irren schwerlich, wenn wir die Zahl der ansehnlichen Gebäude, die damals neben den vier Kirchen eine verhältnismäßige Zierde Berlins bildeten, auf höchstens acht bis zehn Häuser angeben.

Es konnte auch kaum anders sein. Berlin hatte 1630, also genau in dem Jahre, in dem Gustav Adolf in Deutschland auftrat, nur 8000 Einwohner, war also kleiner als gegenwärtig das benachbarte Spandau. Nach 1680 betrug die Einwohnerzahl Berlins nicht voll 10000, zu denen sich bald darauf, nach Aufhebung des Edikts von Nantes, über 5000 französische Refugiés gesellten, so daß damals jeder dritte Mensch in Berlin ein Franzose war. Dies mag die Erscheinung erklären, daß so vieles im Berlinertum bis diesen Tag an französisches Wesen, ja oft mehr an französische als deutsche Eigenart erinnert; es erklärt auch ferner den Umstand, daß die sogenannte französische Kolonie bis zu Anfang dieses Jahrhunderts, also ohngefähr 120 Jahre hindurch, ihre Sprache und Sitte in einer nominell deutschen Stadt siegreich bewahren konnte.

Die Wohnhäuser der Bürger, vielleicht achthundert an der Zahl, waren Fachwerkbauten, meist eng, lichtlos, schmutzig, gemeinhin eingefaßt von Pfützen und Düngerhaufen. Nur in Wintertagen, wo der große Ofen und das große Himmelbett einen gesteigerten Wert hatten, mochte, auch mit unsern Augen angesehen, ein gewisser Grad von Behaglichkeit in diesen Häusern zu finden sein; aber unter allen Umständen waren sie arm an allem, was den Sinnen gefällt oder die Geister erhebt.

»Die Mark und märkische Kriegsobersten zur Zeit des Dreißigjährigen Krieges« (1862).

Bettelhaftigkeit unserer Zustände

Ich stand schon gleich nach 6 auf, da Frau Fiedler mit dem Portier derartige Schnabbergespräche führte, daß ich aufwachte und nicht wieder einschlafen konnte. Decken klopfen etc. stört mich nicht, aber gegen ordinäre Stimmen bin ich fast so empfindlich wie Lepel. Ich hatte nun noch Zeit und machte zwischen 7 u. 8 einen Morgenspaziergang. Es war ein wenig windig, und als ich auf den Hafenplatz kam, wankte mir ein höchst fragwürdiges Paar entgegen, *er* in einem grünlichen Überzieher, dritte Garnitur und dito Hut, *sie* in Morgenhaube unterm Hut, einem Sommermäntelchen, das Geschwisterkind von dem

Deinigen zu sein schien, und in Bambuschen, so groß wie meine Filzschuhe, die teils aus Filz, teils aus Tuchecken zu bestehen schienen. Der Wind machte es, daß sich diese beiden Torfkähne in ihrer ganzen Gräßlichkeit präsentierten. Es waren *Grimms*. Das Damenkostüm erinnerte lebhaft an die Garderobe von Frl. v. Rohr, wenn sie in der Schummerstunde ihre Einkäufe machte. Die Begegnung, das kann ich wohl sagen, machte einen Eindruck auf mich. Die ganze Bettelhaftigkeit unsrer Zustände stand auf einen Schlag vor mir. *Ich* kann und darf so gehn. Wer bin ich? ein armer, titelloser Schriftsteller, den einige kennen und viele nicht kennen. Da ist von Repräsentation keine Rede. Präsident Grimm ist aber einer der ersten Justizbeamten des Staates, er sitzt im Herrenhause, und wenn er in England lebte, würde er ein hochangesehner Peer, einer von den Law-Lords, ein Mann wie Lord Brougham oder Lord Cairns sein. Und nun *diese* Erscheinung, *dieses* Paar, diese Bambuschen! Ich schreibe dies nicht aus Spottlust. Ganz und gar nicht. Ich liebe und verehre beide Leute, und mein Groll – denn der Spott vergeht einem – geht nach ganz andrer Seite.

An Frau Emilie (die sich zu dieser Zeit zusammen mit der zehnjährigen Tochter Martha in London aufhielt), 6. Mai 1870. Die Fontanes wohnten in der Königgrätzer Straße, der heutigen Stresemannstraße, in der Nähe des Hafenplatzes.

Etwas unbequeme Kordialität

Die Rheinländer – darin den Berlinern ziemlich ähnlich – verdunkelten ihre sonstigen Tugenden durch eine etwas unbequeme Kordialität und gehörten einerseits zur

Gruppe der an sich selbst glaubenden Biedermänner, andererseits zu der Intimitäts-Familie der Arm- und Achselklopfer. Es gab für sie kein Noli me tangere.

»Aus den Tagen der Okkupation. Eine Osterreise durch Nordfrankreich und Elsaß-Lothringen 1871«, Band 1, »Bis Amiens«.

Vorzug der großen Stadt

Längst hat sich das Blatt gewandt, und während in den kleinen Städten – je mehr Nest, desto mehr – noch immer eine leise Neigung fortlebt, à la General Seydlitz dem gegenüberwohnenden Burgemeister die Zipfelmütze vom Kopf zu schießen, bloß um sein mißliebig-langweiliges Gesicht nicht immer wieder am Fenster erscheinen zu sehen, darf man, im Gegensatz dazu, von den Gardeleuten behaupten, daß sie für die Säbelwetzereien des Regiments Gendarmes und alles, was auf gleicher Stufe steht, zu *dieser* Stunde nur noch ein mitleidiges Lächeln haben. Wer einigermaßen unbefangen die Dinge beobachtet hat, weiß dies längst und weiß auch, worin Grund und Ursache dieser Erscheinung zu finden sind. Es liegt in der großen Stadt. Das großstädtische Leben ist es, das *jeden*, auch den Eitelsten, unerbittlich fühlen läßt: ich bin nur ein Sandkorn. Selbstsucht, Dünkel, Vorurteil mögen im einzelnen immer wieder dagegen ankämpfen, mögen innerlich ihre Triumphe feiern – nach *außen* hin müssen sie schweigen. Aus der beständigen Konkurrenz gleichberechtigter Kräfte wird die Bescheidenheit geboren, bei dem einen wahr und ganz, bei dem andern wenigstens äußerlich, den *Formen* nach. Gleichviel – die feine Sitte, die Möglichkeit freien geistigen Verkehrs ist dadurch gegeben. Die Garde aber (von manchem andern, was mitwirkt, zu schweigen) *hat* den Vorzug der großen Stadt.

»Aus den Tagen der Okkupation. Eine Osterreise durch Nordfrankreich und Elsaß-Lothringen 1871«, Band 1, »St. Denis II«.

Dienen und gehorchen in Freiheit

Im großen und ganzen – alle Kasselaner mögen es mir verzeihn – hat mich ihre vielgerühmte Haupt- und Residenzstadt enttäuscht, was eine Bewunderung im einzelnen, wie dieses kurze Kapitel zur Genüge erweisen wird, nicht im geringsten ausschließt. Ich werde meine Gegner, die mich nach diesem Ausspruch zunächst im Verdacht des Borussismus und der Berlinerei haben werden, am besten dadurch entwaffnen, daß ich ihnen erkläre: *Kassel gehört unter die Potsdamme der Weltgeschichte.* Das Wesen dieser Potsdamme – wobei ich Potsdam als alten überkommenen Begriff, nicht als etwas tatsächlich noch Vorhandenes fasse –, das Wesen dieser Potsdamme, sag ich, besteht in einer unheilvollen Verquickung oder auch Nicht-Verquickung von Absolutismus, Militarismus und Spießbürgertum. Ein Zug von Unfreiheit, von Gemachtem und Geschraubtem, namentlich auch von künstlich *Hinaufgeschraubtem*, geht durch das Ganze und bedrückt jede Seele, die mehr das Bedürfnis hat, frei aufzuatmen, als Front zu machen. Front zu machen. Ja, dies ist das Eigentlichste! Ein gewisses Drängen herrscht in diesen der Louis XIV.-Zeit entsprungenen Städten vor, in die erste Reihe zu kommen, gesehen, vielleicht gegrüßt zu werden, vornehm und gering nehmen gleichmäßig daran teil und bringen sich dadurch, während der Hochmut wächst, um mit das Beste, was der Mensch hat: das Gefühl seiner selbst. Es kann keinen wärmeren Lobsprecher des richtig aufgefaßten »Ich dien« geben als mich; es ist ein *Charaktervorzug*, gehorchen zu können, und ein *Herzensvorzug*, loyal zu sein, aber man muß zu dienen und zu gehorchen wissen in Freiheit. Man hat von den Berlinern gesagt, sie hätten alle »einen kleinen ›alten Fritz‹ im Leibe« (beiläufig das Schmeichelhafteste, was je über sie gesagt worden ist); so kann man von vielen Klein-Residenzlern sagen: sie tragen den Hofmarschall v. Kalb irgendwie oder irgendwo mit sich herum.

»Aus den Tagen der Okkupation. Eine Osterreise durch Nordfrankreich und Elsaß-Lothringen 1871«, Band 2, »Kassel«. Fontane besuchte auf der Rückreise im Mai 1871 Kassel-Wilhelmshöhe, wo der französische Kaiser Napoleon III. einen Teil seiner Gefangenschaft verbrachte.

»Geldrücksichten«?

Wir brechen hier ab, um unsrer schon über das übliche Maß hinausgehenden Besprechung nicht noch weitre Ausdehnung zu geben. Der Generalintendanz danken wir dafür, daß sie uns Gelegenheit gegeben hat, die Wallenstein-Trilogie mal als ein Ganzes von der Bühne her auf uns wirken zu lassen; – was die Ausführung angeht, haben uns namentlich die »Piccolomini« befriedigt. Es ist diese Anerkennung indessen, namentlich wenn wir die ganze Trilogie ins Auge fassen, immerhin nur eine relative, eine bedingungsweise, insoweit sie ausgesprochen ist mit Rücksicht auf die Mittel, über die das Königliche Schauspielhaus zur Zeit Verfügung hat. Es muß gesagt sein: *Diese Mittel sind unzureichend*, ganz besonders auch in bezug auf Zahl und Umfang. Der Personalbestand ist einfach nicht groß genug; so werden die Kräfte nicht nur ungebührlich angestrengt, sondern auch an *offenbar falscher Stelle verwendet.*

Unter diesem Verfahren haben die Schauspieler doppelt zu leiden; ihr Renommee erleidet Einbuße. Herr *Oberländer* ist kein Terzky und Herr *Kahle* ist kein Illo. Beides sind ausgezeichnete Künstler, aber nicht alle können alles. Man muß hervorragende Schauspieler gar nicht in die Lage bringen, Dinge spielen zu sollen, zu denen sie nicht passen. Soll dabei etwa von »Geldrücksichten« gesprochen werden, so berührt uns dies geradezu komisch. Diese dürfen in der neuen Kaiserstadt, einem solchen Institut gegenüber, gar nicht existieren. Es *muß* sich finden.

Besprechung von »Wallensteins Tod« am 12. November 1871 im Königlichen Schauspielhaus; »Vossische Zeitung«, 14. November 1871.

Berliner Luft

Daheim an den Ufern unserer guten Spree gehört es zum guten Ton, über unsere Berliner Luft zu skandalisieren, und es soll unbestritten bleiben, sie könnte besser sein. Aber was will die durchschnittliche Berliner Hausatmosphäre im Vergleich zu dem Dunstkreise sagen, der in den meisten Hotels und Nicht-Hotels Sachsen-Thüringens heimisch ist. Die Berliner Luft, auch wo sie am schlimmsten auftritt, ist ein Parvenu wie die Stadt selbst, jung, ohne Geschichte, ohne infernale Vertiefung. So schlecht sie sein mag, sie ist einfach, unkompliziert, sozusagen frisch von der Quelle weg. Wie anders dagegen die Hausatmosphäre in den Früh-Kulturgegenden Mitteldeutschlands! Altehrwürdig tritt sie auf, und man kann ohne Übertreibung sagen: die Jahrhunderte haben an ihr gebraut. Sie ist *geworden*, vor allem, sie ist undefinierbar, und wie man vom Kölnischen Wasser gesagt hat, das Geheimnis seiner Schöne läge in der *Lagerung*, so daß schließlich die Mannigfaltigkeit in einer höheren Einheit unterginge, so auch *hier*. Nur haben wir hier den Revers der Medaille.

»Modernes Reisen« (1873).

Spargelkultus der Berliner

Mitte Mai, wenn der an keinem Orte der Welt mit gleicher Hingebung gepflegte Spargelkultus den Berliner ins Freie lockt und Moabit und Tivoli an hundert Stellen um die Palme ringen, erwächst jeder Theatervorstellung inmitten der Stadt ein harter Stand. Nur das »Sommertheater«, das das Kulinarische mit dem Ästhetischen glücklich verquickt, hat in Maitagen noch ein ausgesprochenes Recht, zu sein und seine Plätze zu füllen.

Aus der Rezension über »Donna Diana« von Agustín Moreto y Cabaña; »Vossische Zeitung«, 15. Mai 1872.

Erbärmlichkeit unserer Zustände

Das »Cabinet« [im Eisenbahnwagen auf der Fahrt nach Basel] gewährte mir weiter keinen Vorteil als den, Mutter und Tochter abwechselnd verschwinden zu sehn. Meinem bißchen Humor tut dergleichen wohl; fragt man mich aber aufs Gewissen, wie ich all das nun eigentlich finde, so ström ich über von Indignation über diese Mischung von Mesquinerie und Roheit, die all unsre Zustände durchdringt. Das soll nun Nachahmung »amerikanischen Comforts« sein! Lucae versichert uns immer, in 20 Jahren würde Berlin eine der schönsten Städte Europas sein. Ich glaub es nicht, denn »es liegt nicht drin«. Mit Hilfe der Kanalisation, zu der ich nun mal schlechterdings kein Vertrauen habe, werden wir im Sterbe-Prozentsatz immer höher rücken, und hier und dort wird irgendein Pringsheim eine Kakel-Architektur in die Mitte langweiliger Häuser hineinstellen. Es fehlt der Sinn und ebenso an einer mit wirklicher Autorität ausgerüsteten Leitung. Wenn Schinkel jemals fehlte, so fehlt er jetzt.

An Frau Emilie, Basel, 5. August 1875.

Eine wirkliche Hauptstadt des Deutschen Reiches?

Nach einer unerläßlichen Säuberung und Einnahme eines Soupers: Hammelkoteletts, in denen ein mir vorschwebendes Ideal endlich zur Wirklichkeit wurde, ging ich in die Stadt und sah noch den Dom, den Scala-Platz mit seinem gleichnamigen Theater, die große Marmorstatue Leonardo da Vincis und die neuerdings so berühmt gewordene »Galeria Vittore Emanuele« – das Vorbild zu unserer »Passage«, die daneben allerdings zu einem bloßen Gäßchen zusammenschrumpft. Überhaupt, welche Stadt! Oh, Berlin, wie weit ab bist du von einer *wirklichen* Hauptstadt des Deutschen Reiches! Du bist durch politische Verhältnisse über Nacht dazu geworden, *aber nicht durch dich selbst*. Wirst es, nach *dieser* Seite hin, auch noch lange nicht werden. Vielleicht fehlen die Mittel, gewiß die Gesinnung. »Denn aus Gemeinem ist der Mensch gemacht«, sagt Schiller; er soll dabei speziell an den Berliner Spießbürger, der inzwischen zum »Bourgeois« sich abwärts entwickelt hat, gedacht haben. Überhaupt will es mir nicht glücken, es im Auslande zu irgendeiner patriotischen Erhebung zu bringen. Nicht nur, daß man Schritt um Schritt empfindet, wie sehr uns diese alten und reichen Kulturlande voraus sind, nein, man *taxiert uns auch in diesem Sinne*. Man will von uns nichts wissen. Weder das »ewige Gesiege« noch die 5 Milliarden [die Frankreich als Kriegsentschädigung an Deutschland zu zahlen hatte] haben unsre Situation gebessert. Es hieß zwar unmittelbar nach dem Kriege: »wir seien nun ein für allemal etabliert, der so lange vermißte Respekt sei da«. Aber ich merke nichts davon. Alles dreht sich nach wie vor um England und Frankreich; man versteht kein Deutsch oder will es nicht verstehn; englische und französische Zeitungen überall; englische und französische Bücher im Schaufenster jedes Buchladens, aber kein einziges deutsches Buch. Nicht einmal die »Wanderungen«. Im Grunde genommen ist es recht so, denn das, was wirkliche Superiorität schafft, fehlt uns, trotz Schulen und Kasernen, nach wie vor. Freilich haben Athen und Sparta einst *politisch* rivalisiert; aber Sparta ist längst nur noch Name und Begriff, während die beglücktere Rivalin eine *Wirklichkeit* ist bis diesen Tag.

An Frau Emilie, Mailand, 10. August 1875.

Durchschnitts-Berliner

Sonderbarerweise sind sehr wenig Berliner hier, meist Hamburger, Bremenser, Mecklenburger, Anhaltiner und Sachsen. Ich bin sehr zufrieden damit; der Durchschnitts-Berliner ist unausstehlich und doppelt auf Reisen; er ist immer laut, eitel und zudringlich, nicht mit seiner Person, aber durch seine Manieren.

An Frau Emilie, Thale, 14. August 1877.

Dorf großen Stils

Die *Geschichte* des Berliner Tons zu schreiben, den Nachweis, wie er sich gebildet, das wäre ein Kapitel für sich und wäre ziemlich gleichbedeutend mit einer Kulturgeschichte unsrer Stadt. Ich muß auf ein eigentliches Eingehen auf diese Materie an dieser Stelle verzichten, nur ein paar Andeutungen mögen gestattet sein. Wir sprechen nicht umsonst von »Urbanität«, die urbs ist Schöpferin und Trägerin der feinen Sitte, der Politesse. Berlin war aber nie eine urbs, es war nie eine Bürger-Republik. All das war es nur dem Namen nach. Bis in neuere Zeiten hinein war es ein mit Bureaus und Kasernen reich ausgestattetes Dorf großen Stils, und eines Tages, um ein Diktum Lord Byrons zu variieren, erwachte es und war eine Residenz geworden. Eine Residenz mit einem Hof, einem Reichstag und einem Heuschrecken-Proletariat. Bürger hatte es nie und hat es noch nicht. Unter dem beständigen Zufluten neuen Rohstoffs, immer bevormundet, den Behörden überliefert; immer bevormundet und vor allem in seiner ungeheuren Mehrzahl bis in die »hohen Stände« hinauf von einer nur an dieser

Stelle vorkommenden Bettelarmut, haben sich die Tugenden der Politesse, der Teilnahme, der Menschenfreundlichkeit, des Wohltuns nicht ausbilden können. In unglaublichem Grade tritt das Ich für sich ein, jeden als Feind ansehend, der auf den Moment wartet, wo ich »austrete«, um sofort in die Lücke einzuspringen. Alles ist Existenzfrage. Mit einer Art von infernaler Heiterkeit stößt einer den andern von der Beresina-Brücke, um sich das nackte Leben und drüben am andern Ufer eine »Stellung« zu retten. Amt und Stellung ist noch immer alles. Eine Zeitlang auch Orden. Aber diese sind nun ganz außer Kredit und bedeuten in ihren niedrigen Graden gar nichts mehr. Es gibt ganze Ordensklassen, die noch nicht den Wert einer Badereise nach Warnemünde haben. Bei solchen Zuständen konnte das und das (siehe oben) nicht geboren werden. Die Grazien hatten nicht Lust und nicht Zeit, ihren Einzug zu halten. Zwei relativ nebensächlich erscheinende Leistungen der Franzosen haben ihren Reichtum und ihre Weltherrschaft aufgebaut: der *Geschmack* (wie er sich in Leben und Kunst betätigt) und die Politesse. Von beiden haben wir nichts. Und deshalb sind wir so verhaßt. Auch noch ein Drittes fehlt uns: Generosität.

Aus dem Fragment gebliebenen Essay »Berliner Ton« (1878).

Vor Gott sind eigentlich alle Menschen Berliner

Mit der Ortseitelkeit hängt zusammen, daß auf den Fremden gar keine Rücksicht genommen wird. Überall in der Welt kommt man dem Fremden entgegen und macht seine Interessen zu den seinigen oder gibt sich wenigstens das Ansehen davon, man erkundigt sich nach Einrichtungen seiner Stadt, seines Landes, fragt nach seiner Kunst, nach seiner Beschäftigung. Man sucht sich zu belehren und vor allem den Fremden dadurch wohltätig zu berühren. Das kennt der Berliner nicht. Er fordert sofort ein Eingehn auf seine Stadt und das Leben und die Interessen derselben.

Vor zehn Jahren besuchte mich ein Leipziger. Er kam von Paris und ging nach Leipzig zurück. Sein Gesicht strahlte, denn er umfaßte nun die Welt. Sein Axiom war: »in Paris vollziehen sich die Dinge, in Leipzig werden sie gedacht«. Der eigentliche Berliner kennt diese Zweiteilung nicht, er sorgt für das eine und das andre. »Vor Gott sind eigentlich alle Menschen Berliner.«

Aus dem Fragment gebliebenen Essay »Berliner Ton« (1878).

Seit 70 ist alles anders geworden

Um 7¾ wollt ich gestern aus Bremen fort, aber im letzten Moment hieß es: »die Maschine leckt«, so daß erst eine neue Maschine geheizt werden mußte. Dies dauerte fast eine Stunde, so daß es ein Wunder ist, daß wir den Anschluß an einen andern Zug nicht versäumten und immer noch einigermaßen rechtzeitig hier eintrafen. Gerad um Mitternacht. »In einer so ›kleinen Stadt‹ wie Bremen«, bemerkte ein mitreisender Bremenser spöttisch, »darf dergleichen vorkommen.« Bremen hat beiläufig über 100000 Einwohner. Dabei sei bemerkt, daß ich mich doch mehr und mehr zum Preußen- und Berlinertum zu bekehren anfange. Freilich spät, aber besser spät als gar nicht. Das *alte* Berlin und das *alte* Preußen war allerdings etwas Entsetzliches, und wo sein Pferdefuß (Schweine-Klaue wäre richtiger) zum Vorschein kommt, find ich es noch furchtbar. Aber seit 40, seit 48 und namentlich seit 70 ist alles anders geworden, und wir haben nun selbst *die* Gegenden in Deutschland weit überflügelt, die früher Vorbilder für uns sein konnten. Dresden wirkt jetzt wie ein pauvres, zurückgebliebenes Nest. Hamburg ist uns an Gewaschenheit und Sauberkeit immer noch voraus, aber dafür fehlt doch vieles, vieles andre. Wasser allein tut es nicht.

An Frau Emilie, Emden, 18. Juli 1880.

Kein Witz, keine Komik, keine Heiterkeit

Einzugstag des jungen Brautpaars: Prinz Wilhelm von Preußen und Prinzessin Augusta Victoria von Schleswig-Holstein. Von früh an alles auf den Beinen. Ich ruhig zu Hause geblieben und gearbeitet: »Petöfy«. Am Abend zwei Stunden in die Stadt, um die Herrlichkeiten zu sehn. Die Fortschritte gegen früher, selbst noch mit dem 70er Einzug verglichen, sind kolossal. Namentlich erschien mir alles, was seitens der *Architekten* geschehen ist, wieder sehr bemerkenswert; alles schön, reich, vornehm und namentlich alles Schwerfällige glücklich vermieden. Was Skulptur und Malerei getan, schien mir unbedeutend. Ein überaus glücklicher Gedanke war die Erleuchtung der winterlich entlaubten Bosquets auf dem Wilhelmsplatz durch rote bengalische Flammen, so daß jene wie feurige Büsche wirkten. Alles, was *arrangiert* war, war gut, aber *das*, was der Sache doch erst Leben gibt, war ledern. Ich meine das *Volk*. Hunderttausende drängten sich durch die Straßen, aber ein paar ganz gemeine Schimpfwörter und drei Betrunkene abgerechnet, hab ich nichts Poetisches erlebt. Die Betrunkenen erquickten mich ordentlich, sie fielen doch wenigstens aus dem Rahmen polizeilicher Regelung heraus. Kein Witz, keine Komik, keine Heiterkeit – eine stupid wirkende, au fond gelangweilte Masse, die sich von Straße zu Straße schob.

Tagebuch, 26. Februar 1881. Prinz Wilhelm ist der spätere Kaiser Wilhelm II. Das Gebäude der Akademie stand in der Straße Unter den Linden, dort, wo sich heute die Staatsbibliothek befindet.

Durch Potsdam verdoppeltes Berlinertum

Es heißt zwar immer, nur der Norddeutsche, ganz besonders der Berliner, eigne sich, soweit das Sprachliche mitspricht, zum Schauspieler, und es mag damit im Zusammenhange sein, daß sich jeder zehnte Berliner berufen fühlt, an die »heilige Kunst« (alle Künste sind heilig, aber die Schauspielkunst ist die »heiligste«; man frage nur jede Soubrette) heranzutreten. Es hat aber mit diesem Spezialberufe des lieben Berliners doch auch allerhand Haken. Er spricht freilich im ganzen genommen dialektfreier als ein Dresdner oder Stuttgarter, aber was er nach dieser Seite hin voraushat, wird durch ein nach der physiologischen Seite hin liegendes Manko mehr als ausgeglichen. Er ist mit allen Organen, die die Stimme bestimmen, mehr oder weniger brouilliert, und geht er aus dem sich nun entspinnenden Kampfe nicht absolut demosthenisch-siegreich hervor, so bleibt seine geträumte Präponderanz überaus fragwürdig. Herr Keßler ist von all diesen Übelständen ja nur leise gestreift; aber wie verhängnisvoll sie werden können, das haben wir neulich bei dem Gastspiele des Herrn Mügge gesehen. Dieser war nicht schlecht, er zeigte Talent und Gewandtheit und scheiterte *doch*. Und wenn ich mich frage, woran, so kann ich nur antworten: »An der tiefen Prosa seines durch Potsdam verdoppelten Berlinertums.« Der Berliner spricht nur *dann* gut, wenn er (sehr ausnahmsweise) eine poetische Seele hat, eine Seele, die ihm das bekannte Pfefferkorn unter die Zunge legt, das in der Hühnerologie solche hervorragende Rolle spielt.

Aus der Rezension über »Mutter und Sohn« von Charlotte Birch-Pfeiffer; »Vossische Zeitung«, 4. Mai 1881.

Vernobelte Zeit

Berlin selbst hat sich ganz außerordentlich verändert und ist jetzt eine schöne und vornehme Stadt. Wir verdanken das allem möglichen, aber doch weitaus am meisten dem Asphalt und den Pferdebahnen. Nicht nur ist der Verkehr in einem ganz unglaublichen Grade gewachsen, er hat vor allem auch sein Ansehn geändert. Die Droschken sind wohl noch da, aber man bemerkt sie wenig, weil oft in einer einzigen Minute 6 oder auch wohl 10 elegante Pferdebahnwagen an einem vorüberfahren. Alles ist Leben, Frische, Wohlgekleidetheit. Ich freue mich, diese vernobelte Zeit, an die ich kaum geglaubt, noch erlebt zu haben.

An den Musiker und Publizisten Hermann Wichmann nach Rom, 2. Juni 1881.

Im Vorzimmer des Kultusministers

Ein junger Chamisso, Sohn Adelberts, trat beim zweiten Garderegiment ein, das damals der alte Möllendorf kommandierte, ein trefflicher alter Herr – derselbe, der am

18. März [1848] das Malheur hatte, von einem Volkshaufen gefangengenommen zu werden. Es entspann sich zwischen dem Obersten und dem Avantageur folgendes Gespräch:

v. M.: »Also Chamisso! Was war Ihr Herr Vater?«

v. Ch.: »Dichter.«

v. M.: »Was?«

v. Ch.: »Dichter.«

v. M. (halb wohlwollend, halb ägriert): »Dichter? Nu gut, gut. Er muß doch aber auch was *Wirkliches* gewesen sein.«

v. Ch. (verlegen): »Mein Vater war auch Landwehroffizier.«

v. M. (beruhigt und beruhigend): »Na sehn Sie!«

So wurde mir seinerzeit im Kuglerschen Hause, das dem Chamissoschen nahestand, erzählt, und wenn es nichtsdestoweniger erfunden sein sollte, so behaupte ich, daß es sich damals jeden Tag ereignen konnte und vielleicht auch heute noch.

Mir selber erging es vor einigen Jahren nicht besser, ja sogar noch schlimmer, weil es mich persönlicher traf. Ich saß im Vorzimmer des Kultusministers und wartete. Mit mir ein Professor der Theologie. Der Bote ging hin und her und tat endlich die unvorsichtige, blamable Frage: »Gehören die Herren zusammen?« – »Nein«, sagte der Professor indigniert und mit einem Ton, mit einem Ton … O daß ich diesen Ton vor Gericht stellen könnte! Hätt ich Zeit gehabt, ich hätt in den Werken des Herrn die Stellen über Demut und Liebe nachgeschlagen.

Aus dem Fragment gebliebenen Essay »Die gesellschaftliche Stellung des Schriftstellers in Deutschland« (1881).

Wohlhabend gewordenes Speckhökertum

Morgen erwarten wir wieder einen Brief von Dir, aber um einen stillen Abend auszunutzen, schreib ich schon heute. Der »stille Abend« resultiert aus Tante Jennys Geburtstag, zu dessen Mitfeier Mama gegen 6 aufbrach. *Ich* war schon über Mittag da und habe seit meinen Bräutigamstagen nicht so viel geküßt wie in dieser Gratulations-Halbenstunde, denn es waren 18 zu Küssende da: das Geburtstagskind, der Ehgemahl, 7 Kinder, 4 Schwiegerkinder und 5 Enkel. Keiner fehlte. Die ganze Sache machte einen vorzüglichen Eindruck, alles war heiter, glau, behäbig, ungeziert und von gutem Aussehn (die sogenannte »kleine Jenny« eine wahre beauté), und doch hatte ich keine reine Freude. Warum nicht? Ich kann den Bourgeoiston nicht ertragen, und in derselben Weise, wie ich in frühren Jahrzehnten eine tiefe Abneigung gegen Professorenweisheit, Professorendünkel und Professorenliberalismus hatte, in derselben Weise dreht sich mir jetzt angesichts des wohlhabend gewordenen Speckhökertums das Herz um. Wirklicher Reichtum imponiert mir oder erfreut mich wenigstens, seine Erscheinungsformen sind mir in hohem Maße sympathisch, und ich lebe gern inmitten von Menschen, die 5000 Grubenarbeiter beschäftigen, Fabrikstädte gründen und Expeditionen aussenden zur Kolonisierung von Mittel-Afrika. Große Schiffsreeder, die Flotten bemannen, Tunnel- und Kanalbauer, die Weltteile verbinden, Zeitungsfürsten und Eisenbahnkönige sind meiner Huldigungen sicher, ich will nichts von ihnen, aber sie schaffen und wirken zu sehn tut mir wohl, alles Große hat von Jugend auf einen Zauber für mich gehabt, ich unterwerfe mich neidlos. Aber der »Bourgeois« ist nur die Karikatur davon, er ärgert mich in seiner Kleinstelzigkeit und seinem unausgesetzten Verlangen, auf nichts hin bewundert zu werden. Vater Bourgeois hat sich für 1000 Tlr. malen lassen und verlangt, daß ich das Geschmiere für einen Velasquez halte, Mutter Bourgeoise hat sich eine Spitzenmantille gekauft und behandelt diesen Kauf als ein Ereignis, alles, was angeschafft oder wohl gar »vorgesetzt« wird, wird mit einem Blicke begleitet, der etwa ausdrückt: »Beglückter du, der du von *diesem* Kuchen essen, von *diesem* Weine trinken durftest«, alles ist kindische Überschätzung einer Wirtschafts- und Lebensform, die schließlich geradesogut Sechser-Wirtschaft ist wie meine eigne. Ja sie ist es mehr, ist es recht eigentlich. Ein Stück Brot ist nie Sechserwirtschaft, ein Stück Brot ist ein Höchstes, ist Leben und Poesie, ein Gänsebraten-Diner aber mit Zeltinger und Baiser-Torte, wenn die Wirtin dabei strahlt und sich einbildet, mich der Alltäglichkeit meines Daseins auf 2 Stunden entrissen zu haben, ist sechserhaft in sich und doppelt durch die Gesinnung, die es begleitet. Der Bourgeois versteht nicht zu geben, weil er von der Nichtigkeit seiner Gabe keine Vorstellung hat. Er »rettet« immer, und man verschreibt sich ihm auf eine Schrippe hin für Zeit und Ewigkeit.

An Tochter Martha, Berlin, 18. April 1884.

Bourgeoishaft oder gar geldprotzig

Was sollen wir von hier aus melden? Über das große Ereignis »Müller-Grote« wirst Du schon zwei, vielleicht drei Berichte erhalten haben. Eigentlich war es nicht viel, und doch war es auch wieder alles, was es sein konnte: freundliche, liebenswürdige Wirte, gebildete, reiche, wohlanständige Gäste, feine Speisen und noch feinere Weine, Glanz der Einrichtung, Toaste, Musik und lebende Bilder, und doch muß ich wiederholen, es fehlte was, ja es fehlte viel, alles. Wenn ich sagen würde, es habe bourgeoishaft oder gar geldprotzig gewirkt, so wäre das falsch, es war alles mehr bürgerlich-kleinstädtisch, vor allem aber unbedeutend, zweiten oder richtiger dritten Ranges. Welch Unterschied, wenn ich damit einen Abend beim Prinzen [Friedrich Karl von Preußen] oder einen Nachmittag auf der Treppen-Veranda bei Heydens (mit Frau v. Türckheim) oder ein Dejeuner bei Lindau mit Auerbach, Bayard Taylor, Lasker oder auch nur einen Plauderabend bei Frau v. Wangenheim mit Windel oder einen dito Plauderabend bei Frau v. Noville mit Baron Buddenbrock vergleiche. Worin liegt der Unterschied? Ich glaube *darin*, daß in guten Häusern das Unfreie, das Zurechtgemachte, das Hinaufgeschraubte, die Trivialität und das Blech wegfällt. Es wird auch allerhand dummes Zeug gesprochen, Unausreichendes, Unfertiges, Unhaltbares, aber die Ziererei fehlt, die Prätention; alles gibt sich natürlicher. Gerade da, wo man Zwang fürchtet, herrscht Zwanglosigkeit, und umgekehrt. Über Wolffs beide will ich nichts sagen; ich finde sie *menschlich* beide ganz nett und auch sicher genug, um wieder natürlich sein zu können. Aber wie inferior ist die Natur, die da zum Vorschein kommt. Ich kann solche Rede nicht halten, wie seine Festrede war, aber ich muß auch hinzusetzen: Gott sei Dank. Es ist mit dem Sprechen-Können wie mit dem Dichten, wie mit der Kunst überhaupt; wenn man's nicht ordentlich kann, so bleibe man davon, sonst verwandelt sich der Segen in Fluch.

An Tochter Martha, 16. März 1884. Der Bericht bezieht sich auf ein Fest bei dem Verleger Carl Müller-Grote; die Ansprache hielt der Romanautor Julius Wolff.

Meister im Stimmungswechsel

Mich persönlich tangierten übrigens die Mängel dieses fünften Aktes nicht allzusehr, weil ich zu den Glücklichen gehöre, die das voraufgegangene Schöne noch eine Zeitlang in sich nachwirken fühlen, während der Berliner (ein Meister im Stimmungswechsel) auch *dies*mal wieder mit unerbittlicher Raschheit auf das unfreiwillig Komische hin reagierte.

Aus der Rezension über »Assunta Leoni« von Adolf Wilbrandt; »Vossische Zeitung«, 23. September 1884.

Die Jagd nach dem Glück

Bismarck, der so oft recht hat, hat auch recht in seiner Abneigung gegen die Millionen-Städte. Sie schreiben selbst, »bei weniger ›Carrière‹ hätten wir mehr Wahrheit in der Welt«. Gewiß. Und nicht bloß mehr Wahrheit, auch mehr Einfachheit und Natürlichkeit, mehr Ehre, mehr Menschenliebe, ja auch mehr Wissen, Gründlichkeit, Tüchtigkeit überhaupt. Und was heißt Carrière machen anders als in Berlin leben, und was heißt in Berlin leben anders als Carrière machen. Einige wenige Personen brauchen ihrem Berufe nach die große Stadt, das ist zuzugeben, aber sie sind *doch* verloren, speziell für ihren Beruf verloren, wenn sie nicht die schwere Kunst verstehn, in der großen Stadt zu leben und wiederum auch *nicht* zu leben. Ad. Menzel ist beispielsweise ein Meister in *dieser* wie in seiner eigentlichen Kunst. Gewiß war ihm Berlin eine Notwendigkeit (Menzel 50 Jahre lang in Filehne wäre nicht Menzel mehr), aber wie hat er auch in Berlin gelebt? Von 9 bis 9 ein Einsiedler in seinem Atelier, und dann erst, wenn andre zu Bette gehn, geht er mit seinem Ordensband zu Hof oder mit seinem Klapphut zu Huth. Er war zeitlebens ein Meister in der Kunst der *Konzentration* und hat deshalb eine Kunst-Carrière gemacht, ohne je ein Carrièremacher gewesen zu sein. Aber das alles ist Ausnahmefall. Als Regel steht es mir fest, die große Stadt macht quick, flink, gewandt, aber sie verflacht und nimmt jedem, der nicht in Zurückgezogenheit in ihr lebt, jede höhere Produktionsfähigkeit. Schon vor 40 Jahren schrieb Macaulay: »fruchtbare Gedanken sind einem Londoner Parlamentsmitglied eine Unmöglichkeit; er geht unter im Lärm, im oberflächlichen Getreibe; der kleinste Krämer der kleinsten schottischen Stadt kann die Welt der Ideen eher bereichern als ein Londoner, der ein ›Londoner‹ ist«. Wie wahr! Die große Stadt hat nicht Zeit zum Denken, und was noch schlimmer ist, sie hat auch nicht Zeit zum Glück. Was sie hunderttausendfältig schafft, ist nur die »Jagd nach dem Glück«, die gleichbedeutend ist mit dem Unglück. Unter meinen nächsten Bekannten sind ein paar solche Jäger, alte Herren, ihre Ehegesponse natürlich an der Spitze. Es ist ein Jammeranblick. Natürlich sind es Geheimeräte, die nun also längst das sind, was sie werden konnten. Aber die Jagd geht *gewohnheitsmäßig* weiter; Titel und Orden können es nicht mehr sein, und so ist denn aus der Jagd eine ganz triviale »Rennerei« geworden, eine Rennerei nach Quartett-Konzerten, nach Premieren, nach Bazaren, wo die Kronprinzeß *vielleicht* erscheint, nach Prinzessinnen-Trousseaus, nach Cumberland, nach Stanley, nach einer Kögelschen Trauung. Alles zum Lachen, wenn es nicht zum Weinen wäre.

An den schlesischen Amtsrichter und vertrauten Briefpartner Georg Friedlaender, Berlin, 21. Dezember 1884.

Der rechte Ton

Alles verlief angenehm. Nur ein Berliner Musikdirektor, der seinen Platz im Saal (sein Tisch stand gerade in der Tanzlinie) nicht räumen wollte, gab Anstoß und erhielt am andern Tage eine Karte: »Man kann ein Berliner Musikdirektor sein und doch den rechten Ton nicht treffen.«

An Tochter Martha, Krummhübel, 4. August 1885.

Wandlung durch die Stadtbahn

Im Herbst 1808 schrieb der nach mehrjährigem römischem Aufenthalt eben wieder in Berlin eingetroffene W. von Humboldt an den in Rom zurückgebliebenen Rauch: »Grüßen Sie mir alle Straßen und Gäßchen in der Siebenhügelstadt. Ich kenne, glaub ich, alle und kenne nun leider auch wieder die hiesigen. Oh, dies Berlin! Eine furchtbarere Stadt ist nicht denkbar. Es ist nichts drin zu sehn, und es geschieht nichts drin.« Ich zweifle nicht, daß er 1808 recht hatte, denn noch Ende der dreißiger Jahre war es, an andren Großstädten und nun gar an Rom gemessen, ein trauriger Aufenthalt. Es war wie München auf der Strecke zwischen der Feldherrnhalle und der Ludwigskirche. Ein Straßenleben gab es nicht, ohne das jede Stadt, auch die schönste, langweilig wird, und auf der Strecke zwischen der Kochstraße und dem Belle-Allinance-Platz [war] stundenlang nichts als die grelle Sonne sichtbar, wenn es nicht die Stunde war, wo der hier wohnende Chamisso von seinem Botanischen Garten her in seine Wohnung zurückkehrte. So recht anders ist es auch erst seit anno 70 geworden nach dem freilich anfechtbaren Satze, daß Krieg und Schwindel zu den eigentlichsten Förderern des generis humani gehören. Wer jetzt, aus dem Opernhause kommend, die Linden hinaufgeht und durch die Spiegelscheiben des Café Bauer eine kosmopolitische Gesellschaft unter den *großen* Wandbildern Anton von Werners sitzen oder die bunten Glasfenster im ersten Stock der Passage wie die Fenster eines romanischen Münsterbaus erglühen [sieht] und dann zwischen den Straßenlaternen jene Milchglas-Affichen liest, die die Vorstellung wecken, als ob eine ganze Straße lang nur gegessen und getrunken würde, der wird nicht von Einöde sprechen können, und W. von Humboldt selbst, wenn er des Weges zöge, würde das Berlin von 1808 darin nicht wiedererkennen. Überall Leben und Luxus. Aber die neuste Wandlung, die Berlin erfahren hat, ist doch die größte, deshalb die größte, weil sie nicht diesen oder jenen Punkt, am wenigsten aber schon bevorzugte Punkte aufs neue bevorzugt, sondern weil sie dem Ganzen eine neue Physiognomie gegeben hat. Ich spreche natürlich von der Stadtbahn. Über ihre Bedeutung oder ihre Anlage oder ihren Betrieb zu sprechen ist nicht meines Amtes, ich nehme sie nur von der künstlerischen Seite, von der Bildseite her und freue mich der Vorzüge, die Berlin als Stadtbild dadurch gewonnen hat. Und diese Vorzüge sind groß.

In langem Staunen sah ich die Stadtbahn entstehn. Ich sah sie mit ihren kerbungsreichen Bogenviadukten wie eine riesige Raupe über die Hauptstadt kriechen.

Aufsatzentwurf vermutlich aus dem Jahre 1886; unter der Überschrift »Berlin 19. Februar (Ein Blick von der Alsenbrücke)« überliefert. Die in Ost-West-Richtung verlaufende Stadtbahn wurde 1874 bis 1882 gebaut.

Berliner Blechtrompetenorgan

Aber was ich bei jeder hier zur Darstellung kommenden Kinderrolle seit manchem Jahr und manchem Tag gesagt habe, muß ich auch heute wieder sagen: Das Berliner Blechtrompetenorgan ist auf der Bühne nicht auszuhalten. Man bringt sich durch die Gleichgültigkeit gegen derlei nur anscheinend kleine Dinge gelegentlich um große Wirkungen, und so bitt ich denn auch heute wieder, den Antrag auf einen etatsmäßigen Schwarzwald- oder Schweizerbuben stellen zu dürfen, auf einen »Bua«, mit dem dann freilich alljährlich gewechselt werden müßte, weil nichts so abfärbt, so verführerisch ist wie der Jargon unserer Hauptstadt und die Sprache des eingewanderten Berliners die des autochthonen womöglich noch übertrifft.

Aus der Rezension über »Graf Waldemar« von Gustav Freytag; »Vossische Zeitung«, 23. November 1886.

Große historische Momente

Onkel Witte war hier und hat Mama und Lischen Treutler in den Reichstag geführt, wo Bismarck um 11½ erschien und die Mitteilung vom Hinscheiden des Kaisers [Wilhelm I.] machen sollte. Das für mich bestimmte Billet erhielt Geh. R. Herrlich, der grade zugegen war und sich unter Onkel Wittes erregten Armbewegungen wie ein Klümpchen Unglück ausnahm, das auszudrücken schien: »nehmen Sie's nicht übel, aber ich existiere nun mal«. Wofür Onkel W. *mich* hielt, der ich erklärte, lieber zu Hause bleiben zu wollen, weiß ich nicht, doch darf ich wohl annehmen, daß seine Betrachtungen nicht allzu schmeichelhafte

Wege gegangen sind. Ich kenne solche »großen historischen Momente« aber zu gut und weiß, daß einem nur Geschupst- und Gedrücktwerden sicher ist, während es zweifelhaft ist, ob man etwas sieht, und sicher, daß man nichts hört. Es gibt Ausnahmen von der Regel, aber die Regel läuft drauf hinaus: »der Bericht ist besser als die Sache selbst«. Wie ruppig verlaufen historische Momente, und wie gut nehmen sie sich in der Beschreibung aus. Ich warte auf die Abendzeitung. Ach, was sind große Momente! Gestern gegen 9 ging ich in die Stadt, bis zum Palais des Kaisers: bis zu Kranzlers Ecke waren die Linden, die sich überhaupt durch Langeweile auszeichnen, kolossal langweilig, beinah öde; bei Café Bauer fing das Gedränge an und setzte sich bis zum Palais hin fort; die Menschen sahen unglaublich gelangweilt aus, und ich empfing einen geradezu kläglichen Eindruck. Nichts von Geist, von Leben, von Liebe oder Teilnahme, nur einem elenden Schaubedürfnis hingegeben, standen Tausende da, der Regen drippte von den Schirmen, und wie Cretins sahen sie nach dem Palais hinüber. Ich will zugeben, daß es nicht anders sein kann und daß, wenn ein 91er stirbt, eine Bevölkerung nicht in Tränen zerfließen kann, aber wenn man dann den Zeitungs-Radau liest, dann ekelt einen die furchtbare Lüge. [...]

Eben kommt Mama aus dem Reichstage zurück. Natürlich hat sie nichts verstanden, nur das Wort »Friedrich III.«, was freilich in sich erschütternd wirkt. Welche Vergleiche drängen sich auf! II. und III., ein Sieger, über alles triumphierend, und – ein Sterbender. Im übrigen von einem Folgenkönnen der kurzen Ansprache keine Rede. Trotzdem ist Mama glücklich, Zeuge des Herganges gewesen zu sein, der ergreifend gewesen sein soll. Die alten Herrn alle in Tränen, Bismarck hochrot, kaputt und nur mit Anstrengung sprechend. – Auf kleine persönliche

Angelegenheiten mag ich heute nicht weiter eingehn. Grüße Tante Anna und das ganze Haus. – Onkel W. wird wohl auch schreiben und besser berichten als ich.

An Tochter Martha, Berlin, 9. März 1888. Der Reichstag hatte im »Dreikaiserjahr« seinen Sitz in der Leipziger Straße. Das heute dem Bundestag dienende Reichstagsgebäude von Wallot wurde erst 1894 eingeweiht.

Niedriger Kultur- und Gesellschaftszustand

Wie beklage ich's mit Ihnen, daß »der Tadel in Berlin längst in Permanenz erklärt ist«. Die Berliner wissen sich was damit, und doch ist es nichts als ein niedriger Kultur- und Gesellschaftszustand. In alten Zeiten war der Städter »urban«, dem Berliner genügt es, daß er seinen »Urban« [soviel wie »seine Molle«] hat. Wie niedrig die Sache steht, kann man beobachten, wenn man aus der Gesellschaft alter Wilhelmstraßen-Gräfinnen (haben Sie vielleicht noch die Gräfin Schwerin und ihre Schwester, die Frau v. Romberg, gekannt?) in eine geistreiche oder auch nicht geistreiche Berliner Schnoddergesellschaft tritt; – dort nur Wohltun, Anerkennung, Erhebung, hier nur Ulk, Klatsch und Kleinmacherei.

An Theaterdirektor Friedrich Haase, Berlin, 8. November 1888.

Radaupatriotismus

Und das ist der Punkt, an den ich noch einige Bemerkungen knüpfen und zu Maß und Vorsicht mahnen möchte. Der Beifall, der gestern laut wurde, so sehr er mich um des

Herrn Verfassers und der Schauspieler willen freute, erschreckte mich doch auch zugleich, weil er der naive Ausdruck eines Lokal- und Provinzialdünkels war, neben dem jeder sonstige deutsche Partikularismus verschwindet und der auf die Bewohner anderer deutscher Landesteile, selbst unserer speziell preußischen Provinzen, einen aus Achselzucken und äußerstem Unbehagen gemischten Eindruck machen muß. Ich werde nicht in den Verdacht kommen, unsere Mark zu unterschätzen, in deren Dienst ich sozusagen ein ganzes Leben lang gestanden habe, aber was zuviel ist, ist zuviel. Es ist nicht möglich, der deutschen Gesamtwelt den Glauben beizubringen, daß es mit Bötzow oder Liebenwalde, mit Zehdenick oder Gransee (beiläufig mir alles sehr liebe Städte) was Besonderes sei, und wenn das mit diesem märkischen Radaupatriotismus, mit diesem Entzücktsein über jeden im Wedding- oder Voigtlandjargon sprechenden großmäuligen und unverschämten Berliner so fortgeht, so sind wir ernsthaft in Gefahr, unsere durch unsere Siege (die wenigstens in gewissem Sinne von Berlin ausgingen) und namentlich auch durch unsere glänzende städtische Entwicklung mühsam gewonnene Besserstellung wieder einzubüßen. Im Grunde der deutschen Volksseele ruht gegen uns immer noch die frühere Abneigung, und wir sollten uns hüten, durch die beständige, von der Bühne her abgegebene Versicherung, daß es mit uns was ganz Besondres sei, was doch keineswegs der Fall ist, den alten Groll wieder wachzurufen. Es können Zeiten kommen, und sehr bald, wo das regierende märkisch-berlinische Wesen der Sympathien Alldeutschlands dringend bedürftig ist. Und Bismarck ist alt und Moltke noch älter.

Aus der Rezension über »Friedrich von Hohenzollern und die Quitzows« von Wilhelm Wendlandt; »Vossische Zeitung«, 24. Dezember 1888.

Märker und Berliner

Die Märker haben viel Pflichtgefühl und verstehen zu gehorchen und zu befehlen, und das ist besser als der »Mut ohne Ende«. Das Pflichtgefühl der Märker, ihr Lerntrieb, ihr Ordnungssinn, ihre Sparsamkeit – das ist ihr Bestes. Und das sind die Eigenschaften, wodurch sie's zu was gebracht haben. Im übrigen sind sie neidisch, schabernackisch und engherzig und haben in hervorragender Weise den ridikülen Zug, alles, was sie besitzen oder leisten, für etwas ganz Ungeheures anzusehen. Eine natürliche Folge früherer Ärmlichkeit, wo das Kleinste für wertvoll galt. Es gibt in der Mark bis diesen Tag zahllose Leute, die mit ihren 100000 Mark ganz aufrichtig glauben, »sie kämen gleich nach Gould oder Vanderbilt«. Was aber auch nicht ganz richtig ist, wenigstens nicht im Ausdruck, weil der echte Märker weder Gould noch Vanderbilt kennt, sondern alle Größen, wenn er vergleichen will, aus seiner eigenen Provinz und am liebsten aus seinem Kreise nimmt. Ja, es sind tüchtige, aber eingeengte Leute. Wenn sie einem eine Tasse Kaffe präsentieren, so rechnen sie *sich's* an, nicht dem, der den Mut hat, diesen Kaffe zu trinken, und gab es gar noch eine geschmierte Semmel dazu, so wird es als ein »Mahl« angesehen, das Anspruch darauf hat, in die Stadt- und Dorfchronik eingezeichnet zu werden. [...]

So sind die Märker in Gutem und Nicht-Gutem, und ein paar Jahrhunderte zurück waren die Berliner ebenso. [...]

Vor vierhundert und auch noch vor zweihundert Jahren war Berlin eine märkische Stadt und stand unter dem Einfluß märkischen Lebens, jetzt ist das Berlinertum eine selbständige, von dem ursprünglich Märkischen durchaus losgelöste Macht geworden, die nun ihrerseits auf dem Punkte steht, zu vielem andrem auch die nur hier und da noch Widerstand leistende Mark zu erobern und die Märker nolens volens früher oder später zu Berlinern zu machen.

»Die Märker und die Berliner und wie sich das Berlinertum entwickelte« (1889).

Berlinischer Räsoniercharakter

Außer dem, was der »Kanton« hergab, fanden sich in der Armee die wunderlichsten Existenzen zusammen; alle Sprachen wurden gesprochen, und das preußische Werbesystem, das sich über halb Europa hin ausdehnte, stellte nicht bloß verlorene, sondern oft auch, soweit Moral mitsprach, durchaus unanfechtbare und nur leider vom Unglück verfolgte Genies unter die Fahne. Nun standen sie in Reih und Glied, in vielen Stücken bevorzugt, aber doch immer noch einer eisernen Disziplin unterworfen, und bildeten jenen merkwürdigen Geist einerseits militärisch-friderizianischen Selbstgefühls, andererseits innerster Auflehnung aus, einer gedanklichen Opposition, die vor nichts und niemandem zurückschreckte. So verging ihr Leben. Alt geworden, traten sie dann in die bürgerliche Gesellschaft zurück, um nun in dieser, so gut es ging, ihr Dasein zu fristen, als Lohndiener und Tafeldecker, als Schreib- und Sprachlehrer, als Teppichflechter und Stiefelputzer. Das waren die Leute, die, nach einer ganz bestimmten, und zwar im wesentlichen immer Kritik übenden Seite hin, die Lehrmeister des Berliner Volkes wurden, die den König heut in den Himmel hoben und morgen das fabelhaft Tollste von ihm aussagten, alles in einer zynischen rücksichtslosen Sprache, die bei dem Rest höherer Bildung, der vielen unter ihnen verblieben war, oft einer allerwitzigsten Zuspitzung nicht entbehrte. Diese zu Spießbürgern umgemodelten Friderizianischen Grenadiere waren es, die den berlinischen Räsoniercharakter und vor allem auch den alsbald von alt und jung begierig angenommenen berlinischen Ausdruck für dies Räsonnement schufen. Ein Umwandlungsprozeß, der bald nach dem Siebenjährigen Kriege seinen Anfang nahm und sich derartig rasch entwickelte, daß, als der große König seinen stillen Platz unter der Kanzel der Potsdamer Garnisonkirche bezog, der erste Berliner Schusterjunge bereits geboren war.

»Die Märker und die Berliner und wie sich das Berlinertum entwickelte« (1889).

Eine miserabel langweilige Stadt

Aber zurück zu Ihrem Essay. Er enthält eine ganze Welt von Weisheit; nur wer in all diesen Dingen und Fragen (Pardon für die Renommisterei) *so* zu Hause ist wie ich, kann da folgen und würdigen. Man muß Berlin und Mark und Wedding und Voigtland und die Biers und die Fischers und Kleist und Willibald Alexis und Franz Ziegler und Niendorf kennen, um zu wissen, wie treffend das alles ist. Aber wer darf sich dessen rühmen? Ich gehe die größte Wette ein, wir beide sind die einzig Lebenden, die in dieser Welt überhaupt noch zu Hause sind. Was weiß Lindau, für den ich übrigens ein Tendre, eine Schwäche habe, von Willib. Alexis oder Ziegler? Da beide weder lebende Theaterdirektoren noch angesehene Tageskritiker sind, haben sie nicht das geringste Interesse für ihn. Wie vorzüglich ist Ihre Charakteristik von Willibald Alexis. Ziegler kommt vielleicht ein bißchen zu gut weg; in erster Reihe war er doch ein kolossaler Schlauberger (auch echt märkisch).

Nur 2erlei möchte ich doch noch sagen dürfen: der märkische Adel, den ich weiß Gott nicht überschätze, aber er ist in seinem Tun und seiner Lebenstüchtigkeit doch hoch interessant; auch der sogenannte »gemeine Mann« ist hoch interessant und voll Mut, Charakter und Freisinn (Tyrann für andre), das Bürgervolk erbärmlich und der Bourgeois 3mal erbärmlich. Und zum Schlusse noch eins: Berlin ist eine miserabel langweilige Stadt, und wenn man eben von Kissingen kommt und unter den Tausenden, die sich dort tummelten, auch die kolossal unbedeutenden Berliner Trivialgestalten gesehen hat, so ist man wahrhaftig nicht in der Laune, Ihnen zu widersprechen. Aber die in Ihrem Aufsatz vorkommende Stelle, die darauf hinausläuft, daß, nach einer zurechtgemachten Annahme, »die Hohenzollern das alles und noch viel andres gemacht hätten«, dies ist doch richtig, und Berlin (auch örtlich), im Hinblick auf die Hohenzollern und im Zusammenhange mit ihnen angesehen, ist eine historisch interessante Stadt. Mit anderen Worten, das *Städtische der Stadt* ist eigentlich öd und langweilig, nur erst die neuste Zeit hat hier gebessert, aber alles, was die Hohenzollern geschaffen und mit ihrem Tun und ihrem Geiste durchdrungen haben, ist hoch interessant: das Berliner Schloß, alt und neu, das Potsdamer Sanssouci, das Marmorpalais, das Neue Palais, das Charlottenburger Schloß – welche Welt! welche Gestalten, welche Erinnerungen. Es hat nur alles noch nicht seinen Geschichtsschreiber gefunden. *Ich* könnte es, aber ich werde 70, und nun ist Spiel und Tanz vorbei.

An den Journalisten Guido Weiß, 14. August 1889. Weiß hatte sich am 20. Juni in der »Frankfurter Zeitung« in einem Essay mit »Musen und Grazien in der Mark« befaßt und auch über Fontane geschrieben.

Berlinischer Chauvinismus

Herzlichsten Dank für Ihre freundlichen Worte, die mir um so wohler getan haben, als ich in der Furcht war, vielleicht einige Hacheln mit runterschlucken zu müssen. Denn natürlich ist es ganz so, wie Sie's sagen: das Publikum merkt es nicht. Und wenn es das Publikum nicht merkt, warum dann überhaupt der Lärm? Ich habe nur die eine Antwort darauf, und in der Tat war *das* es, was mich reden ließ, trotzdem schweigen immer besser ist, daß mein Ärger über einen gewissen deutschen und speziell berlinischen Chauvinismus von Tage zu Tage größer wird. Wenn man die Stimmung in unsrer Oberschicht belauscht, wenn man in unsre Zeitungen hineinkuckt, die den Leuten nach dem Munde reden, so sollte man glauben, Berlin spaziere an der Tête der Zivilisation. Es ist aber sehr weit ab davon. Jeder Berliner Bäcker bildet sich ein, Berliner Backware sei was ganz Besondres, während sie, wenn man nicht als Fremder im Hôtel de Rome wohnt, erbärmlich ist. Dies wiederholt sich auf jedem Gebiet, nur Kunst und Literatur sind zugestandenermaßen (fast mit Stolz und Freudigkeit zugestanden) am schlechtesten hier; sowie aber das Handwerk anfängt, prätendiert dies Nest, aus dem immer noch Fr. W. I. rauskuckt, ersten Ranges zu sein. Ich bin fest überzeugt, daß sich die Firma Hermann für eine Nummer eins hält. Deshalb schrieb ich.

An seinen Berliner Verleger Wilhelm Hertz, Berlin, 10. November 1889.

Berliner Lebensart

Gestern war ich bei Stöckhardts zum Diner. Na, soso! Das Diner selbst ganz gut, beide Wirte sehr nett und liebenswürdig, aber alles andre doch ein bißchen unter Niveau. Der eine war ein Danziger Landtags-Abgeordneter mit seiner Frau, beide liebenswürdig, umgänglich und die Frau mit Kunst- und Literatur-Allüren, aber das Ganze doch dünn und langweilig, ohne Temperament, Esprit, Charme. Mit einem Wort alles Blech. Er, Stöckhardt, orakelte auch vielerlei, aber ein blutiger Dilettantismus sah aus allen Ecken heraus; die verfluchte Bildung hat alles natürliche Urteil verdorben; jeder quatscht nach. Am nettesten war Alice, die mir bei Tisch von ihrer großen Orient-Reise erzählte, von Konstantinopel, Goltz-Pascha, den sie auf der Parade traf, und am meisten von Bukarest und ihren dortigen Erlebnissen. Sehr interessant, klar, knapp, anschaulich. Aber nicht zu glauben, sie legte *der*art Beschlag auf mich, daß ich mich, nach länger als einer Stunde, gewaltsam und nun meinerseits beinah unartig losreißen mußte, um mich endlich meiner eigentlichen Tischdame zuwenden zu können. Das ist Berliner Lebensart. Oder ist es überall so?

An Tochter Martha, Berlin, 17. Februar 1891. Die Familie des Berliner Ministerialbeamten Reinhold Stöckhardt hatte Fontane 1885 im Riesengebirge kennengelernt. Alice war die jüngere Schwester von Frau Stöckhardt, geb. Grosser.

Eben ein Berliner, das sagt alles

Heute sind wir 2 Wochen hier, alles in allem wieder sehr zu unsrer Zufriedenheit. Sehr interessant ist es nicht, aber immer noch interessanter – wenigstens für mich – als in Berlin. Gestern war ich zum 3. Mal im Theater, erst »Fall Clemenceau«, dann »Drei Paar Schuhe«, gestern Wildenbruchs »Haubenlerche«. Ich finde es von all seinen Stükken das talentvollste, wiewohl ich zugeben muß, daß er es unter dem Einfluß von G. Hauptmann und Holz und Schlaf gearbeitet hat. Charaktere u. Dialog sind wundervoll, nur fehlt hier und da Takt und feines Gefühl. Er ist eben ein Berliner, das sagt alles.

An Tochter Martha, Kissingen, 17. Juni 1891.

Echt preußische Ruppigkeit

Unser Leben wickelt sich im alten Geleise ab. Aber doch mit kleinen Apartheiten. Am Montag waren wir auf dem Gericht, um unser Testament zu deponieren. Die betr. Gerichtsabteilung hat ihren Sitz im alten Kadettenkorps in der Neuen Friedrichstraße. Da saßen wir gut anderthalb Stunden in einer gelb gestrichnen Stube, wo noch alles nach alter Zeit und echt preußischer Ruppigkeit schmeckte. Vielleicht ist es recht gut so; alles macht einen merkwürdig unbestochnen Eindruck; bei mehr Schwindel müßte notwendig alles viel anständiger aussehn. Die Inszenierung unsrer Rechtssprecherei hat etwas Proletarierhaftes.

An Tochter Martha, Berlin, 10. März 1892.

Furcht vor der Cholera

Hinsichtlich der Cholera lesen wir alles, was die Zeitung bringt. Die Hamburger, die man überall zurückweist, wohin sie auch fliegen mögen, sind in einer furchtbaren Lage. Ich habe etwas Ähnliches von Panik, von in Bann tun einer ganzen Bevölkerung, kaum erlebt. Die Berliner, die sich so sehr beglückwünschen und mal wieder alles vortrefflich finden, mögen für ihren Dünkel nicht bestraft werden. Mietskasernen, Kellerlöcher, Hängeböden, Schlafburscheninstitut, alles überfüllt, Kanalluft, Schnaps, kühle Weiße und Budikerwurst, – da kann es jeden Augenblick auch hereinbrechen. Bleiben wir hier noch lange – vorläufig beobachten wir die Situation –, so kommst Du natürlich wieder her; wir werden Dich doch nicht allein in der unwirtlichen Wohnung lassen, die schon in normalen Tagen, wie ich jetzt stark empfinde, viel zu wünschen übrigläßt.

An Tochter Martha, Zillerthal/Riesengebirge, 1. September 1892. Die »unwirtliche Wohnung« ist das beengte Domizil in der Potsdamer Straße 134c, wo die Fontanes seit 1872 lebten.

Das also war Berlin

Sechs Uhr sechs Minuten hielt der Zug in Bahnhof Friedrichstraße. Lezius liebte nicht empfangen zu werden, und so war denn auch niemand da, was ihn sichtlich erfreute. Eine graue Filzmütze auf dem stark angegrauten Kopf, einen Spatenstock in der Hand und die Botanisiertrommel en bandoulière, so stieg er die Bahnhofstreppe hinunter und empfing unten von dem Schutzmann, an den er herantrat, die Blechmarke 1727. Diese samt Gepäckschein gab er ab, und eine Minute später rief auch schon der von ihm ins Vertrauen gezogene Kofferträger in die Droschkenwagenburg hinein »17 … 27 …« – »Hier!« antwortete eine Hintergrundsstimme, deren Hintergrundscharakter sich durch natürliche Berliner Heiserkeit gesteigert sah. Und nun flog die Kiste auf die Droschke hinauf, Lezius kletterte nach, und fort ging es, erst in die Friedrich- und gleich danach mit scharfer Biegung in die Dorotheenstraße hinein.

Der alte Professor sah hier, so gut es ging, durch das erst nach langem Bemühen in seine Versenkung niedergleitende Fenster auf die Straße hinaus. Hm, das also war Berlin. Versteht sich, es mußt es sein. Was da neben ihm hin- und herfuhr, das waren ja die Pferdebahnwagen, und an dem einen las er sogar: »Nach dem Kupfergraben«. Er nickte, wie wenn ihm nun erst alle Zweifel genommen wären, und eine kleine Weile, so sah er auch schon in eine Allee herbstlich gelber Bäume hinein, an deren Ende die Victoria, deren Profil ihn immer an Fanny Lewald erinnerte, golden aufragte. Die vergoldeten Kanonen darunter schossen noch immer in den Himmel. Es war also alles richtig. Und nun kam auch das Tor und der Tattersall und gleich dahinter der Bismarcksche Garten (»Wo er wohl jetzt ist?« brummelte Lezius vor sich hin), und zuletzt erschien auch der Potsdamer Platz mit dem reitenden Schutzmann und dem Café Bellevue, wo zu dieser Stunde mehr Kellner als Gäste waren. Ein Bekannter grüßte freundlich von einem der kleinen Tische. Dann bog die Droschke noch einmal rechts ab und hielt eine Minute später vor Lezius' Haus, das noch einen Vorgarten, ein sogenanntes »Erbbegräbnis«, hatte.

»Können Sie das Gepäck nach oben schaffen?«

»Ja, wenn Sie bei dem Schimmel bleiben wollen.«

»Versteht sich, ich werde bleiben.«

Und nun schob sich der Kutscher die Kiste, die seitens ihres Besitzers ziemlich euphemistisch als »Gepäck« bezeichnet worden war, auf die Schulter und schritt mit ihr auf das Haus zu, während Lezius, wie versprochen, neben den Schimmel trat, um sich durch Klopfen und Halsstreicheln der Gunst desselben zu versichern.

»Er hat nicht gemuckst.«

»Nein, er weiß Bescheid. Man bloß das Bimmeln kann er nich leiden.«

Aus der Erzählung »Professor Lezius oder Wieder daheim« (1892). Auf ähnliche Weise und mit ähnlichen Erlebnissen gelangte auch Fontane nach vielen seiner Reisen nach Hause in die Potsdamer Straße.

Berliner Sprechanismus

Überall gibt es plauderhafte Menschen, aber jene Form der Plauderhaftigkeit, die »Sprechanismus« heißt, gibt es nur in Berlin. Eigentlich ist es gar keine Plauderhaftigkeit. Plaudern ist etwas Gemütliches, es läßt die Möglichkeit einer Unterbrechung zu, ja wenn es echt ist, ist es etwas auf Gegenseitigkeit Begründetes, jedenfalls ist es etwas Harmloses, Gemütliches, was man vom Sprechanismus nicht sagen kann. Der Sprechanismus ist hart und unerbittlich, und sein charakteristisches Zeichen ist nicht das einfache, gewandte Sprechenkönnen, sondern die verzweifelte Ordnung darin, die Dialektik, der Doktrinarismus, der fanatische Belehrungstrieb, das fanatische Verlangen, dem andern zu einem richtigeren oder, richtiger ausgedrückt, zu dem einzig richtigen Standpunkt zu verhelfen.

Der Sprechanismus hat immer ein Müssen, er ist nicht zum Spaß da, er arbeitet beständig an Aufklärung, an Prinzipiensieg. Woraus sich dann von selbst ergibt, daß der Sprechanismus immer nur bei beschränkten und halbgebildeten Menschen zu Hause ist, bei solchen, die in einem fort Parteizeitungen lesen. Welcher Richtung, ist gleichgültig: Denn der Sprechanismus entfaltet sein Panier auf jedem Gebiet, uneingeengt durch Parteigrenzen. Er hat nach dieser Seite hin etwas Großes, Weltumfassendes, A. hat dies Gebiet, B. das entgegengesetzte. Aber das, worauf es ankommt, der Sprechanismus, bleibt derselbe. Unter allen Tugenden steht ihm eine am fernsten: Bescheidenheit.

Zu den Merkwürdigkeiten gehört auch, daß sich der Sprechanismus als Bekehrungsopfer immer solche aussucht, die auf bestimmten Gebieten eine größere oder kleinere Autorität [sind]. So daß man von ihm sagen darf: er hat sich nie mit Kleinigkeiten abgegeben, er ist wählerisch, noblesse oblige. Er sucht sich seinen Mann, und wenn er ganz echt ist, so wird er einen Generalstäbler über die Fehler, die bei Mars-la-Tour gemacht wurden, und Mommsen über Geschichtschreibung bestandpunkten. Mir persönlich ist es immer passiert, daß ich immer nur auf den Gebieten belehrt wurde, auf denen ich mir eingebildet hatte, dem Betreffenden gute Lehren geben zu können. Wanderungen. Märkisches. Jeder hat so eine kleine Domäne, und deshalb werde ich vielleicht sagen dürfen, ich verstehe mich auf Land und Leute von Mark Brandenburg. Aber das hilft mir nichts, wenn ich einem Vertreter des Sprechanismus begegne. »Sie gehen da doch über Dinge hinweg, deren Bedeutung evident ist, über die Trachten. Ich will nicht von Spreewälderinnen reden, das ist ja alles Willkür, Verständnislosigkeit, gemischt mit sinnlicher Vorliebe für hervortretende Hüften, damit komme ich Ihnen nicht, aber wirkliche Finessen. Wo fängt das schwarze Kopftuch an, wo hört es auf, wo macht es dem roten Platz, wo tritt Gelb betüpfelt auf, wo Hellblau, sehen Sie, das sind Fragen, die über das Stammwesen entscheiden, die mit der Frage zusammenhängen, wie weit reichen die Heveller, wie weit die Dossaner, die Brizaner, die Spriavaner.«

Aus dem Fragment gebliebenen Essay »Berliner Sprechanismus« (1893).

Mutters Kloß ist der beste

»Spezifisch berlinisch«, sagte ich. In zweierlei tritt einem das in dem Doveschen Briefe frappant entgegen: in der von kleinen Malicen begleiteten Empfindlichkeit und dann – *trotz* eigner Berlinerschaft oder *weil* – in einer höchst kritischen Stellung gegen alles Berlinische. Unsre »Eigentlichsten« sind immer zugleich unsre eigentlichsten Gegner. Ich selbst gehöre auch mit dazu. Je berlinischer man ist, je mehr schimpft man oder spöttelt man auf Berlin. Daß dem so ist, liegt nun aber nicht bloß an dem Schimpfer und Spötter, es liegt leider wirklich auch an dem Gegenstande, also an unsrem guten Berlin selbst. Wie unsre Junker unausrottbar dieselben bleiben, kleine, ganz kleine Leute, die sich für historische Figuren halten, so bleibt der Berliner ein egoistischer, enger Kleinstädter. Die Stadt wächst und wächst, die Millionäre verzehnfachen sich, aber eine gewisse Schusterhaftigkeit bleibt, die sich vor allem in dem Glauben ausspricht: »Mutters Kloß sei der beste«. Dabei gibt es hier – denn man kann doch nicht immer auf Bismarck und Moltke rekurrieren, die nicht mal Berliner waren – überhaupt nichts Bestes; es gibt in Berlin nur Nachahmung, guten Durchschnitt, respektable Mittelmäßigkeit, und das empfinden alle klugen Berliner, sowie sie aus Berlin heraus sind. Das *menschliche* Leben draußen (nicht das politische, bei dem's aber auch zutrifft) ist freier, natürlicher, unbefangener, und deshalb wirkt die nicht-berlinische Welt *reizvoller*. Die Menschen draußen sind nicht klüger, nicht besser, auch wohl nicht einmal begabter und talentvoller, sie sind bloß *menschlicher*, und weil sie menschlicher sind, wirkt alles besser, *ist* auch besser. Das lyrische Gedicht eines Menschen, der menschlich empfindet, wird immer besser sein als das eines »Gebildeten«. Bildung ist etwas Herrliches; aber was bei uns als Bildung gilt, ist etwas ungemein Niedriges und sogar Dämliches.

An den schlesischen Amtsrichter Georg Friedlaender, Berlin, 14. Mai 1894.

Berliner Theatervergnügen

Ich sagte schon, daß, wenn er solche Gespräche führte, Döring mehr ärgerlich auf das Publikum als auf Kahle war. Und dieser Ärger über das Publikum war ein hervorstechender Zug an ihm. Als echter Berliner war er in ewiger Fehde mit dem Berlinertum und vor allem mit dem Berliner Theaterpublikum, das ihn dennoch bis an sein Lebensende und mit Fug und Recht verhätschelte. Aber trotzdem, es genügte ihm nicht. »Je mehr er hat, je mehr er will.«

»Oh, dies Berliner Publikum! Sehen Sie, in der ganzen Welt geht der Mensch ins Theater, um seine Freude daran zu haben. Nur der Berliner geht ins Theater, um diese

Freude nicht zu haben, und diese Nichtfreude ist seine einzige Freude. Auf diese Freude wartet er, und deshalb setzt er sich ins Parkett, nicht als ein dankbarer Zuschauer, sondern wie ein Sonntagsschütze, der sich in eine Sandkuhle legt, um einen armen Hasen abzuwarten. Der Hase aber, auf den er wartet, ist der Fehler oder auch bloß der anscheinende Fehler, den der arme Schauspieler da oben machen soll. Weh ihm, wenn er ihn nicht macht, dann ist er vollends verloren. Aber, Gott sei Dank, der Fall tritt nicht ein. Jetzt steckt der Hase den Kopf raus, der Fehler ist da, und nun knallt er los. Das ist das, was der Berliner sein Theatervergnügen nennt.«

Aus dem fragmentarisch hinterlassenen dritten Teil der Autobiographie »Kritische Jahre – Kritiker-Jahre«.

Beamtendrillmaschine

Vor etwa Jahresfrist schrieb ich Ihnen, wenn ich nicht irre, von Waren aus, heute aus Neubrandenburg. Beide Städte sind mecklenburgisch, jene dem Lande Schwerin, diese dem Lande Strelitz zugehörig, aber beide mit denselben Vorzügen ausgestattet: mit Wald und Seen, mit einer sehr wohlhabenden Bevölkerung, sehr guter Verpflegung und einem patriarchalischen Regiment. Dies Regiment, eine Adelsherrschaft, wird nun zwar im ganzen übrigen Deutschland und speziell in Preußen verspottet, zeigt aber so recht, daß es auf Verfassungen und Freiheitsparagraphen (die *wirkliche* Freiheit hat keine Paragraphen) gar nicht ankommt, sondern auf die Lebensformen, die hier beglückender sind als anderswo. Man freut sich seines Daseins, trinkt Rotwein und liest kleine Blätter. Die

Leute sind infolgedessen weniger »gebildet«, aber auch weniger »verbildet«, was sich darin zeigt, daß aus kaum einem andern deutschen Landesteile so viele Talente hervorgehen. In Berlin sind die Menschen infolge des ewigen Lernens und Examiniertwerdens am talentlosesten – eine Beamtendrillmaschine.

An den Londoner Arzt James Morris, Neubrandenburg, 13. Juli 1897.

Berlin wird Weltstadt

Die Milliarden. Meine Wohnung. Gekündigt. Die Spiegelscheiben. Herbst 72 in die Potsdamer Straße. Da bin ich noch. In den 25 Jahren ist nun Berlin Weltstadt geworden. Wenigstens wird ihm das beständig versichert. Ist es Weltstadt? Ja und nein. Nun das große Leben und das daneben fortexistierende Klein- und Spießbürgerleben. Schilderungen. Es gibt noch Frauen, die in die Landsberger Straße fahren, um eine Sache für 5 Pfennige billiger zu kaufen, und die, wenn sie ein Rezept in die Apotheke schicken, immer eine krumme und schiefe Flasche mitschicken. Wenn sie eine Seltersflasche öffnen, halten sie die Hand darüber, damit von der kostbaren Kohlensäure nichts entweicht.

Aus dem fragmentarisch hinterlassenen dritten Teil der Autobiographie »Kritische Jahre – Kritiker-Jahre«.

Berliner Topographie

Theodor Fontane gelang, was den großen ausländischen Meistern mit Paris, London und Petersburg gelungen war: Er schuf Berlin zum zweiten Male. Er schenkte uns die Stadt an der Spree, wie uns Balzac die Stadt an der Seine und Dickens die Stadt an der Themse schenkten. Diese Städte und ihre Gesellschaft mögen sich wandeln, sie mögen wachsen, verfallen oder gar zerstört werden, – ihr Herz und eigentliches Wesen lebt im Œuvre der großen Romanciers unzerstörbar fort.

Erich Kästner, 1959

Straßen, Plätze, Kieze

Auf der Suche

Ich flaniere gern in den Berliner Straßen, meist ohne Ziel und Zweck, wie's das richtige Flanieren verlangt. Aber zuzeiten erfaßt mich doch auch ein Studienhang und läßt mich nach allem möglichen Alten und Neuen, was über die Stadt hin verstreut liegt, auf Inspektion und unter Umständen selbst auf Suche gehn. Ich mustere dann Panoramen und Tiergärten, Parks und Statuen, Vorgärten und Springbrunnen, ja ganz vor kurzem, an einem bedeckten, aber schon halb sommerlichen Apriltage, wandelte mich sogar die Lust an, es mit einer Revue der fremden Gesandtschaften zu versuchen. An ein Eindringen in ihr Inneres war bei meiner Unfähigkeit für den Interviewer-Beruf nicht zu denken. Indessen das bedeutete nicht viel. [...]

Aber mit welcher sollt ich beginnen? Ich überflog die Gesamtheit der Ambassaden, und da mir als gutem Deutschen der Zug innewohnt, alles, was weither ist, zu bevorzugen, entschied ich mich natürlich für China, Heydtstraße 17. China lag mir ohnehin an meiner täglichen Spaziergangslinie, die, mit der Potsdamer Straße beginnend, am jenseitigen Kanalufer rechts entlangläuft und dann unter Überschreitung einer der vielen kleinen Brücken von größerem oder geringerem (meist geringerem) Rialtocharakter am Tiergarten hin ihren Rücklauf nimmt, bis der Zirkel an der Ausgangsstelle sich wieder schließt.

Eine Regenwolke stand am Himmel; aber nichts schöner als kurze Aprilschauer, von denen es heißt, daß sie das

Wachstum fordern; und so schritt ich denn »am leichten Stabe«, nur leider um einiges älter als Ibykus, auf die Potsdamer Brücke zu, deren merkwürdige Kurvengeleise – darauf sich die Pferdebahnwagen in fast ununterbrochener Reihe heranschlängeln – immer aufs neue mein Interesse zu wecken wissen. Da stand ich denn auch heute wieder an das linksseitige Geländer gelehnt, einen rotgestrichenen Flachkahn unter mir, über dessen Bestimmung eine dicht neben mir angebrachte Brückentafel erwünschte Auskunft gab: »Dieser Rettungskahn ist dem Schutze des Publikums anempfohlen.« Ein zu schützender Schützer und Retter; mehr bescheiden als vertrauenerweckend.

Von meinem erhöhten Brückenstand aus war ich indes nicht bloß in der Lage, den Rettungskahn unter mir, sondern auch das schon jenseits der Eisenschienen gelegene Dreieck überblicken zu können, das, zunächst nur als Umspann- und Rasteplatz für Omnibusse bestimmt, außerdem auch noch durch zwei jener eigenartigen und modernster Zeit entstammenden Holzarchitekturen ausgezeichnet ist, denen man in den belebtesten Stadtteilen Berlins, trotz einer gewissen Gegensätzlichkeit ihrer Aufgaben, so oft nebeneinander begegnet. Der ausgebildete Kunst- und Geschmackssinn des Spree-Atheners, vielleicht auch seine Stellung zu Literatur und Presse, nimmt an dieser provozierenden Gegensätzlichkeit so wenig Anstoß, daß er sich derselben eher freut als schämt, und während ihm ein letztes dienstliches Verhältnis der kleineren Bude zur größeren außer allem Zweifel ist, erkennt er in dieser größeren, mit ihren schräg aufstehenden Schmal- und Oberfenstern zugleich eine kurzgefaßte Kritik all der mehr dem Idealen zugewandten Aufgaben der Schwesterbude.

Dieser letzteren näherte ich mich jetzt, um an ihrem

Schalter das Abendblatt einer unsrer Zeitungen zu kaufen. Es war aber noch nicht da, was mich zu dem in ähnlicher Situation immer wieder von mir gewählten Auskunftsmittel greifen ließ: Ankauf der »Fliegenden Blätter«. Man zieht dabei selten das große Los, aber doch auch ebenso selten eine Niete.

Das Blatt erst überfliegend und dann vorsichtig unter den Rock knöpfend, war ich alsbald bis an den Anfang jener Straßenlinie vorgedrungen, die sich unter verschiedenen Namen bis zu dem Zoologischen Garten hinaufwindet, die ganze Linie eine Art Deutz, mit Köln am anderen Ufer, dessen Dom denn auch, in Gestalt der Matthäikirche, herrlich herübersah, die Situation beherrschend. Und nun kam »Blumeshof« mit seinem Freiblick auf den Magdeburger Platz, und eine kleine Weile danach, so war auch schon der Brückensteg da, der mich nach China hinüberführen sollte. So schmal ist die Grenze, die zwei Welten voneinander scheidet. Eine halbe Minute noch, und ich war drüben.

Aus der Erzählung »Auf der Suche. Spaziergang am Berliner Kanal« (1889).

Unter den Linden

Referent, wenn ihm der beneidenswert glückliche Gedanke gekommen wäre, solches Buch zu schreiben und, Unter den Linden flanierend, die Häuser auf ihre Geschichte hin anzusehn, hätte ganz andere Geschichten herausgelesen und würde sich nur hier und da mit dem Herrn Verfasser begegnet haben. Ich hätte (ich lasse von hier ab den etwas steifen »Referenten« bequemlichkeitshalber fallen) mit dem General *Rohdich*schen Hause, dem jetzigen Gardeoffizierskasino, angefangen und hätte dabei vom alten General Rohdich und seinen Grenadierblechmützen – die das 1. Garderegiment z. T. noch trägt – ausführlich erzählt, um dann zum General Wrangel überzugehen, zu Wrangel und seiner Gemahlin, der geborenen von Below, die während der denkwürdigen achtundvierziger Zeit das Rohdichsche Palais gemeinschaftlich bewohnten. »Soll mir wundern, ob sie ihr gehangen haben.« Dann hätt ich mich dem Nachbarhause zugewandt, dem *Arnim*schen Palais, das im »unruhigen Jahre«, wenn ich nicht irre, der damalige Minister von Arnim, der mit König Friedrich Wilhelm IV. am 19. März durch die Straßen ritt, und dann später Harry von Arnim bewohnte. Zum dritten dann, nach Erledigung der Arnim-Frage, wär ich beim Redernschen Palais angekommen, bei Graf Redern, der fast zwanzig Jahre lang Generalintendant war, eine Bildergalerie samt zehn verschuldeten Rittergütern besaß und eine Hamburger Millioneserin heiratete (»Womit handelte doch Ihr Herr Vater?« – »Mit Verstand«), um die gestörte Gütersache wieder in Ordnung zu bringen. Was auch glückte. Von Graf Redern wär ich dann zu Major Blesson, dem Blücher-Adjutanten und achtundvierziger Bürgerwehrkommandanten, von Major Blesson zu dem reichen Grafen Blanckensee, Dichter und Freund des Malers Wilhelm Hensel, von Graf Blanckensee zur Gräfin Lichtenau, von der Lichtenau zum Prinzen Louis Ferdinand und vom Prinzen Louis Ferdinand zum Feldmarschall Schomberg (im späteren kronprinzlichen Palais) und zuletzt zum alten Prinzen Heinrich, Bruder Friedrichs des Großen, übergegangen und hätte meine Schilderung vielleicht mit einer Redoutenbeschreibung im Prinz Heinrichschen Palais, dem jetzigen Universitätsgebäude, beschlossen. So hätte sich zweifellos der Sache beikommen lassen, Rodenberg aber hat das Brot genau von der entgegengesetzten Seite her angeschnitten und hat uns in allem Wesentlichen, ohne übrigens an dem Geschichtlichen geradezu vorüberzugehen, etwas Kultur- und Literaturhistorisches anstelle des einfach Historischen geboten.

Aus der Besprechung von Julius Rodenbergs Buch »Unter den Linden«; »Vossische Zeitung«, 9. Dezember 1888.

Potsdamer Platz

»... Und«, fuhr der Onkelgeneral fort, »da die Reise nun mal nötig war, habe ich mir natürlich diesen vierten Januar ausgesucht, um meiner lieben Frau Schwägerin gratulieren zu können.«

»Und du wirst bei uns wohnen«, sagte die Majorin. »Wir können dir nicht viel bieten, aber wir haben doch die Aussicht auf den Matthäi...«

»Ich weiß, Albertine«, sagte der General. »Alles sehr schön. Aber offen gestanden, ich ziehe den Potsdamer Platz vor, weil da das meiste Leben ist. Und Leben ist nun mal das Beste, was eine große Stadt hat. Das fehlt uns in Adamsdorf. Ich bin also wieder im ›Fürstenhof‹ abgestiegen, bin da schon bekannt, und wahrhaftig, es sieht beinahe so aus, als freuten sich alle, wenn ich komme.«

»Wird auch wohl so sein.«

»Und wenn ich mich da morgens ins Fenster lege, links und rechts ein Sofakissen unterm Arm, und die frische Winterluft kommt so vom Hall'schen Tor her – was ich mir wohl gönnen kann, denn von unsrer alten Koppe herunter pustet es noch ganz anders –, und ich habe dann so

Café Bellevue und Josty vor mir, Josty mit dem Glasvorbau, wo sie schon von früh an sitzen und Zeitungen lesen, und die Pferdebahnen und Omnibusse kommen von allen Seiten heran, und es sieht aus, als ob sie jeden Augenblick ineinanderfahren wollten, und Blumenmädchen dazwischen (aber es sind eigentlich Stelzfüße), und in all dem Lärm und Wirrwarr werden dann mit einem Male Extrablätter ausgerufen, so wie Feuerruf in alten Zeiten und mit einer Unkenstimme, als wäre wenigstens die Welt untergegangen – ja, Kinder, wenn ich das so vor mir habe, da wird mir wohl, da weiß ich, daß ich mal wieder unter Menschen bin, und darauf mag ich nicht gern verzichten.«

»Die Poggenpuhls«, Kapitel 6.

Friedrichstraße

Mancher, der das alte Berlin noch gekannt hat, wird sich entsinnen, wie still plötzlich die große Friedrichsstraße wurde, wenn man, nach dem Halleschen Tore zu, eine bestimmte Linie passiert hatte. Die Kochstraße zog eine Grenze zwischen Stadt und Vorstadt; diesseits lag der Lärm, jenseits die Stille. Und dieser Wechsel tat unendlich wohl. Die plötzlich beruhigten Nerven ließen erkennen, daß man aus der Zone des Rollwagens in die der schlafenden Droschke getreten war; die Läden hörten auf, die Jalousien fingen an; auf dem Bürgersteig lagen die Marmelspieler, und auf dem Fahrdamm lag die Sonne.

Lauter stille Häuser, aber eines war ein allerstillstes: gelb, zweistöckig und mit einer Mansarde auf dem Dach. Auf dem Flur, auch in heißesten Tagen, lag eine schattige Kühle, weißgescheuerte Stufen führten in den ersten

Stock, und durch die offenstehende Tür, die in den altmodischen, nach hinten hinaus führenden Torweg eingeschnitten war, sah man, über den Hof weg, in einen wenig gepflegten, aber desto behaglicheren Garten hinein. Dies stille, gelbe Mansardenhaus, einst das Wohnhaus Hitzigs, das Nachbarhaus Chamissos (der hier halbe Tage lang verkehrte), in *den* Tagen, in denen unsere Erzählung beginnt [1850], war es das Haus *Franz Kuglers*. Wir nannten es scherzhaft den »Ewigen Herd«, weil hier in jedem guten Sinne, auch wirtschaftlich, das Feuer nie ausging. In glücklicher Vereinigung herrschten hier Feinheit der Sitte und Freiheit des Worts; eine schöne Frau, blühende Kinder gaben dem Hause Licht und Leben, und noch in diesem Augenblick leben, allerorten in Deutschland, ihrer viele, die Gastfreundschaft, Anregung, Rat, auch Trost in diesem Hause erfahren haben. Der Erzähler nicht am wenigsten.

Aus dem Essay »Ein Liebling der Musen« (1867), der Franz Kuglers Schwiegersohn Paul Heyse gewidmet ist.

Königgrätzer Straße

Die Straße, deren Geschichte darin erzählt wird, ist die *Königgrätzer Straße*, in der Braun seine Berliner Tage verlebte. Er fand sie im Jahre 1866 noch teilweise als einen Fahrweg vor, der sich, in der Nähe des Halleschen Tores, durch eine nur hier und da bebaute Einöde zog, und sah, während er sich in einem der dort errichteten Häuser einquartierte, von seinem Arbeitszimmer aus, wie da, wo Planken und Gartenzäune standen, mächtige Neubauten aufwuchsen und aus einem bloßen Feld- oder Fahrweg ein Boulevard wurde. Ja, soweit Anlage mitspricht, eine der schönsten Straßen der Stadt. Zum Überfluß waren es auch noch die Tage der jetzt schon wieder vergessenen »Verbindungsbahn«, und auf ebendieser Bahn geschah es, daß der ganze Siebziger Krieg an ihm vorüberzog, erst die ausziehenden, zuletzt die heimkehrenden Regimenter und dazwischen die Hunderttausende von Gefangenen, die, mit Benutzung speziell *dieser* Bahn, in die östlichen und südöstlichen Provinzen weiterbefördert wurden.

Aus der Besprechung von Karl Braun-Wiesbadens Buch »Von Berlin nach Leipzig, reichs-, rechts-, wirtschafts- und kulturgeschichtliche Plaudereien«; »Die Gegenwart«, 1. Januar 1881. In der Königgrätzer Straße, ursprünglich Hirschelstraße, heute Stresemannstraße, wohnte Fontane von 1863 bis 1872.

An der Fischerbrücke

Sie hatten, als Marcell dies sagte, gerade die platzartige Verbreiterung erreicht, mit der die Köpnicker Straße, nach der Inselbrücke hin, abschließt, eine verkehrslose und beinahe menschenleere Stelle. Corinna zog ihren Arm aus dem des Vetters und sagte, während sie nach der anderen Seite der Straße zeigte: »Sieh, Marcell, wenn da drüben nicht der einsame Schutzmann stände, so stellt ich mich jetzt mit verschränkten Armen vor dich hin und lachte dich fünf Minuten lang aus. [...] Aber sieh nur ...«

Und dabei blieb sie stehen und wies auf das entzückende Bild, das sich – sie passierten eben die Fischerbrücke – drüben vor ihnen ausbreitete. Dünne Nebel lagen über den Strom hin, sogen aber den Lichterglanz nicht ganz auf, der von rechts und links her auf die breite Wasserfläche fiel, während die Mondsichel oben im Blauen stand, keine zwei Handbreit von dem etwas schwerfälligen

Parochialkirchturm entfernt, dessen Schattenriß am anderen Ufer in aller Klarheit aufragte. »Sieh nur«, wiederholte Corinna, »nie hab ich den Singuhrturm in solcher Schärfe gesehen. Aber ihn schön finden, wie seit kurzem Mode geworden, das kann ich doch nicht; er hat so etwas Halbes, Unfertiges, als ob ihm auf dem Wege nach oben die Kraft ausgegangen wäre. Da bin ich doch mehr für die zugespitzten, langweiligen Schindelturme, die nichts wollen als hoch sein und in den Himmel zeigen.«

Und in demselben Augenblicke, wo Corinna dies sagte, begannen die Glöckchen drüben ihr Spiel.

»Frau Jenny Treibel«, Kapitel 5. Im Turm der Parochialkirche in der Klosterstraße befand sich ein holländisches Glockenspiel, das jeweils zur halben und vollen Stunde »Üb immer Treu und Redlichkeit« spielte.

Korso im Tiergarten

Der zweite diesjährige *Korso* fand gestern nachmittag in den Stunden von fünf bis sieben statt. Das schönste Wetter begünstigte ein Fest, das allen Teilnehmern eine besondere Befriedigung gewährt haben wird. Der Himmel, der den ganzen Nachmittag über bereits mit Regen gedroht hatte, schien zu Anfang zwar einen Wasserkorso vorbereiten zu wollen und schuf Momente, wo der lange Wagenzug mehr einer Reihenfolge verschlossener Post- und Reisekutschen als einem Korso glich. Jupiter pluvius aber, wie ein gutherziger Mann, der gerade dann die schönsten Überraschungen vorbereitet, wenn er die Stirn in die krausesten Falten zieht, war gestern nachmittag nicht mehr und nicht weniger als ein Diener beim Fest und befreite uns, die Straße vorsorglich sprengend, von unserem bösesten Feinde – dem Staub. Gegen sechs erschienen die prinzlichen Equipagen in der Reihe: Prinz Albrecht, Prinz Adalbert, Prinzessin Alexandrine, endlich auch Prinz Friedrich Wilhelm nebst Gemahlin. Prinz Albrecht (Sohn) war unter den Reitern. Die Prinzessin Friedrich Wilhelm kam als die Tochter ihrer Mutter, das heißt, mit ihr kam das schönste Wetter. Nicht heller Sonnenschein, der nur schadenfroh beleuchtet haben würde, was ein halbstündiger Regen bereits an Unheil angerichtet hatte, nein, leise, duftige Nebel zogen jetzt durch das Grün unseres Tiergartens hin, jene lichtdurchwirkten Schleier, die so viel zum Zauber *englischer* Landschaft beitragen. To say it at once, the weather became »hazy« (wir Deutschen haben kein Wort dafür, denn wir haben im *allgemeinen* die Sache nicht; »Nebel« sagt zu viel, und »Duft« sagt zu wenig), und die schönen Bilder des Hyde Park und seines »Rotten Row« traten ungerufen vor unsere Seele und drängten zum Vergleich.

»Der Korso«; »Kreuzzeitung«, 10. Mai 1860.

Zur Rousseau-Insel im Tiergarten

»Gewiß, gewiß.«

Und damit erhob sich Lezius, um seinen Vormittagsspaziergang anzutreten.

Als er nach geraumer Zeit wieder nach Hause kam, sah er, daß frische Blumen in der Blumenschale lagen; seine Frau saß auf dem Sofa, die Tochter neben ihr auf einer Fußbank. Sie hatten eben wieder über ihn gesprochen.

»Nun, Lezius, wie war es?«

»O ganz gut. Ich habe da, gerade wo der Weg zu Kroll

führt, wohl eine Stunde lang gesessen. Alles für fünf Pfennig. Es ist doch wirklich sehr billig, fast noch billiger als in Schlesien.«

»Nun ja, billig ist es.«

»Und dann bin ich, auf Bellevue zu, die Zeltenstraße hinuntergegangen, wobei sich's glücklich traf, daß mir eine Semmelfrau begegnete. Denn ich hatte meine Semmel vergessen ...«

»Aber Lezius, du wirst doch keine Semmelfrausemmel essen!«

»Nein, nein, ich nicht. Es war ja nur, weil ich schon an meine Lieblinge dachte oder, wie man auch wohl sagt, meine Protegés. Und da bin ich denn auch gleich die Querallee hinauf bis an die Rousseau-Insel gegangen, wo sie immer auf und ab schwimmen. Und als ich mich da gesetzt hatte, mußt ich, ich weiß eigentlich nicht warum, gleich an die Große Teichbaude denken und auch an den Großen Teich.«

»Ja, daneben können wir freilich nicht bestehen, und am wenigsten die Rousseau-Insel.«

»Eigentlich nicht. Aber dafür haben wir hier die Enten; die fehlen da. Und da hab ich denn auch gleich meine Semmel verfuttert und muß euch sagen, es war eigentlich das Hübscheste, was ich bis jetzt hier gesehen. Das Allerhübscheste aber war, neben mir stand ein kleines Mädchen, die konnte nicht weit genug werfen, und so kam es, daß ihre Semmelstücke nicht ins Wasser fielen, sondern immer auf den Uferrasen. Und da hättet ihr nun die Sperlinge sehen sollen, die gerade zu Häupten in einer alten Pappel saßen. Wie ein Wetter waren die darüber her und jagten sich die Krümel ab. Es ist doch merkwürdig, wie die Sperlinge hier alles beherrschen! Der Sperling ist wie der richtige Berliner, immer pickt er sich was weg und bleibt Sieger. An der Großen Teichbaude gab es, glaub ich, gar keine Sperlinge. Dafür standen da freilich die Gentianen wie ein Wald, alles blau und weiß ... Aber zuletzt, es geht hier auch ... Virchow, so viel hab ich im ›Boten aus dem Riesengebirge‹ gelesen, soll ja diesen Sommer wieder allerhand Schädel ausgemessen haben, noch dazu Zwergenschädel aus Afrika ... Ja, das muß wahr sein, daß ich die Anthropologische habe, das ist doch was. Das hilft einem ein gut Stück weiter.«

»Aber Lezius, veranschlagst du uns denn gar nicht?«

»O, versteht sich; versteht sich, veranschlag ich euch.«

Mutter und Tochter sahen einander an.

»Ihr glaubt es wohl nicht recht? Wahrhaftig, ich veranschlage euch ... Ich muß mich nur erst wieder zurechtfinden.«

Aus der Erzählung »Professor Lezius oder Wieder daheim« (1892).

Impressionen vom Zug aus

Es hatte die Nacht vorher geregnet, und der am Fluß hin gelegene Stadtteil, den der Zug eben passierte, lag in einem dünnen Morgennebel, gerade dünn genug, um unseren Reisenden einen Einblick in die Rückfronten der Häuser und ihre meist offenstehenden Schlafstubenfenster zu gönnen. Merkwürdige Dinge wurden da sichtbar, am merkwürdigsten aber waren die hier und da zu Füßen der hohen Bahnbögen gelegenen Sommergärten und Vergnügungslokale. Zwischen rauchgeschwärzten Seitenflügeln erhoben sich etliche Kugelakazien, sechs oder acht, um die herum ebensoviel grüngestrichene Tische samt angelehnten Gartenstühlen standen. Ein Handwagen, mit eingeschirrtem

Hund, hielt vor einem Kellerhals, und man sah deutlich, wie Körbe mit Flaschen hinein- und mit ebensoviel leeren Flaschen wieder herausgetragen wurden. In einer Ecke stand ein Kellner und gähnte.

Bald aber war man aus dieser Straßenenge heraus, und statt ihrer erschienen weite Bassins und Plätze, hinter denen die Siegessäule halb gespenstisch aufragte. Die Dame wies kopfschüttelnd mit der Schirmspitze darauf hin und ließ dann an dem offenen Fenster, wenn auch freilich nur zur Hälfte, das Gardinchen herunter.

Ihr Begleiter begann inzwischen eine mit dicken Strichen gezeichnete Karte zu studieren, die die Bahnlinien in der unmittelbaren Umgebung Berlins angab. Er kam aber nicht weit mit seiner Orientierung, und erst als man die Lisière des Zoologischen Gartens streifte, schien er sich zurechtzufinden und sagte: »Sieh, Cécile, das sind die Elefantenhäuser.«

»Ah«, sagte diese mit einem Versuch, Interesse zu zeigen, blieb aber zurückgelehnt in ihrem Eckplatz und richtete sich erst auf, als der Zug in Potsdam einfuhr.

»Cécile«, Kapitel 1. Das Ehepaar St. Arnaud beginnt seine Harzreise am Bahnhof Friedrichstraße, Richtung Zoo.

Flanieren am Schiffbauerdamm

Waldemar ging nach rechts auf das Oranienburger Tor zu, weil ihm darum zu tun war, in einem an der Ecke der Linden und Friedrichsstraße gelegenen Bankhause verschiedene geschäftliche Dinge zum Abschluß zu bringen. Aber in der Nähe der Weidendammer Brücke fiel ihm ein, daß die Bureaus sehr wahrscheinlich schon geschlossen seien, weshalb er seinen Stadtgang aufgab, um sich in seine dicht hinter dem Generalstabs-Gebäude gelegene Wohnung zurückzubegeben. Er war durch eben diese Wohnung Nachbar von Moltke, welche Nachbarschaft er gern hervorhob und in Ernst und Scherz zu versichern liebte: »Man kann nicht besser aufgehoben sein als gerade da. Wer für die große Sicherheit so zu sorgen weiß, der sorgt auch für die kleine.«

Von der Dorotheenstädtischen Kirche her schlug es fünf, als unser zu Betrachtungen der Art nur zu geneigter Freund in den Schiffbauerdamm einbog, und ehe noch die Turmuhr ausgeschlagen hatte, schlugen die kleinen Uhren nach, die sich in ziemlich beträchtlicher Zahl an der Wasser- und Rückfront der jenseitigen Fabrikgebäude befanden. Er zählte die Schläge, musterte den Quai hüben und drüben und freute sich des regen und doch stillen Lebens, das hier überall auf und ab wogte. Nichts entging ihm, auch nicht das Treiben auf den Kähnen, an deren Tauen und Strickleitern, und mitunter auch auf quergelegten Ruderstangen, allerlei Wäsche zum Trocknen hing, und erst als er unter langsamem Weiterschlendern die Graefsche Klinik im Rücken hatte, ließ er von dem Beobachten ab und ging rascheren Schrittes auf die Unterbaumbrücke zu. Hier hielt er wieder und betrachtete die bronzenen Kandelaber, die, weil sie noch keine Patina hatten, in der schrägstehenden Sonne prächtig blitzten und flimmerten. »Wie hübsch das alles ist. Ja, es kommen bessere Tage. Nur ... wer's erlebt. Qui vivra, verra ...« Und er brach ab und sah von der Brückenwölbung auf die tief unten am Quai sich hinziehenden Weiden, aus deren graugrünem Blattwerk einige tote Äste wie Besen hervorragten. Es waren seine Lieblinge, diese Bäume. »Halb abgestorben und immer noch grün.«

Endlich war er vom Kronprinzen-Ufer und der Alsenstraße her bis an den reizenden, mit Bosquets und Blumenbeeten und dazwischen wieder mit Marmorbildern und Springbrunnen geschmückten Square gekommen, der, dem Königsplatze vorgelegen, einen Teil desselben ausmacht und doch auch wieder sich von ihm scheidet. Eine frische Brise ging und milderte die Hitze, von den Beeten aber kam ein feiner Duft von Reseda herüber, während drüben bei Kroll das Konzert eben anhob.

»Stine«, Kapitel 15.

Zietenplatz und Mohrenstraße-Ecke

Baron Papageno (niemanden über sich) wohnte von alter Zeit her drei Treppen hoch, teils weil er das seiner Meinung nach erst in etwa Dachhöhe beginnende Ozon auch in seiner Berliner Abschwächung nicht missen wollte, teils weil er einen Widerwillen hatte, bei jeder über ihm stattfindenden Mahlzeit ein halbes Dutzend Menschen und Stühle herumpoltern zu hören. Namentlich war ihm das Hinundherschrammen in den Tod verhaßt, das seiner in früheren Wohnungen gemachten Erfahrung nach überall da blühte, wo Kinder mit zu Tische saßen, Kinder, die noch nicht alt genug waren, ihren Stuhl manierlich heranzustellen, und sich deshalb aushilfeweise zum Schieben gezwungen sahen. Neben dem Griffelgequietsch auf Schiefertafeln gab es nichts, was ihn so nervös gemacht hätte wie solche Stuhl- und Rutschfahrten ihm zu Häupten.

Aber freilich, seine der gesamten Wohnungsfrage geltenden Sorglichkeiten beschränkten sich nicht auf Luftschicht und Hausruhe, sondern zeigten sich beinah mehr noch in dem Raffinement, mit dem er bei der Wahl der Stadtgegend verfahren war und Zietenplatz und Mohrenstraße-Ecke gewählt hatte. Wie sich denken läßt, hielt er diese seine Kastell-Ecke für nicht mehr und nicht weniger als den schönsten Punkt der Stadt und lag darüber mit dem alten Grafen in einer beständigen Fehde. Dieser seinerseits zog die Behrenstraße weit vor, unterlag aber bei den sich darüber entspinnenden Streitigkeiten jedesmal, weil er in der üblen Lage war, mit bloßen legitimistischen Sentiments gegen Tatsachen fechten zu müssen. »Ich bitte Sie, Graf«, sagte dann Papageno mit einer von vornherein überlegenen Miene, »was haben Sie, Hand aufs Herz, in der Behrenstraße? Sie sehen nun schon sieben Jahre lang in das Portal der kleinen Mauerstraße hinein, ohne je was anderes herauskommen zu sehen als eine Kutsche mit einer alten Prinzessin oder einer noch älteren Hofdame. Das ist mir aber, offen gestanden, trotzdem die Kutschen zu sind, als Point de vue nicht anziehend genug. Und nun vergleichen Sie damit meine Mohrenstraße-Ecke. Sag ich zuviel, wenn ich behaupte, daß mir, von meinem Ausguck aus, ganz Berlin, soweit es mitspricht, zu Füßen liegt? Was ich jeden Morgen zuerst zu begrüßen in der Lage bin, ist der alte Zieten auf seinem Postament. Als er noch weiß war, war er mir freilich noch lieber, und wenn ich ihn damals so marmorblank in der Morgensonne dastehen und leuchten sah, dacht ich mitunter, er werde reden wie der selige Memnon aus seiner Säule. Nun, das hat er schon damals unterlassen, und seitdem er erz- und olivenfarben geworden ist, ist es vollends damit vorbei – die besseren Tage liegen ihm und anderen zurück. Aber besser oder nicht, der alte Zieten ist überhaupt nur Vorposten an dieser Stelle, hinter dem ich (die Menge muß es bringen) an jedem neuen Tage nach links hin die Gamaschen des alten Dessauers und nach rechts hin die Fahnenspitze des alten Schwerin blinken sehe. Vielleicht ist es auch sein Degen. Und en arrière meiner Generäle türmen sich die Ministerien auf und Pleß und Borsig, und wenn ich mich noch weiter vorbeuge, seh ich sogar das Gitter von Radziwill, jetzt Bismarck, und durchdringe mich mit dem patriotischen Hochgefühle: *hier* Preußen unter dem alten Fritzen, *dort* Preußen unter dem eisernen Kanzler.«

»Stine«, Kapitel 11. Am Zietenplatz, zwischen Mohrenstraße und Wilhelmplatz, standen die Denkmäler von sechs friderizianischen Generalen: Winterfeldt, Dessau, Keith, Seydlitz, Schwerin und Zieten. Das Zieten-Denkmal von Johann Gottfried Schadow, ursprünglich ein Marmororiginal, war später durch eine Bronzekopie ersetzt worden.

Der Wollmarkt

Zweimal hab ich ihn besucht, am Montag und am Dienstag, und nicht ohne leise Herzensbewegung schreib ich es nieder: »Er ist es nicht mehr; der Freund meiner Jugend ist hin.« Ich mag nicht sagen, daß er gealtert hat, aber verändert hat er sich, verändert bis zur Unkenntlichkeit. Ein gewisser Großkaufmannsstil ist über ihn gekommen, und aus dem Wollmarkt ist eine Wollbörse geworden. »Geschäfte« werden gemacht, auch solche, bei denen manch einer die Haut zu Markte trägt, aber – die *Wolle* wird nicht mehr zu Markte getragen. [...]

Der Wollmarkt damals war noch nicht zu einem bloßen Begriff herabgesunken, zu einer bloßen Ferienreise, die den geschäftlichen Namen künstlich aufrechterhält, um die Frau zu Hause lassen zu können; der Wollmarkt damals war noch ein Faktum, eine Wirklichkeit. Er verlangte noch Raum und Zeit. Nicht in Zelten und Buden trat er unter, als habe er Furcht vor Regen und Sonnenschein, und das Geizen mit der Stunde (als sei das häßliche time is money ein märkisches Sprichwort) war seiner Seele noch fremd. Eine Festaufführung war das Ganze, und wie bei den Festspielen des Mittelalters gab es einen Prolog und Epilog. Die Vorspiele leben noch deutlich in meiner Rückerinnerung. Langsam türmten sich am Tage vor der Schlacht die Wollsäcke auf und machten die Klosterstraße zu einem kupierten Terrain. Die Jugend sprang und kletterte auf diesen Wollsäcken umher und erging sich in den kühnsten Saltomortales. Lange bevor sich in den Schulen das erste Reck erhob, lange vor den Tagen der schwedischen Heilgymnastik, in jenen unerleuchteten Zeiten, in denen das Wort »Zimmerturnen« (womit unsere Ärzte eine gewisse Klasse ihrer Patienten ängstigen) noch nicht erfunden war, mit einem Wort, inmitten jenes dunklen, turnenfeindlichen Interregnums, das zwischen Vater Jahn und Maßmann lag, turnte bereits der Wollmarkt, denn der Wollmarkt stand über den Parteien. Jeder Sprung wurde gewagt; warum auch nicht? Den Fallhut, den wir nicht selber trugen, trug statt unserer die ganze Straße. Warnungen und Verbote waren nicht ernstlich gemeint, und wenn sie's waren, der alte Schäfer, der Wache hielt und sein besseres Teil, den Hund, zu Hause gelassen hatte, war nicht der Mann, das junge Berlinertum in Furcht und Schrecken zu setzen. So war das Vorspiel. Der andere Morgen ging auf über dem Schauspiel selbst. Auf schwindelnder Höhe seines obersten Wollsacks lag der glückliche Besitzer dieses Reichtums und trotzte der Gefahr des Sonnenstichs. Jede Miene seines Gesichts schien unwissentlich aus dem »Ringe des Polykrates« zu zitieren: »Gestehe, daß ich glücklich bin.« Wer hätte es bezweifelt? Ein englischer Lord auf seinem Wollsack, unter der Last der Perücke und der Debatten, mochte nicht nach jedermanns Geschmack sein, ein märkischer Gutsherr aber auf seinem Wollsack war ein Bild, das das Herz labte und den Neidlosen neidisch machte. Der Anblick hatte etwas Patriarchalisches, und wie der Anblick war, so war die *Sache* selbst. Gewisse Vornehmheitsbegriffe, ängstliche Vorstellungen von dem, was sich schickt und nicht schickt, hatten noch nicht Platz gegriffen, und man erschrak noch nicht vor den Konsequenzen des »Markts«. Ein Zug des Behagens ging durch das Ganze, und es war, als schüttelten sich Stadt und Land über dem Wollmarkte die Hand. Der alte Gegensatz fiel; die Ständeunterschiede glichen sich aus, der Gutsherr wurde Kaufmann, der Adlige wurde Bürger, der Wollmarkt schlug die Brücken herüber und hinüber. Das ist nun hin; die Jovialität ist abhanden gekommen. Man braucht das Geld, und man kommt; aber man will nur den Zweck, das *Mittel* zum Zweck ist wertlos geworden. Man macht es rasch ab, vorher schon, so kurz wie möglich. Neues Leben, neue Erscheinungen überall. Fontänen sprühen den Staubregen über den Platz hin, und Omnibusse halten an allen Ecken, wo sonst der nordische Lazzarone stand.

»Der Wollmarkt«; »Kreuzzeitung«, 21. Juni 1860.

Obstmarkt zwischen Herkules- und Friedrichsbrücke

Was uns nun aber heute nach Werder führt, das ist weder die Kirche noch deren fragwürdiger Bilderschatz, das ist einfach eine Pietät gegen die besten Freundinnen unserer

Jugend, gegen die »Werderschen«. Jeden Morgen, auf unserem Schulwege, hatten wir ihren Stand zwischen Herkules- und Friedrichsbrücke zu passieren, und wir können uns nicht entsinnen, je anders als mit »Augen rechts« an ihrer langen Front vorübergegangen zu sein. Mitunter traf es sich auch wohl, daß wir das verspätete »zweite Treffen« der Werderschen, vom Unterbaume her, heranschwimmen sahen: große Schuten, dicht mit Tienen besetzt, während auf den Ruderbänken zwanzig Werderanerinnen saßen und ihre Ruder und die Köpfe mit den Kiepenhüten gleich energisch bewegten. Das war ein idealer Genuß, [...] der Sieg über unsere Sinne und unser Herz. Welche Pfirsiche in Weinblatt! Die Luft schwamm in einem erfrischenden Duft, und der Kuppelbau der umgestülpten und übereinandergetürmten Holztienen interessierte uns mehr als der Kommodenbau von Monbijou und, traurig zu sagen, auch als der Säulenwald des Schinkelschen Neuen Museums.

»Havelland«, Kapitel »Die Werderschen«. Der Schüler Fontane, der bei Onkel August in der Großen Hamburger Straße wohnte, überquerte die Friedrichsbrücke, um in die Klödensche Gewerbeschule in der Wallstraße zu gelangen.

Obst- und Blumenmarkt am Potsdamer Platz

Diese [Wohnung] war auf dem Hafenplatze, so daß der einzuschlagende Weg erst durch ein Stück Königgrätzer Straße, demnächst aber über den Potsdamer Platz führte, der auch heute wieder wegen Kanalisation und Herstellung eines Insel-Perrons unpassierbar war. Wenigstens in seiner Mitte. So mußte Gordon denn an der Peripherie hin sein Heil versuchen, was ihn freilich nur in neue Wirrnisse brachte. Denn es war gerade Markt heute, der, wie gewöhnlich an dieser Stelle, zwischen Straßendamm und Häuserfront abgehalten wurde. Hier saßen die Marktfrauen in einer Art Defilee »gekeilt in drangvoll fürchterliche Enge«, durch welche Gordon nun hindurch mußte. Wirklich, das war nichts Leichtes, aber so schwer es war, so vergnüglich war es auch, und auf die Gefahr hin, überrannt zu werden, blieb er stehen und musterte die Szenerie. Weithin standen die Himbeer-Tienen am Trottoir entlang, nur unterbrochen durch hohe, kiepenartige Körbe, daraus die Besinge, blauschwarz und zum Zeichen ihrer Frische noch mit einem Anfluge von Flaum, hervorlugten. In Front aber, und zwar als besondere Prachtstücke, prangten unförmige verspätete Riesenerdbeeren auf Schachtel- und Kistendeckeln, und dazwischen lagen Kornblumen und Mohn in ganzen Bündeln, auch Goldlack und Vergißmeinnicht, samt langen Bastfäden, um, wenn es gewünscht werden sollte, die Blumen in einen Strauß zusammenzubinden. Alles primitiv, aber entzückend in seiner Heiterkeit und Farbe. Gordon war ganz hingenommen davon, und erst als er sich satt gesehen und ein paar kräftige Atemzüge getan hatte, ging er weiter, um, an der Köthner-Straßen-Ecke rechts einbiegend, auf den Hafenplatz zuzuschreiten.

»Cécile«, Kapitel 17.

Häuser, Schlösser, Denkmäler

Köpenick

Wir benutzen den Omnibus, der zwischen Berlin und Köpenick fährt, haben ein sauberes, sorglich gepflegtes Gehölz zu beiden Seiten und rollen an einem klaren Herbsttage die Chaussee entlang, an Plätzen voll historischer Erinnerung vorüber. Zunächst an jener Waldwiese, wo einige Heißsporne vom schwer beleidigten märkischen Adel den jugendlichen Joachim aufzuheben gedachten, danach aber um jene Begegnungsstelle herum, wo Gustav Adolf und Kurfürst George Wilhelm nach kurzer Unterredung so wenig befriedigt voneinander schieden. In raschem Trabe geht es dahin, die Pferde werfen die Köpfe und zeigen ein Behagen, als freuten sie sich mit uns der Herbstesfrische. Die Eichen und Birken, die eingesprengt im Tannicht stehn, lassen die Landschaft in allen Farben schillern, und der herbe Duft des Eichenlaubes dringt bis zu uns in den Wagen hinein. Jetzt aber trifft uns ein Luftzug mit jener feuchten Kühle, die dem Reisenden ein Wasser ankündigt, und im nächsten Augenblicke haben wir ein breites Strombett vor uns, an dessen jenseitigem Ufer, aus hohen Pappeln hervor, ein graugelber Schloßbau ragt. Über die Brücke hin rollt der Wagen und hält jetzt auf einem unregelmäßigen, ziemlich geräumigen Platze, der zwischen dem Schloß und der Stadt Köpenick liegt. Wir steigen aus, werfen nach links hin einen Blick in eine leis gebogene Straße, deren beschnittene Lindenbäume dem Ganzen ein freundliches Ansehn leihn, und schreiten über den Schloßgraben dem Schloßhofe zu, den von zwei Seiten her die Bäume des Parks überragen.

Das gegenwärtige Schloß Köpenick hat drei Stockwerke, seine Fassaden sind einfach und schmucklos, und nur einzelne Teile zeigen sich mit Reliefs und Statuen geschmückt. Um das um mehrere Fuß zurücktretende Dach ist eine stattliche Balustrade gezogen. Im Schlosse heißt es, daß der mit Bohlen gedeckte, zwischen Dach und Balustrade hinlaufende Gang im vorigen Jahrhundert als Kegelbahn gedient habe. Trifft dies zu, so darf man kühnlich behaupten, daß, wenigstens in den Marken, an keiner schöneren Stelle jemals Kegel gespielt worden ist. Der einen Kreis von fast vier Meilen umfassende Blick ist entzückend: Wald und Wasser, so weit das Auge reicht, und mitten im Bilde die Müggelsberge.

»Spreeland«, Kapitel »Schloß Köpenick«. Das im wesentlichen noch heute erhaltene frühbarocke Schloß an der Dahme wurde 1681–1688 von Rutger van Langerfeld errichtet. Die Verschwörung der adligen »Heißsporne« fand in der Wuhlheide zu Beginn der Regierungszeit Joachims I. statt, der 1499 mit sechzehn Jahren Kurfürst geworden war. Kurfürst Georg Wilhelm und der schwedische König Gustav Adolf trafen sich am 13. Mai 1631; der Kurfürst wurde gezwungen, den Schweden freien Durchzug durch brandenburgisches Gebiet zu gewähren.

Friedrichsfelde

Wen ein Sommernachmittag ausnahmsweise vor die Tore der *östlichen* Stadtteile, beispielsweise nach Friedrichsfelde, führt, dem werden sich daselbst in Landschaft und Genre die gefälligsten und in ihrer heitern Anmut vielleicht auch unerwartetsten Bilder erschließen. Friedrichsfelde darf als das Charlottenburg des Ostends gelten, und allsonntäglich wandern Hunderte von Residenzlern hinaus, um sich »Unter den Eichen« daselbst zu divertieren. Es sind meist Vorstadt-Berliner, jener Schicht entsprossen, wo die Steifheit aufhört und der Zynismus noch nicht anfängt, ein leichtlebiges Völkchen, das alles gelten läßt, nur nicht die Spielverderberei, ein wenig eitel, ein wenig kokett, aber immer munter und harmlos. Wie das lacht und glücklich ist im Schweiße seines Angesichts! Jetzt »Bäumchen, Bäumchen, verwechselt euch«, jetzt Anschlag, jetzt Zeck, jetzt Ringelreihn und Gänsedieb, bis endlich unter den weitschattigen Parkbäumen sich alles lagert und auf umgestülpten Körben und Kobern die Mahlzeit nimmt.

Die Fahrt nach Friedrichsfelde, wenn man zu den »Westendern« zählt, erfordert freilich einen Entschluß. Es ist eine Reise, und durch die ganze Steinmasse des alten und neuen Berlins hin sich mutig durchzuschlagen, um dann schließlich in einem fuchsroten Omnibus mit Hauderer-Traditionen die Fahrt zu Ende zu führen, ist nicht jedermanns Sache. Wer es aber an einem grauen Tage wagen will, wo die Sonne nicht sticht und der Staub nicht wirbelt, der wird seine Mühe reichlich belohnt finden. Er wird auch überrascht sein durch das reiche Stück Geschichte, das ihm an diesem Ort entgegentritt.

»Spreeland«, Kapitel »Friedrichsfelde«. Das heute noch erhaltene Schloß wurde 1719 von Martin Böhme erbaut. 1816 kam das Anwesen in den Besitz der Familie von Treskow. Die zugehörige Gartenanlage gestaltete Peter Joseph Lenné 1821 zu einem Landschaftspark um, aus dem nach 1954 der jetzige Tierpark entstand.

Tegel

Wir haben inzwischen die Ahorn- und Ulmenallee durchschritten und stehen nunmehr, rechts einbiegend, unmittelbar vor dem alten Schloß. Die räumlichen Verhältnisse sind so klein und die hellgelben Wände, zumal an der Frontseite, von solcher Schmucklosigkeit, daß man dem Volksmunde recht geben muß, der sich weigert, von *»Schloß Tegel«* zu sprechen, und diesen Diminutivbau beharrlich »das Schlößchen« nennt. Man erkennt deutlich noch die bescheidenen Umrisse des alten Jagdschlosses, dessen einzig charakteristischer Zug, neben einem größeren Seitenturm, in zwei erkerartig vorspringenden Türmchen oder Ausbuchtungen bestand. Diese Erkertürmchen sind dem Neubau, der 1822 unter Schinkels Leitung begonnen wurde, verblieben, während der große Seitenturm das hübsche Motiv zur Restaurierung des Ganzen abgegeben hat. An den vier Ecken des alten Hauses erheben sich jetzt vier Türme von mäßiger Höhe, die derart eingefügt und untereinander verbunden sind, daß sie im Innern nach allen Seiten hin die Zimmerreihen erweitern, während sie nach außen hin dem Ganzen zu einer Stattlichkeit verhelfen, die es bis dahin nicht besaß. [...]

Wir verlassen nun das Haus und seine bildgeschmückten Zimmerreihen, um der vielleicht eigentümlichsten und fesselndsten Stätte dieser an Besonderem und Abweichendem so reichen Besitzung zuzuschreiten – der *Begräbnisstätte*. Der Geschmack der Humboldtschen Familie, vielleicht auch ein Höheres noch als das, hat es verschmäht, in langen Reihen eichener Särge den Tod gleichsam überdauern und die Asche der Erde vorenthalten zu wollen. Des Fortlebens im Geiste sicher, durfte ihr Wahlspruch sein: »Erde zu Erde.« Kein Mausoleum, keine Kirchenkrypta nimmt hier die irdischen Überreste auf, ein Hain von Edeltannen friedigt die Begräbnisstätte ein, und in märkisch-tegelschem Sande ruhen die Mitglieder einer Familie, die, wie kaum eine zweite, diesen Sand zu Ruhm und Ansehen gebracht.

»Havelland«, Kapitel »Tegel«. Das im Renaissance-Stil erbaute Landhaus gelangte 1766 in den Besitz der Familie von Humboldt. Wilhelm von Humboldt ließ es 1820–1824 von Karl Friedrich Schinkel so umbauen, wie es gegenwärtig noch zu besichtigen ist. Den Park mit der ebenfalls von Schinkel entworfenen Grabstätte schuf der Humboldtsche Hauslehrer Kunth.

Dreilinden

Es war in Novembernebel, daß ich Dreilinden zum ersten Male sah. Aber nun hatten wir Sommer, und ich brach auf, diesmal einfach als »Wanderer« und zu Fuß, um das Jagdhaus, das mir bis dahin nur ein Nebelbild gewesen war, auch in hellem Tagesscheine zu sehn. Ich wollte mich von seiner *Wirklichkeit* überzeugen.

Und ein prächtiger Junitag war's. Erst am Wannsee, dann am Wald hin, aus dem heute Kuckucksruf und Finkenschlag zu mir herüberscholl, schritt ich »andächtiglich fürbaß«, bis ich, nach kurzem Marsch in heißem Sonnenbrand, in den Wald selber einbog und alsbald eines Giebeldachs unter Zweigen und gleich danach einer dicht an den Weg herantretenden Dulcamarahecke gewahr wurde, deren gelb und violette Blütenpracht, wuchernd fast, aus dem dichten Blattgrün hervorschimmerte. Kein Zweifel, diese Bittersüß-Hecke war ein Zufall, nichts weiter, und doch mußt ich unwillkürlich eines Ausspruchs des alten Feldmarschalls Derfflinger gedenken, der, in seinen Gusower Zurückgezogenheitstagen, zu sagen liebte: »Habe des Sauren und Süßen viel genossen; aber des Sauren war mehr.« Oft vergessenes Wort (immer wieder in *Hoffnung* vergessen), aber wer, der auf den Höhen des Lebens wandeln durfte, hätt es schließlich *nicht* gesprochen!

Und nun hatte ich die Hecke passiert und stand wieder auf dem Vorplatz, den ich bis dahin immer nur in einem das draußen liegende Dunkel durchflutenden Lichtstrom gesehn hatte. Weshalb ich die Stelle kaum wiedererkannte.

Vom Wald her vorgeschobene Tannen umstanden ein Rondeel, an dessen einer Seite das prinzliche Jagdhaus aufragte, während an der andern ein dänischer Runenstein stand, ein »Mitbringsel« aus Jütland her. Das Jagdhaus selbst aber zeigte nichts als Souterrain und Erdgeschoß und über diesem ein erstes Stockwerk im Schweizerstil, um das herum sich Holzbalkone zogen. An diesen allerlei Sprüche:

Freudig trete herein, und froh entferne dich wieder,
Ziehst du als Wandrer vorbei, segne die Pfade dir Gott.

Andere waren länger, auch kürzer; unter den kürzesten *der*, den ich diesem Kapitel vorgesetzt habe: *»Klein, aber mein.«*

In der Tat, Jagdhaus Dreilinden ist klein und wirkt nach Art einer Villa von acht Zimmern; aber es gelang nichtsdestoweniger, mit Hilfe geschickter Raumausnutzung, eine doppelte Zahl von Zimmern und Gelassen herzustellen. Und zwar in folgender Einteilung: im Souterrain die Wirtschaftsräume; darüber, im Erdgeschoß, die Hofmarschall- und Adjutantenzimmer; endlich, im ersten Stock, die Zimmer des Prinzen selbst: ein Vorzimmer, ein Wohn- und Arbeitszimmer, ein Schlafzimmer, ein Eßsaal. Der Rest: kleine Gelasse für die Dienerschaften.

Alle vom Prinzen selbst bewohnten Räume sind ausnahmelos mit Erinnerungsstücken reich geschmückt, *so* reich, daß sie den Charakter eines historischen Museums annehmen. Einzelnes auch von künstlerischem Wert. Alles in allem aber ist es in *drei* Gestalten, daß uns der Prinz aus diesen seinen Erinnerungsstücken entgegentritt: erst als Jäger, dann als Soldat und endlich drittens und letztens in seinen intimeren Beziehungen zu Familie, Freunden, Kunst.

»Fünf Schlösser«, Abschnitt »Dreilinden«. Das Jagdhaus Dreilinden im Grunewald, nach dem zweiten Weltkrieg wegen Baufälligkeit abgerissen, gehörte dem Prinzen Friedrich Karl von Preußen, der als hoher Militär entscheidenden Anteil an den preußischen Siegen in den Kriegen von 1864, 1866 und 1870/71 hatte. Fontane nahm am 25. November 1881 erstmals an den geselligen Zusammenkünften beim Prinzen in Dreilinden teil.

»Rotes Schloß« und »Kommode«

Alle die bekannten, oft bis zum Schrecknis sich steigernden Verlegenheitssituationen, die durch unvorsichtiges Fragen in fremder Gesellschaft so leicht geboren werden – alle diese Situationen waren Lucaes eigentliche Domäne. Wenn man ihn acht Tage nicht gesehen hatte, war immer wieder etwas passiert. Auch mit seinen Berolinismen, in denen er sich nur allzu gern bewegte, stieß er beständig an, weil er entweder ihre Tragweite nicht richtig erwog oder aber in seiner Erregtheit vergaß, vor *wem* er überhaupt sprach. Einmal war er ins Palais des alten Kaisers Wilhelm befohlen, um diesem einen Vortrag über irgendeine die Schloßfreiheit betreffende Bausache, vielleicht schon im Hinblick auf das siebziger Denkmal, zu halten, und unterzog sich dieser Aufgabe mit der ihm eigenen

Lebendigkeit des Ausdrucks. »Ja, Majestät«, sagte er, »wenn nur nicht das *›rote Schloß‹* wäre.« Der Kaiser, der diese Bezeichnung nie gehört haben mochte, war einen Augenblick wie decontenanciert und wiederholte fragend das ihm häßlich klingende Wort. »Ja, Majestät«, antwortete Lucae, »das ›rote Schloß‹ – das ist nämlich die volkstümliche Bezeichnung für den Bau da drüben. Übrigens baulich unbedeutend und außerdem Sitz einer ›Schneiderakademie‹.« Der alte Wilhelm kam aber, trotz dieses Anlaufes, die Sache ins Heitere zu spielen, nicht wieder in gute Stimmung.

Nicht viel besser erging es dem armen Lucae mit der Kronprinzessin Friedrich. Auch im Gespräche mit dieser handelte sich's um eine Bausache. »Sehen Sie, lieber Geheimrat, da haben wir als Bestes das Bibliotheksgebäude – das einzige Stück Berliner Architektur, das *mir* gefällt.« Lucae seinerseits mochte dem nicht zustimmen und antwortete: »Die Berliner nennen es die ›Kommode‹.« – »So, so«, sagte die Kronprinzessin und nahm nicht wieder Veranlassung, seinen baulichen Beirat einzuziehen.

»Von Zwanzig bis Dreißig«, Abschnitt »Der Tunnel über der Spree«. »Rotes Schloß« nannten die Berliner ironisch ein großes, 1866/67 aus Ziegeln und Sandstein aufgeführtes Geschäftshaus westlich vom Schloßplatz, an der Werderstraße. Das barocke Gebäude am Opernplatz (Bebelplatz) heißt im Volksmund noch heute »Kommode«. Richard Lucae, zu Fontanes Berliner Freundeskreis gehörig, war Architekt und seit 1872 Direktor der Bauakademie.

Franz Kuglers Salon in der Friedrichstraße

Dies Haus, das, wenn ich nicht irre, dem alten Kammergerichtsrat Hitzig, dem Freunde von E. T. A. Hoffmann, gehört hatte, lag am Südende der Friedrichstraße, nahe dem Belle-Alliance-Platz, und umschloß, klein wie es war, nur drei Familien. Im Erdgeschosse wohnten zwei Fräulein Piaste, wahrscheinlich Muhmen aus alten Tagen her, im ersten Stock General Baeyer, im zweiten – Mansarde – Franz Kugler, der sich 1833 oder 1834 mit der jüngsten Hitzigschen Tochter, einer vielumworbenen und besungenen Schönheit, verheiratet hatte. Mehr als eins der Geibelschen Lieder ist an sie gerichtet. Ihrer Schönheit entsprach ihre Liebenswürdigkeit und ihrer Liebenswürdigkeit der feine Sinn und Geschmack, mit dem sie Räume von äußerster Einfachheit in etwas durchaus Eigenartiges umzugestalten gewußt hatte. Da, wo die weit vorspringenden Mansardenfenster ohnehin schon kleine lauschige Winkel schufen, waren Efeuwände aufgestellt, die, sich rechtwinklig bis mitten in die Stube schiebend, das große Zimmer in drei, vier Teile gliederte, was einen ungemein anheimelnden Eindruck machte. Man konnte sich, während man im Zusammenhang mit dem Ganzen blieb, immer zurückziehen und jedem was ins Ohr flüstern. An gesellschaftlichen Hochverrat dachte dabei keiner.

So sah es in dem »Kuglerschen Salon« aus, an den ich, wenn ich wegen meiner eigenen mehr als einfachen Wohnräume gelegentlich bespöttelt werde, zurückzudenken häufig Gelegenheit habe. »Was wollt ihr?« frage ich dann wohl. »Ihr müßt mir diesen Zuschnitt schon lassen. Seht, da war mein väterlicher Freund Franz Kugler, der war ein Geheimrat und eine Kunstgröße und wohnte womöglich noch primitiver als ich. Und doch, ich habe da die schönsten Stunden verbracht, schöner als in manchem Schloß. Und nun gar erst als in mancher modernen Stuck-Bude. Laßt mich also ruhig. Es kommt wirklich auf was anderes an.«

»Von Zwanzig bis Dreißig«, Abschnitt »Der Tunnel über der Spree«. Das Haus, damals Nr. 242, wurde 1893 abgebrochen. Antonie Piaste war mit Adelbert von Chamisso verheiratet, der, unweit vom Hitzigschen Hause, Friedrichstraße 235 wohnte. Der Geodät und Begründer der wissenschaftlichen Erdvermessung Johann Jacob Baeyer hatte 1826 Eugenie Hitzig und Franz Kugler (Verfasser des Liedes »An der Saale hellem Strande«) 1833 deren Schwester Clara geheiratet.

Altberliner Haus- und Treppeneinrichtung

So bog er denn vom Zietenplatz her in die Mauerstraße ein; sah, als er das Königsmarcksche Palais passierte, zu der zweiten Etage, hinter deren kleinen Fenstern er mit einem vor Jahr und Tag dort wohnenden Freunde manche glückliche Stunde verplaudert hatte, hinauf und stand, nach einer abermaligen Straßenbiegung, vor dem altmodischen, im übrigen aber gut und sauber gehaltenen Hause, dessen oberes Stockwerk der Onkel seit einer Reihe von Jahren innehatte. Portiersleute fehlten, statt ihrer aber war ein ganzes System von Gittertüren da, das, wenn man unten – oder, was dasselbe sagen wollte, vor einem mit allerhand unleserlichen Blechschilden reich ausgestatteten Parterre-Verhau – klingelte, mitunter wie durch einen rätselhaften Federdruck in seiner Gesamtheit aufsprang, mitunter aber auch *nicht*, in welch letzterem Falle die nun von Etage zu Etage nötig werdende Einzel-Klingelei gar kein Ende nahm und bei jedem neuen Gitter zu dem Erscheinen eulenartiger alter Köchinnen fühlte, deren Examinationsverfahren um so peinlicher und eindringlicher war, als nur ihr Auge die Fragen stellte. Waldemar war zu lang und zu gut mit dieser altberlinischen Haus- und Treppeneinrichtung bekannt, um für gewöhnlich Anstoß daran zu nehmen, heute jedoch hatte dieses Absperrungssystem eine gewisse Bedeutung für ihn, und jede neu zu passierende Gittertür erschien ihm wie eine Mahnung, »es lieber nicht versuchen zu wollen«. Der mitgebrachte gute Mut indes überwand alle Bedenklichkeiten und ließ ihn schließlich bei der dritten und letzten Gittertür ankommen, an der er von einem alten Muffel von Diener (natürlich vom Lande), dessen Umwandlung ins Herrschaftliche sich nur sehr unvollkommen vollzogen hatte, mit einigermaßen überraschlicher Freundlichkeit empfangen wurde. Der Herr Graf seien zu Haus und würden sich sehr freuen. »Er sitzt über die Kupferstiche« (so schloß er), »und wenn er *da* drüber her is, is er immer guter Laune.«

»Stine«, Kapitel 12.

Gefängnis in Moabit

Wenig Tage sind's, daß ich in Begleitung zweier Freunde jenes unmittelbar in der Nähe Berlins belegene Zellengefängnis besuchte [...].

Ehe ich den Leser einlade, mir durch das geräumige Portal in das Innere des Gebäudes zu folgen, sei es mir gestattet, einige Worte über die Entstehung desselben sowie über seine Lage und äußere Erscheinung vorauszuschicken. Der Bau ward auf besondern Befehl des jetzt lebenden Königs unmittelbar nach seiner Rückkehr von London (1842) in Angriff genommen, wo das Pentonville-Gefängnis während eines mehrstündigen Besuches sein Interesse derart rege gemacht hatte, daß der Plan zu Aufführung einer ähnlichen Strafanstalt sofort in ihm lebendig geworden war. Man baute vier bis fünf Jahre. Bei Beginn des berühmten Hochverratsprozesses gegen Mieroslawski und seine Komplizen hatte der Bau insoweit seinen Abschluß erreicht, um die Internierung sämtlicher polnischen Angeklagten innerhalb desselben möglich zu machen. Der Ausgang des Prozesses ist bekannt; die siegreiche Märzrevolution, mehr trunken als weise, öffnete die Kerkertür der so plötzlich und überraschend Befreiten, und Mieroslawski, die deutsche Fahne in der Hand, grüßend und begrüßt, hielt seinen historisch gewordenen Umzug.

Pennsylvanien [volkstümliche Bezeichnung des Gefängnisses] ist halb Schloß, halb Fort. Bald vorspringend mit seinem in mächtige Türme auslaufenden Mauerwerk, bald wieder sich zurückziehend, macht es entschieden den Eindruck einer Festung, während beim Nähertreten das Wohnliche und selbst Graziöse seiner Einzelteile, insbesondere der in den Gesamtbau hineinverwebten Beamtenwohnungen, ihm diesen Charakter nimmt und seine Wälle und Türme mehr als Beiwerk und architektonischen Schmuck erscheinen läßt. Der ganze Bau liegt auf einem jener Sandhügel, die meilenweit am rechten Spreeufer sich hinziehen, und bietet – wie jeder Kenner märkischer Landschaft vorweg erwarten wird – mehr einen gesunden Untergrund als eine romantische Lage. Auf diesem Sandmeer versagen der Natur ihre Kräfte; nichts gedeiht; aber die Kunst bringt Leben in die Wüste, und aus dem Erdreich, das zu arm ist, auch nur ein Kleid von Moos sich überzuwerfen, wachsen Bauten empor, die dem denkenden Beschauer mehr sind als der Anblick blühendster Fruchtbarkeit. – Unmittelbar zur Rechten Pennsylvaniens erhebt sich der Neubau des Hamburger Bahnhofes. Welch höhnische Nachbarschaft! Allmorgens schrillt die Pfeife der Lokomotive, wie ein Signal der Freiheit, in die Zellen lebenslänglich Verurteilter hinüber und findet ein still-lautes Echo in ihren Herzen. Ein stilles nur! denn drohend von der andern Seite, mit schlanken Türmchen den pennsylvanischen Massenbau fast überragend, erhebt sich eine Kaserne und sieht so siegessicher auf ihren Nachbar herab wie die gewappnete Kraft auf einen gefesselten Sklaven.

Wir treten ein. Zuerst ein Wachtlokal, dann ein Hof, zuletzt ein Korridor, den wir durchschreiten, und wir stehen jetzt vor einem schweren Eisengitter, das sich geräuschlos öffnet und dessen Inschrift wie die jenes ewigen Gefängnistores lauten dürfte: Per me si va nella città dolente.

»Ein Besuch im Zellengefängnis bei Berlin«; »Illustriertes Familienbuch zur Unterhaltung und Belehrung häuslicher Kreise« (1853). Das Dorf Moabit, wo die »Neue Strafanstalt« 1842–1847 gebaut wurde, kam erst 1861 zu Berlin. Vom Hamburger Bahnhof, 1845–1847 für die Verbindung Berlin–Hamburg errichtet, überstand nur der Mittelteil der Fassade den zweiten Weltkrieg.

Englisches Haus

Das »Englische Haus« hat etwas von den Privilegien eines Briefträgers. Man liebt es, man freut sich seiner Begegnung; etwas Heiteres liegt über ihm, nach dessen Ursachen man nicht allzu ängstlich forscht. Das bloße Nennen seines Namens ruft angenehme Bilder vor uns hin: Musik und Tanz, Karossen und Diners, und zwei Dinge vor allem (mit Ausnahme des Filet) herrschen jahraus, jahrein in seinen Räumen: *die Blume und das Bouquet.* Das Bouquet in den Händen der Brautjungfer und die Blume im Rheinweinglase feiern einen ewigen Frühling hier, und es war nicht mehr als billig, daß der *Gartenverein* da einzog, wo ihm die Sitte des Hauses, wenn auch unbewußt und ungewollt, tagtäglich die Stätte bereitet.

Bericht über die Blumenausstellung des »Vereins zur Beförderung des Gartenbaus in den Preußischen Staaten«; »Kreuzzeitung«, 4. April 1860. Das »Englische Haus«, eine vornehme Gaststätte mit ausgedehnten Räumlichkeiten, stand in der Mohrenstraße 49. Dort richtete man am 4. Januar 1890 die Feier zu Fontanes 70. Geburtstag aus.

Die neue Börse

Am Montagvormittag wird das *neue Börsengebäude*, ein Werk des Baurats Hitzig, dem unsere Stadt schon so viele durch geschmackvolle Schönheit hervorragende Bauwerke verdankt, in Gegenwart Seiner Majestät des Königs eröffnet werden. Wir richten schon heut unsere Aufmerksamkeit auf das Gebäude (der Eröffnungstag wird ohnehin wenig Gelegenheit dazu geben) und versuchen, von unserm Laienstandpunkt aus, eine Beschreibung.

Das neue Börsengebäude ist ein breites Oblong von etwa 100 Schritt Länge und 70 Schritt Breite. In seinen Proportionen, in Stil und Ornamentik, zumal in der Ausschmückung des Daches mit Balustrade und reichen Skulpturen, erinnert es unter allen Berliner Prachtbauten wohl am meisten an das *Zeughaus.* Mars und Merkur begegnen sich auf dem neutralen Gebiete der Kunst. Das Zeughaus ist durch seine Lage bevorzugt, hat auch wohl, neben der besonderen Schönheit einiger Details, eine einfachere, übersichtlichere und konsequentere Gliederung voraus; die Börse ihrerseits hat etwas Heiteres, Einschmeichelndes, das Laienauge rascher Gewinnendes und genießt des hohen Vorzugs, endlich einmal ein aus Quadern aufgeführtes Gebäude zu sein, das schöne variable Steinflächen zeigt, statt des Maueranputzes, der, man mag es drehen, wie man will, doch immer eine Lüge bleibt.

Die Hauptfront des Gebäudes liegt nach der Wasserseite hinaus, zum Teil der alten Börse, zum Teil dem roten Gemäuer gegenüber, auf dem der neue Dom emporsteigen sollte. Diese Hauptfront der neuen Börse gliedert sich in drei Teile; rechts und links springt das Gebäude in zwei kurzen Flügeln oder Risaliten vor, zwischen denen sich eine aus zwölf dorischen Säulen gebildete Kolonnade hinzieht, die wiederum ihrerseits, in der Höhe des ersten Stocks, einen Balkon mit steinerner Balustrade trägt. Diese Partie ist es, die dem Ganzen vorzugsweise den Charakter des Wohnlichen, des Komfortablen, des Anheimelnden gibt. Man schmückt unwillkürlich diese Kolonnade, diesen Balkon mit bunteren, lachenderen, jugendlicheren Gruppen aus, als mutmaßlich diese Räume je beleben werden. Vom ersten Stock an bis zur Höhe des Daches hinauf erheben sich zahlreiche korinthische Säulen, die nicht nur den Hintergrund der Balkonpartie bilden, sondern an beiden Hauptfronten hin (Burg- und Neue Friedrichstraße) das ganze Gebäude umziehen. Diese Säulenfassade ist reich und stattlich; vielleicht ließe sich einwenden, daß der Charakter des bloß Ornamentiven zu sehr hervortritt. Zwischen dem ersten und dem nur niedrigen zweiten Stock läuft ein Fries hin. So hübsch dieser Fries an und für sich ist, so hat er doch das Üble – eben weil er sich als hübsch *bemerklich* macht –, daß er für das Auge einen Strich quer durch die Säulenreihe zieht und diese wie abschneidet.

Sehr gefällig ist die Dekoration der Dachbalustrade mit Arbeiten der Skulptur. Über dem Haupteingang, in der Mitte der Burgstraßenfront, befindet sich selbstverständlich die Hauptgruppe. Sie stellt, wenn wir richtig interpretieren, die *Borussia* dar, die schützend ihre Arme über Handel und Industrie ausbreitet. Hier ist manches in den Gestalten (z. B. der den Hammer schwingende Zyklop) voll poetischer Kühnheit und in dieser freien Behandlung abweichend vom Herkömmlichen. Die zu Schutz und Segen ausgebreiteten Arme der Hauptfigur schufen allerdings eine Schwierigkeit, die nicht ganz überwunden zu sein scheint. Aus einiger Entfernung gesehen, z. B. vom jenseitigen Ufer des Flusses her, nimmt sich diese Armstellung ein wenig steif aus und erinnert an die Vorderpfoten eines tanzenden Bären. Die andern Hauptgruppen, deren Entzifferung uns bittere Mühe gemacht hat (denn nicht jeder kann die an und für sich aus wenig Zeichen bestehende Hieroglyphenschrift unserer Skulpturen vom Blatt weg lesen), schienen uns den englischen, den französischen, den deutschen, den schweizerischen, den italienischen und den russischen Handel darstellen zu sollen.

»Die neue Börse«; »Kreuzzeitung«, 27. September 1863.

Im Turmzimmer der Roseschen Apotheke

Da hatte man den Weltreisenden [Fontanes Lehrherrn Wilhelm Rose], der über einen Sechser nicht fortkonnte. Paris, London, Italien! Sein eigentlichstes Tummelfeld aber war die Schweiz. Hier bestieg er Berge bis zu 6000 Fuß und kam davon mit einer Siegermiene zurück, als habe sich etwas Ungeheuerliches zugetragen. Zu dieser

Einbildung war er nun freilich bis zu einem gewissen Grade berechtigt; er litt nämlich, weil er kurzhalsig und ein Asthmatiker war, unter »Rigi« und »Schyniger Platte« ganz so, wie wenn er den Popokatepetl erstiegen hätte, und unterzog sich dieser Unbequemlichkeit auch nur deshalb, weil er nur so seine zweite, größere und weit über die Reiserei hinausgehende Leidenschaft zu befriedigen vermochte, die: vor einem aus jungen und zum Teil recht hübschen Professorenfrauen zusammengesetzten Kreise seine Reisevorträge halten zu können. Er war dann, den ganzen Tag über, in einer höchsten Aufregung, schnaufte durchs ganze Haus hin – wie denn Schnaufen überhaupt eine Haupteigenschaft von ihm war – und schleppte dabei Reliefkarten und illustrierte Werke vier Treppen hoch auf einen kleinen achteckigen Turm hinauf, der, ganz oben, mit einem mit vielen bunten Aussichts-Glasscheiben reich ornamentierten Zimmer abschloß. Stieg man dann, und zwar durch eine aufzuklappende Lukentür, noch etwas höher hinauf, so hatte man, von einer umgitterten Plattform aus, einen wundervollen Überblick über Alt-Berlin. In diesem Turmzimmer, das nach Alchimie und Astrologie, nach Faust und Seni schmeckte, versammelten sich die zur Vorlesung geladenen Damen, und ich sage schwerlich zuviel, wenn ich ausspreche, daß der alte Rose in diesem Allerheiligsten die glücklichsten Stunden seines Daseins verbracht habe.

»Von Zwanzig bis Dreißig«, Abschnitt »Berlin 1840«. Die Apotheke »Zum Weißen Schwan«, deren Chef Wilhelm Rose war, befand sich in der Spandauer Straße, Ecke Heireutergasse. Fontane absolvierte dort von 1836 bis 1839 seine Ausbildung.

Parkettplatz 23 im Schauspielhaus

Am andern Tage [7. August 1870] war ich in Berlin, und ein paar Tage später begannen die Vorstellungen, und ich nahm meinen Kritikerplatz ein.

Dies war damals Nr. 23. Schon eine merkwürdige Zahl. In überfüllten Hotels bin ich fast immer in Nummer 23 untergebracht worden und habe da Schreckliches erlebt. Das kann ich nun von Nummer 23 im Schauspielhaus nicht eigentlich sagen, ich habe da viel angenehme Stunden zugebracht, aber ein merkwürdiger Platz war es doch auch. Es war nämlich kein eigentlicher Parkettplatz, sondern nur ein Annex, ein Vorposten, ein ausgebautes Fort, man könnte auch sagen ein Sperrfort, und wuchs, ganz in die scharfe Ecke zwischen Proszeniums- und Parkettlogen hineingebaut, von dieser Ecke her in den Parkettumgang vor. Knierempeleien waren also was ganz Alltägliches. Das Häßlichste war die Abgesondertheit. Wer eine hohe Meinung von sich hatte, der konnte sich beglückt fühlen, hier ein Gegenstand der Aufmerksamkeit zu sein. Wer dieses Gefühls entbehrte, für den war es peinlich. Für den Eitlen war Nummer 23 ein kurulischer Stuhl, für den weniger Eitlen ein Armesünderbänkchen. Denn man bilde sich nur nicht ein, daß ein Theaterkritiker ein Richter ist, viel öfter ist er ein Angeklagter. »Da sitzt das Scheusal wieder«, habe ich sehr oft auf den Gesichtern gelesen.

Aus dem fragmentarisch hinterlassenen dritten Teil der Autobiographie »Kritische Jahre – Kritiker-Jahre«.

Anspruch auf Ohrenreißen in der Singakademie

So stark nun aber dieser Zug auch war [der »Zug der Herzen«, mit dem die weiblichen Besucher der Rezitation von Alexander Strakosch gefolgt waren], so verschwand er doch neben dem in der Garderobe, wo sehr unausreichende Kräfte mit der Unterbringung von siebenhundert Röcken, Mänteln und Regenschirmen beschäftigt waren. Ich glaube, daß viele Personen bis zu zehn Minuten und länger haben warten müssen. Und wie man sich auch stellen mochte, man wechselte nur die Windrichtung und eroberte sich statt eines Vorteils nichts weiter als einen Anspruch auf doppeltes Ohrenreißen. Ist denn da nicht Abhilfe zu schaffen? Muß denn notwendig ein Kunstgenuß mit Leib und Leben bezahlt werden, und erweist sich zu dem Dreimarkbillett ein Katarrhaufschlag ein für allemal als unerläßlich? Läßt sich dies unglückselige Garderobeninstitut nicht in geschützt gelegene Vorräume der oberen Etage verteilen und dadurch seines Massenmordcharakters einigermaßen entkleiden? Derlei müßte doch möglich sein. Ist es aber nicht möglich, nun, so reiße man den ganzen Singekasten ein; so schön ist er nicht, daß er, nachdem nun zwei Generationen mit einem wahren Preußenmut ihre Schlachten an dieser Stelle geschlagen und ihre Toten hierhin und dorthin begraben haben, Anspruch darauf haben sollte, mit Dezimierung unserer Oberen Zehntausend bis in alle Ewigkeit hinein fortzufahren.

Besprechung des Rezitationsabends von Alexander Strakosch in der »Singakademie«; »Vossische Zeitung«, 1. Februar 1884. Die Singakademie, 1792 von Karl Friedrich Fasch zur Pflege geistlicher Musik gegründet, erhielt unter der Leitung des Goethe-Freundes Karl Friedrich

Zelter ihr festes Domizil hinter der Neuen Wache im Kastanienwäldchen. In diesem Gebäude, 1824–1827 von Carl Theodor Ottmer gebaut und auch für andere Veranstaltungen und Vorträge genutzt, befindet sich heute das Maxim-Gorki-Theater.

Das Schildhorn bei Spandau

Wir haben uns inzwischen der Landzunge mehr und mehr genähert, und die Formen nehmen bestimmtere Gestalt an. Wir erkennen deutlich eine Säule, die in der Mitte ihres Schaftes einen Schild und auf der Höhe des Ganzen ein Kreuz trägt. Unser Boot legt an, und wir erklimmen den Damm, der nach vornhin ziemlich abschüssig in den Fluß fällt. Dieser Vorsprung, die hohe Sandklippe, auf der wir uns nunmehr befinden, ist das Ziel unserer Reise, *»das Schildhorn«*. Der Vorgang, der ihm diesen Namen gab, ist der folgende.

Brennibor (Brandenburg) war endlich nach langer Belagerung von Albrecht dem Bären erstürmt, und das Wendentum, seit lange von der Elbe zurückgedrängt, schien auch das Havelland nicht länger halten zu können. Aber Jaczko, der Wendenfürst, war wenigstens gewillt, die alten Sitze seiner Väter nicht ohne Schwertstreich aufzugeben, und noch einmal sammelte er die Seinen zum Kampf. Bei Spandau kam es zu einer letzten Schlacht. Jaczko unterlag, und hinfliehend am rechten Havelufer, von den siegestrunkenen Deutschen verfolgt, sah er kein anderes Heil mehr als den Fluß und das jenseitige Ufer. Gegenüber dem jetzigen Schildhorn, wo die weit vorspringende Landzunge die Breite der Havel fast halbiert, gab er seinem Pferd die Sporen und setzte in den Fluß. Aber sein Pferd war matt und müde vom Kampf, und ehe es die rettende Landzunge halb erreicht hatte, empfand sein Reiter die schwindende Kraft des treuen Tiers. Da, angesichts des Todes, warf das Herz des Wendenfürsten die alten Heidengötter von sich, und die Hand, die den Schild hielt, hoch gen Himmel erhebend, rief er den Gott der Christen an, ihm zu helfen in seiner Not. Da war es ihm, als faßte eine Hand den erhobenen Schild und hielte ihn mit leiser, aber sicherer Macht über dem Wasser; dem sinkenden Pferde kehrten die Kräfte zurück, und der Vorsprung war erreicht. Jaczko hielt, was er gelobt, und wurde Christ. Seinen *Schild* aber, den der Finger Gottes berührt, ließ er dem Ort, wo das Wunder sich vollzogen hatte. Der Schild des Heiden war ihm zum Glaubensschild geworden.

Dies sind die Elemente, die man zur Hand hatte, als es sich darum handelte, zur Erinnerung an jenen Tag der Bekehrung und zur Festigung und Neubelebung der alten Tradition auf dem Schauplatz derselben, dem *Schildhorn*, ein Denkmal zu errichten. Man hat bei Ausführung dieses Planes in nicht gutzuheißender Weise auf den malerischen Effekt Verzicht geleistet. Es wäre ausreichend gewesen, auf hoher griechischer Säule einen Schild aufzurichten und diesen Schild mit einem Kreuz von mäßiger Größe zu krönen. Das würde ein weithin erkenntliches Bild in durchaus bestimmten Umrissen gegeben und »den Sieg des Kreuzes über das Heidentum«, diesen selbstverständlichen und durchaus berechtigten Gedanken, in aller Klarheit dargestellt haben. Archäologischer Übereifer aber glaubte ein übriges tun zu müssen und hat seinen Sieg auf Kosten des guten Geschmacks gefeiert. Man hat den Stamm einer alten knorrigen Eiche in Sandstein nachgebildet und dadurch eine ohnehin schwerverständliche Figur geschaffen; der inmitten des Stammes aufgehängte Schild aber, der wie eine Scheibe an einem Pfosten klebt, schafft, aus der Ferne gesehen, vollends eine durchaus unklare und rätselhafte Figur. Ebenso unklar und verworren nimmt das Kreuz sich aus, das den Oberbau der Säule krönt. Etwas *Apartes* ist gewonnen, nichts Schönes, das der eigentümlichen Schönheit der Landschaft entspräche. Möglich, daß jene Apartheit Zweck war; sie sichert allerdings dieser Säule einen Eindruck, dessen sie vielleicht entbehrte, wenn sie schöner und mehr im Einklang mit dem Üblichen wäre.

»Das Schildhorn bei Spandau«. Das Denkmal, 1845 von August Stüler auf einer Landzunge an der Havel installiert, 1945 zerstört, 1954 restauriert, ist eine baumartige Säule, die von einem gleichschenkligen Kreuz bekrönt wird.

Kirchen, Friedhöfe, Parks

Die neue Synagoge

Bekanntlich bauen die Berliner Juden seit einigen Jahren an einer neuen Synagoge, die in der Oranienburger Straße ihren Platz hat. Über diesen Bau geht uns von einem Kunstverständigen der folgende Artikel zu:

Die neue Synagoge schreitet mehr und mehr ihrer Vollendung entgegen. Wer sich für architektonische Dinge interessiert, für die Lösung *neuer*, schwieriger Aufgaben innerhalb der Baukunst, dem empfehlen wir einen Besuch dieses reichen jüdischen Gotteshauses, das an Pracht und Großartigkeit der Verhältnisse alles weit in den Schatten stellt, was die *christlichen Kirchen* unserer Hauptstadt aufzuweisen haben. Übrigens sind es *christliche* Baumeister, die sich der Aufgabe unterzogen, diesen schwierigen Bau zu *denken* und auszuführen. Der Grundplan rührt vom Baurat Knoblauch her, nach dessen Erkrankung der Geheime Oberbaurat Stüler die weitere Durchführung übernahm. Von ihm, wenn wir nicht irren, rühren unter anderm auch die *Farben*angaben her, die bei einem Bau, der in seinem Innern so bunt ist wie ein türkischer Teppich, von höchster Bedeutung für die Gesamtwirkung waren. Die technische Ausführung geschieht unter Superintendenz des Baumeisters Hähnel. – Handelt es sich darum, den Bau zu klassifizieren, so bezeichnet man ihn vielleicht am besten als eine *Basilika* mit *maurischen* Details und Ornamenten. Das Weite, Hallenartige der Grundanlage, das hohe Mittelschiff mit der Apsis (und innerhalb derselben der turmartige, gekuppelte »Oron«, in dem die Gesetzesrolle aufbewahrt wird), das sind die Züge, die in dem Moment des Eintretens den Eindruck einer *Basilika* hervorrufen; die Einzelnheiten hingegen, namentlich auch die schlanken Säulenschäfte, die die Emporen tragen, deuten auf die *Alhambra* hin und auf die Farben- und Formenmuster, die dieselbe unserer modernen Baukunst einzuverleiben gewußt hat. Dabei ist alles mit feinem künstlerischen Sinne vermieden, was man als ein *Schreien* der Farben bezeichnen könnte; harmonisch klingt alles zusammen, und zwar in einem *gedämpften* Tone, der vielleicht, eben aus jener Furcht, uns Nüchterngewöhnte zu verletzen, in der Dezenz ein wenig zuviel tut und mächtiger wirken würde, wenn er, ohne anzustoßen, doch *kühner* hervorträte. – Bei der Ausführung sind die besonderen technischen Mittel, die unsere Zeit der Erfindungen in so reichem Maße geboten hat, in zum Teil überraschender Weise benutzt worden; dabei ohne alle Ostentation. Die Benutzung des *Eisens* als des charakteristischen Baumaterials unserer Epoche hat zu höchst originellen Deckenkonstruktionen geführt, die *vor* Einführung des Eisens in die Baukunst unmöglich gewesen wären. Von besonderem Interesse ist ferner die *Beleuchtungs*methode. Die Gasflammen brennen nicht innerhalb der Synagoge selbst, sondern zwischen den großen *Doppelfenstern* (die inneren prächtig gezeichnet, auf matten Glase), so daß auch beim Abendgottesdienste das erforderliche Licht immer durch die *Fenster* fällt. An ähnlichen Einrichtungen, die auch die Aufmerksamkeit des Laien fesseln, ist der Bau reich; der Zutritt zu demselben ist nur gegen Karten gestattet.

Nachschrift der Redaktion. Ist es nicht nach mehr als *einer* Richtung hin charkteristisch, daß solch ein Prachtbau von den *Juden* Berlins aufgeführt wird? Und fordert uns diese Opferwilligkeit derselben – sie ist, bei dem ja freilich sehr vorhandenen Geben*können*, doch immerhin anzuerkennen – nicht auf, daß ein jeder von uns an seinem Teile dafür sorge, daß auch für die *Christen* in Berlin Gotteshäuser, wenn auch nicht reiche, doch reichlich gebaut werden?

»Die Berliner Synagoge«; »Kreuzzeitung«, 14. März 1865.

Konzert in der Garnisonskirche

Ich habe bis hierher von den Personen im Hause [des Lehrherrn Wilhelm Rose] gesprochen und möchte nun auch erzählen, wie das Leben darin war. Dies hatte manches Eigentümliche, was zum Teil an der lokalen Umgebung lag, zu der, wie schon eingangs erwähnt, auch die Garnisonskirche gehörte. Diese griff mannigfach in unser Leben ein. Meist um Ostern und Pfingsten herum gab es in dieser Kirche große Musik-Aufführungen, Oratorien von Graun, Händel, Mendelssohn, und an solchem Oratoriumstage verwandelte sich dann unsre Apotheke in eine Art Tempelvorhalle, drin die Billets verkauft wurden. Ich war jedesmal der »Mann am Schalter« und hatte dabei das Vergnügen – statt der üblichen Sommersprossenschönheiten mit krausem roten Haar, die Kurellasches Brustpulver oder Lippenpomade kauften –, ein gut Teil der vornehmen Berliner Welt an meinem Schiebefenster erscheinen zu sehn. Zum Schluß dann, wenn an weitren Billetverkauf nicht mehr zu denken war, ging ich auch wohl selber in die Kirche, blieb aber nie lange. Der erste

Eindruck, wenn die Töne mächtig einsetzten, war immer groß, und ich fühlte mich wie gen Himmel gezogen; aber nach zehn Minuten schon kam eine gewisse Schläfrigkeit über mich, und ich machte dann, daß ich wieder fortkam. So ist es mir, bei großen Musikaufführungen, mein Lebe lang ergangen. Man muß etwas davon verstehn, muß folgen können; kann man das nicht – und die meisten bilden sich wohl nur ein, daß sie's können –, so wird das »angenehme Geräusch« sehr bald langweilig. Ich bin überzeugt, daß gerade wirkliche Musiker mir hierin recht geben werden; es ist eben nicht für jeden. Der berühmte Satz »Kunst sei für alle« ist grundfalsch; Kunst ist umgekehrt für sehr wenige, und mitunter ist es mir, als ob es immer weniger würden. Nur das Beefsteak, dem sich leicht folgen läßt, ist in einer steten Machtsteigerung begriffen.

»Von Zwanzig bis Dreißig«, Abschnitt »Berlin 1840«.

Kleists Grab

Ein noch größeres Interesse [als die Begräbnisstätte des Salz- und Schiffahrtsdirektors Bensch] weckt das etwa 1000 Schritt von Dreilinden unmittelbar am kleinen Wannsee gelegene *Grab von Heinrich von Kleist.* Erst der Prinz [Friedrich Karl von Preußen] erwarb diesen Uferstreifen. Die Stätte selbst ist seit Eröffnung der in geringer Entfernung vorüberführenden Grunewaldbahn eine vielbesuchte Pilgerstätte geworden, und in schöner Jahreszeit vergeht wohl kein Nachmittag, an dem nicht Sommervergnüglinge von Station Neu-Babelsberg her aufbrächen, um, am Wannsee hin ihren Weg nehmend, dem toten Dichter ihren Besuch zu machen.

Der Weg von Dreilinden her aber ist ein *andrer* und mündet erst in verhältnismäßiger Nähe von »Kleists Grab« in einen sowohl dem Neu-Babelsberger wie dem Dreilindner Wege gemeinschaftlichen, von Werft und Weiden umstandenen Wiesenpfad ein, der auf die (wie schon hier bemerkt werden möge) sich dem Auge völlig entziehende Begräbnisstätte zuführt.

An ebenerwähntem Einmündungspunkte gesellt ich mich einer »Partie« zu: vier Personen und einem Pinscher, die, den Pinscher nicht ausgeschlossen, mit jener Heiterkeit, die, von alter Zeit her, allen Gräberbesuch auszeichnet, ihre Pilgerfahrt bewerkstelligten. Es waren kleine Leute, deren ausgesprochenster Vorstadts- und Bourgeoischarakter mir, in dem Gespräche, das sie führten, nicht lange zweifelhaft bleiben konnte.

Die Tochter ging ein paar Schritte vorauf. »Er soll ja so furchtbar arm gewesen sein«, sagte sie mit halber Wendung, während sie zugleich mit einem an einer Kette hängenden großen Medaillon spielte. »Solch berühmter Dichter! Ich kann es mir eigentlich jar nich denken.«

»Ja, das sagst du wohl, Anna«, sagte der Vater. »Aber das kann ich dir sagen, arm waren damals alle. Und der Adel natürlich am ärmsten. Und war auch schuld. Denn erstens diese Hochmütigkeit und dann dieser Kladderadatsch und diese Schlappe. Na, Gott sei Dank, so was kommt nich mehr vor. Davor haben wir jetzt Bismarcken.«

»Ach, Herrmann«, unterbrach ihn hier die Frau, »laß doch *den*. Hier sind wir ja doch bei Kleisten. Und arm? Ich hab es ganz anders gehört; um eine kranke Frau war es. Und er soll ihr ja so furchtbar geliebt haben.«

»I, Gott bewahre«, sagte der Mann in einem Ton, als ob es sich um das denkbar Unglaublichste gehandelt hätte.

Während dies Gespräch noch andauerte, hatten wir einen Punkt erreicht, wo der über die Wiese führende Weg ein Ende zu haben schien, bis wir zuletzt, bei schärfrem Hinsehn, eines Fußpfades gewahr wurden, der sich, zwischen allerlei Gestrüpp hin, in einer schmalen Schlängellinie fortsetzte. War das *unser* Weg? Ein Versuch schien wenigstens geboten, und siehe da, keine hundert Schritt, und wir hatten's und standen an der Grabstelle, die, seitab und einsam im Schatten gelegen, denselben düstren Charakter zeigte wie das Leben, das sich hier schloß. Auch eine pietätvolle Wiederherstellung der durch viele Jahre hin vernachlässigten Stelle hat an diesem Eindruck nichts ändern können. Ein Eisengitter zwischen vier Steinpfeilern schließt das Grab ein, das *zwei* Grabsteine trägt: einen abgestumpften Obelisken aus älterer und einen pultartig zugeschrägten Marmor aus neurer Zeit. Auf dem abgestumpften Obelisken fanden wir ein Häuflein Erde, darin eine sinnige Hand, vielleicht keine Stunde vor uns, einen Strauß unterwegs gepflückter Feldblumen eingesetzt hatte. Zu Füßen des Obelisken aber, auf dem zugeschrägten Marmorsteine, stand das Folgende:

Heinrich von Kleist

Geboren 10. Oktober 1776,
gestorben 21. September 1811

Er lebte, sang und litt in trüber, schwerer Zeit,
Er suchte hier den Tod und fand *Unsterblichkeit.*

Die Tochter las die Verse laut, und ob es nun die Nähe des Grabes oder vielleicht auch nur die Verlegenheit war, in die so viele Menschen geraten, wenn sie Verse hören (ein Rest von Respekt vor dem alten Propheten- und Bardentum), gleichviel, alles im Kreise wurde still, und die Stille wirkte wie Huldigung und Gebet.

Erst der Rattenpinscher, dem die Szene zu lange dauern mochte, gab uns durch einen dreimaligen Unmutsblaff unsren Augenaufschlag und gleich danach auch unsre Bewegung wieder, und denselben Schlängelpfad entlang, auf dem wir gekommen waren, schritten wir nunmehr auf die draußen liegende Waldwiese zurück.

»Fünf Schlösser«, Abschnitt »Dreilinden«. Die Grabstätte, inzwischen in längst bebauter Umgebung gelegen und mehrfach umgestaltet, ist gut erhalten. Die Verse auf dem damaligen Stein verfaßte der Berliner Arzt und Schriftsteller Max Ring.

Biersehnsucht auf dem Matthäikirchhof

Der Geistliche beim Begräbnis [von George Fontanes Schwiegervater Karl Robert] unterzog sich seiner Aufgabe mit rühmlichem Geschick und hat seine »fee's« denn auch bereits erhalten; er nahm es auf sich, einen Katholiken auf dem orthodoxen Matthäikirchhof mit einzuschmuggeln. Auch dieser Moment erinnert mich wieder an Tante Lise [Fontanes Schwester Elise, die 1875 Hermann Weber heiratete], die damals sagte: »was Schultz wohl für Augen machen wird, wenn er hört, Weber ist Katholik. Und er hat sogar läuten lassen.« Sie freute sich schon auf das verblüffte Pastorgesicht und wackelte mit ihrem Hochzeitspopo, der in lilafarbner Seide steckte; der Brautschleier hing bis auf die Erde, und der Myrtenkranz war mit 14 Nadeln festgesteckt. Ich habe sie nicht gezählt, aber so was Ähnliches wird es wohl gewesen sein. Alle diese Worte sind nicht *persönlich* böse gemeint, es ist immer dasselbe, und die Ausnahmen sind so selten, daß, wenn ich mal fühle, »hier *ist* eine Ausnahme«, so kommen mir die Tränen in die Augen. Es gibt nichts Rührenderes als Wahrheit. All die Niedertracht der Welt schadete auch nicht viel, wenn man sie nur zugäbe. Der Geistliche auf dem Matthäikirchhof sprach eine gute Viertelstunde und vermied Geschmacklosigkeiten (schon sehr viel), aber er sprach auch nicht ein einziges Wort, das einen Eindruck machen konnte. Während er redete, sah ich beständig die »Freie Bühne« mit ihrem grünen Umschlag und ihren altdeutschen Buchstaben vor mir und hatte das Gefühl, daß unsrer Kirche nichts nötiger sei als solche grünen Hefte auf *ihrem* (der Kirche) Gebiet. Alles absolut tot und dazu dieser gräßlich schöne Gesang von Kerlen, die hinter einer Lorbeerhecke stehn und sich schon auf das Seidel freun, das sie unterwegs im »Augustiner« trinken wollen. Diese Biersehnsucht klingt aus jedem Ton, und der erste Tenor, der immer so vibrierend abschließt, schmeckte nach zwei.

An Tochter Martha, Berlin, 9. Juni 1890.

Meine Gräber

Kein Erbbegräbnis mich stolz erfreut,
Meine Gräber liegen weit zerstreut,
Weit zerstreut über Stadt und Land,
Aber all in märkischem Sand.

Verfallene Hügel, die Schwalben ziehn,
Vorüber schlängelt sich der Rhin,
Über weiße Steine, zerbröckelt all,
Blickt der alte Ruppiner Wall,

Die Buchen stehn, die Eichen rauschen,
Die Gräberbüsche Zwiesprach tauschen
Und Haferfelder weit auf und ab, –
Da ist meiner Mutter Grab.

Und ein andrer Platz, dem verbunden ich bin:
Berglehnen, die Oder fließt dran hin,
Zieht vorüber in trägem Lauf,
Gelbe Mummeln schwimmen darauf.
Am Ufer Werft und Schilf und Rohr
Und am Abhange schimmern Kreuze hervor,
Auf eines fällt heller Sonnenschein, –
Da hat mein Vater seinen Stein.

Der dritte, seines Todes froh,
Liegt auf dem weiten Teltow-Plateau,
Dächer von Ziegel, Dächer von Schiefer,
Dann und wann eine Krüppelkiefer,
Ein stiller Graben die Wasserscheide,
Birken hier und da eine Weide,
Zuletzt eine Pappel am Horizont, –
Im Abendstrahle sie sich sonnt.
Auf den Gräbern Blumen und Aschenkrüge,
Vorüber in Ferne rasseln die Züge,
Still bleibt das Grab und der Schläfer drin, –
Der Wind, der Wind geht drüber hin.

Das 1888 entstandene Gedicht bezieht sich auf das Grab der Mutter (gest. 1869) in Neuruppin, das Grab des Vaters (gest. 1867) in Neutornow/Schiffmühle bei Bad Freienwalde und auf das Grab seines ältesten Sohns, George (gest. 1887), in Berlin-Lichterfelde.

Friedhof in Lichterfelde

Heute war ich in Lichterfelde draußen; ich vermeide aber jetzt den Anblick von maison rouge und fahre mit Pferdebahn und Dampfbahn (letztre von Schöneberg aus) bis Steglitz, von wo aus ich dann quer über Feld gehe. Der Weg immer entzückend, so farblos und steril alles aussieht, aber der Aufenthalt auf dem Kirchhof selten erbaulich, – immer sind gräßliche Menschen da, heute eine Lichterfelder Kommißfamilie, die das Gräberbegießen wie einen Sport trieb, wie etwas Feines, das sich *so* nicht jeder erlauben kann; das Weibervolk, eine dicke Alte und eine junge Zierliese, wieder entsetzlich. »Da frage nur bei edlen Frauen an« oder so ähnlich im »Tasso«, wenn ich nicht irre; ob Goethe das wohl geschrieben hätte, wenn er sein Leben unter Berliner Madamms zugebracht hätte.

An Tochter Martha, 9. September 1889.

Tiergarten

Wann die »private Trennung« der Eheleute [Scherenberg] stattfand, ist nicht bestimmt ersichtlich, wahrscheinlich Ostern 1838. Um dieselbe Zeit übersiedelte Scherenberg mit seinen Kindern nach Berlin und bezog eine Wohnung in dem bekannten kleinen Eckhause der Tiergartenstraße, das nach dem Tiergarten hin einen kleinen Posamentierladen und nach der Bendlerstraße hin eine kleine Konditorei hat.

Unseres Dichters Wohnung lag im ersten Stock, aber diese »Beletage« bestand aus nichts als aus zwei geweißten Stuben, in denen es, als der Winter kam, bitterlich kalt wurde. Zum Heizen hatte man nur das Reisig, das die Kinder in dem angrenzenden Tiergarten sammelten, dem man ohnehin, aus Sommer- und Herbsttagen her, für Champignons und Steinpilze verpflichtet war.

»Christian Friedrich Scherenberg und das literarische Berlin von 1840 bis 1860«. Der Tiergarten, kurfürstliches Jagdrevier, reichte einst bis an das Berliner Schloß heran. Ab 1740 wandelte Knobelsdorff das Gebiet in einen öffentlichen Park um. Die entscheidende Umgestaltung zum Landschaftspark besorgte 1833–1839 Peter Joseph Lenné.

Der Eibenbaum im Parkgarten des Herrenhauses

Nicht voll so alt wie die Brieselang-Eiche [...], aber doch auch ein alter oder *sehr* alter Baum ist die *Eibe*, die in dem Parkgarten hinter dem Herrenhause steht. Von ihr will ich, einschaltend, an dieser Stelle erzählen.

Der Stamm dieses Baumes, wie es in *seiner Art* in den Marken keinen zweiten gibt, ist etwa mannsdick, und die Spannung seiner fast den Boden berührenden Zweige wird dreißig Fuß sein. Die Höhe beträgt wenig mehr. Aus der Dicke des Stammes hat man das Alter des Baumes berechnet. Man kennt Taxusbäume, die nachweisbar 200 bis 300 Jahre alt sind; diese sind wesentlich kleiner und schwächer als der Baum, von dem ich hier spreche. Man kennt ferner *einen* Taxusbaum (bei Fürstenstein in Schlesien), der nachweisbar 1000 Jahr alt ist, und dieser *eine* ist um ein gut Teil höher und stärker als der unsrige. Dies läßt für diesen auf ein Alter von 500 bis 700 Jahren schließen, und das wird wohl richtig sein.

Dieser unser Taxusbaum war vor hundert oder hundertzwanzig Jahren eine Zierde unseres *Tiergartens*, der damals bis an die Mauerstraße ging. Als später die Stadt in den Tiergarten hineinwuchs, ließ man in den Gartenstücken der nach und nach entstehenden Häuser einige der schönsten Bäume stehen, ganz in derselben Weise, wie man auch heute noch verfahren ist, wo man die alten Elsen und Eichen von »Kemperhof« wenigstens teilweise den Villen und Gärten der Viktoriastraße belassen hat.

Unser Taxusbaum, jahrhundertelang ein *Tiergarten*baum, wurde, ohne daß er sich vom Fleck gerührt hätte, in der zweiten Hälfte des vorigen Jahrhunderts ein *Garten*baum. Und noch etwa zwanzig Jahre später tritt er aus seiner bis dahin dunklen Vergangenheit in die Geschichte ein.

Zu Anfang dieses Jahrhunderts gehörten Haus und Garten dem Generalintendanten von der Recke, der öfters von den königlichen Kindern, zumal vom Kronprinzen, dem späteren König Friedrich Wilhelm IV., Besuch empfing. Der Kronprinz liebte diesen von der Reckeschen Garten ganz ungemein; es wurde ein bevorzugter Spielplatz von ihm, und der alte Taxusbaum mußte herhalten zu seinen ersten Kletterkünsten. Der Prinz vergaß das dem alten Eibenbaume nie. Wer überhaupt dankbar ist, ist es gegen alles, Mensch oder Baum. Vielleicht regte sich in dem phantastischen Gemüte des Knaben auch noch ein anderes; vielleicht sah er in dem schönen, fremdartigen Baume einen Fremdling, der unter märkischen Kiefern Wurzel gefaßt; vielleicht war er mit den Hohenzollern selbst ins Land gekommen, und es wob sich ein geheimnisvolles Lebensband zwischen diesem Baum und seinem eignen fränkischen Geschlecht. War es doch selbst an dieser Stelle erschienen wie eine hohe Tanne unter den Kiefern.

Das von der Reckesche Haus wurde verkauft (ich weiß

nicht, wann), und die Mendelssohns kauften es. Sie besaßen es erst kurze Zeit, da gab es eine hohe Feier hier; die Freiwilligen zogen aus, und ein Abschiedsfest versammelte viele derselben in diesem Garten. Eine lange Tafel war gedeckt, und aus der Mitte der Tafel wuchs der alte Eibenbaum auf, wie ein Weihnachtsbaum, ungeschmückt – nur die *Hoffnung* sah goldne Früchte in seinem Grün.

Und diese Hoffnung hatte nicht gelogen. Der Friede kam, und die heitern Künste scharten sich jetzt um den Eibenbaum, der ernst wie immer, aber nicht unwirsch dreinschaute. Felix Mendelssohn, halb ein Knabe noch, hörte unter seinem mondlichtdurchglitzerten Dach die Musik tanzender Elfen.

Doch wieder andere Zeiten kamen. Vieles war begraben, Menschen und Dinge; da zog sich auch über dem Eibenbaum ein ernstes Wetter zusammen. Wer weiß, was geschehen wäre, wenn nicht des Eibenbaumes bester Freund noch gelebt hätte. Der lenkte den Strahl ab.

1852 brannte die damals in der Oberwallstraße gelegene »Erste Kammer« nieder; das Mendelssohnsche Haus, samt Garten und Eibenbaum, wurde gekauft, und das preußische Oberhaus hielt seinen Einzug an neuer Stelle. Niemand ahnte Böses. Da ergab sich's, daß die Räumlichkeiten nicht ausreichten, und ein großes, neu zu errichtendes Hintergebäude sollte den fehlenden Raum schaffen. Soweit war alles klipp und klar, wenn nur der Eibenbaum nicht gewesen wäre. Der bereitete Schwierigkeiten, der »beherrschte die Situation«. Einige, mutmaßlich die Baumeister, wollten zwar kurzen Prozeß mit ihm machen und ihm einfach den Kopf vor die Füße legen. Aber die hatten es sehr versehen. Sie erfuhren bald zu ihrem Leidwesen, welch hohen Fürsprecher der Baum an entscheidender Stelle hatte.

Was war zu tun? Der Baum stand just da, wo das neue Gebäude seinen Platz finden sollte. 1851 in London hatte man über zwei alte Hydeparkbäume die Kuppel des Glaspalastes ruhig weggeführt und die Einweihungsfeier unter grünem Dach und zwitschernden Vögeln gehalten; aber der alte Eibenbaum im Sitzungssaale des Herrenhauses – das ging doch nicht. Man kam also auf die Idee einer *Verpflanzung*. Der König bot Sanssouci, der Prinz von Preußen Babelsberg zu diesem Behufe an. Wer wäre nicht bereit gewesen, dem Alten eine Stätte zu bereiten! Konsultationen wurden abgehalten und die Frage aufgeworfen, »ob es wohl ginge«. Aber selbst die geschicktesten Operateure der Gartenkunst mochten keine Garantie des Gelingens übernehmen. So wurde denn der Plan einer »Verpflanzung im großen« aufgegeben und statt dessen die Idee einer *Verschiebung*, einer Verpflanzung im kleinen aufgenommen. Man wollte den Baum loslösen, den Garten abschrägen und nun den losgelösten Baum, mit Hilfe der Schrägung, bis mitten in den Garten hineinschieben. Aber auch diese Prozedur wurde, als zu bedenklich, ad acta gelegt und endlich beschlossen, den Baum am alten Platze zu lassen. Da unser Freund nicht in der Lage war, sich den Baumeistern zu bequemen, so blieb diesen nichts übrig, als ihrerseits nachzugeben und die Mauer des zu bauenden Hauses an dem Baume entlang zu ziehen. Man hat ihm die Mauer empfindlich nahe gerückt, aber der Alte, über Ärger und Verstimmung längst weg, reicht ruhig seine Zweige zum Fenster hinein. Ein Gruß, keine Drohung.

»Havelland«, Kapitel »Der Eibenbaum im Parkgarten des Herrenhauses«. Das »Herrenhaus«, 1855–1918 die Erste Kammer des Preußischen Landtags, tagte in der Leipziger Straße, nahe dem Potsdamer Platz. Heute ist das Gebäude Sitz des Berliner Abgeordnetenhauses.

Herbst im Schloßgarten von Charlottenburg

Es regnet. Auf den Plüschbänken des Charlottenburger Omnibus sitzt ein halbes Dutzend fröstelnde Gestalten, gleichgültig oder verstimmt, jeder einen abtröpfelnden Alpaka in Händen. Keiner spricht. Ein Dunst, wie wenn Wäsche trocknet, nebelt um uns her, und ein Kautschukmantel neben mir ist nicht angetan, die klimatischen Verhältnisse zu bessern.

Es regnet, und am Ende mit Recht. Schreiben wir doch den 19. November! Wer mag da Sonnenschein fordern, wenn es ihn lüstet, den Charlottenburger Schloßgarten zu besuchen. Was von den Menschen gilt, gilt auch von den Tagen; man muß sie nehmen, wie sie sind.

Da ist das »Knie«. Seine Rundung ist heute völlig reizlos. Das »Türkische Zelt« sieht noch untürkischer aus als gewöhnlich, und bei Morellis hocken drei Sperlinge auf dem schräg gestellten Gartentisch, ziehen die Köpfe ein und schütteln die Federn. Nur die grüne Kuppel des Schlosses hat gewonnen; sie sieht blau aus, frischer als sonst.

An den leeren Gewehrpfosten vorüber, tret ich an das halboffene Parkgitter; der Türhüter schüttelt den Kopf. An *solchem* Tage Besuch! Er scheint die Frage ergründen zu wollen, ob ich Untat gegen mich oder gegen andere sinne. Ein Unglücklicher oder …

»Ich möchte nach dem Belvedère. Erst durch die Orangerie, dann gradaus; nicht wahr?« So Lokalkenntnis und Unbefangenheit heuchelnd, schreit ich an dem Bediensteten vorüber, der sich schließlich, seinem Mienenspiele nach, damit beruhigt: Freitag ist Besuchstag.

Asternbeete, Balsaminen; dann vorüber an den Kübeln

des Gewächshauses; noch ein Fliesengang, und die Breite des eigentlichen Parkes liegt vor mir. An der Rückseite des einen Schloßflügels hin stehen die Büsten römischer Kaiser, Nero, Titus, Trajan; mir zunächst Tiberius. An seiner Nase hängt ein Regentropfen, fällt ab und erneut sich wieder. Es sieht so gemütlich, so einfach-menschlich aus, daß man glauben könnte, seine »Wiederhersteller« hätten recht.

Weithin sichtbar laufen die Gänge des Schloßgartens bis zum Flusse nieder, parallel mit ihnen ein Wasserbecken, halb Graben, halb Teich. Die Alleen sind kahl. Nur einzelne Bäume, die windgeschützter standen, halten noch das je nach der Art in allen Herbstesfarben spielende Laub fest: die Eiche goldbraun, die Birke orangefarben, der Ahorn gelb; aber die meisten Blätter fielen ab und liegen an tieferen Stellen zusammengeweht oder schwimmen auf dem Wasser, das uns bis in die Mitte des Parks begleitet.

Hier biegt das Wasser (der Teichgraben) plötzlich rechtwinklig ab und durchschneidet den Weg. Eine Brücke führt darüber hin und unterhält den Verkehr zwischen den beiden Ufern. Diesseits stand ein Alter und harkte das Laub zusammen.

»Ist dies die Brücke mit der Klingel?«

»Ja. Aber es kommt keiner mehr.«

»Ich weiß, Papa. Die alten Mooksöpfe sind tot.«

Er nickte und harkte weiter.

In der Tat befand ich mich an der vielgenannten »Klingelbrücke«, einer ehemaligen Besuchsstation des Gartens, die viele Jahre hindurch neben dem Mausoleum ihren Platz behauptet hatte. Der ernsten Erhebung gab man hier ein heitres Nachspiel. Alles drängte herzu; wurde dann die Klingel gezogen, so erschienen langsam und gravitätisch, aber immer hungrig, die berühmten *Mooskarpfen* des Charlottenburger Parkes an der Oberfläche. Uralte Bursche, wenn ich nicht irre, durch König Friedrich Wilhelm I. eigenhändig an dieser Stelle eingesetzt. Ein eigentümlicher Sport, der darauf hinauslief, Hellinge, Milchbrote, Kringel in die immer geöffneten Karpfenmäuler zu werfen, nahm dann seinen Anfang. Er erinnerte an Ähnliches im Zoologischen Garten, und man darf sagen: wie sich die Schrippe zum Elefanten verhält, so verhielt sich die Semmel zum Karpfen. Alte Frauen, nicht viel jünger wie die krokodilartigen Ungeheuer der Tiefe, saßen hier sommerlang mit ihrem Backwerk und sahen aus, als gehörten sie mit dazu. Es hatte etwas Spukhaftes, diese Altersanhäufung und die Kinderwelt dazwischen.

Dieser Sport indessen sollte plötzlich ein Ende haben. Der Winter 64 kam, das Wasser fror bis auf den Boden, die Karpfen suchten zu retirieren, immer tiefer, aber das Eis kam ihnen nach, und eingemauert in ihrem Moorgrund, wasser- und luftlos, mußten sie ersticken. Als im April das Eis aufging, stiegen sie wieder an die Oberfläche, aber tot. Noch am selben Tage wurden sie am Ufer begraben. Es waren sechsunddreißig Stück, keiner unter 150 Jahre, keiner unter vier Fuß; alle trugen sie die Karpfenkrone. »Wir haben nun neue eingesetzt«, brummelte der Alte, »aber was will das sagen; sie sind wie Steckerlinge.«

Dieser wohlgemeinte Satz hatte mir Mut gegeben. »Ich will nach dem Belvedère, Papa.«

»Nachs Belfedehr. Ja, ja, da müssen Sie bis auf die Insel. Immer gradaus. Die Fähre geht nicht mehr. Aber rechts weg, wo der rote Werft steht, da is 'n Steg. Nehmen S' sich in acht; is alles frisch gestrichen mit Teer. Da drüberweg.«

»Dank schön, Papa.« Damit stapfte ich weiter, durch Laub und aufgeweichte Gänge hin, dem Rande des Parkes zu, voll wachsenden Dankes gegen den Erfinder der Gummischuhe. Endlich stand ich an einem schmalen, von der Spree her abgezweigten Wassergraben; zwei Pfosten hüben und drüben und ein Tau dazwischen zeigten mir, daß dies die Fährstelle sei. Nach rechts hin also mußte die Brücke sein. Richtig. Der frische Teergeruch ließ keinen Zweifel. Ich schritt über die schmale Bohlenlage hin.

Der Regen ließ einen Augenblick nach und gestattete einen Umblick. Ich stand ersichtlich auf einer Insel, der magre Boden mit dünnem Gras überzogen, die Ufer von blutrotem Werft eingefaßt. Nach Westen hin Wiesenland, von Spreearmen und Eisenbahnbrücken durchzogen; am Horizonte grau in grau der Spandauer Turm; unmittelbar vor mir aber ein seltsamer, jalousienreicher Bau, rund, mit vier angeklebten flachen Balkonhäusern und einem kupfernen Dachhelm, auf dessen Spitze drei Genien mit Genhimmelhaltung eines goldenen Fruchtkorbes beschäftigt waren. Rokoko durch und durch. Im Grundriß ein kurzes Kreuz, mit rundem Mittelstück. Dies war das *Belvedère*. Die drei Genien mit dem Blumenkorb unverkennbar an das Marmorpalais erinnernd. Die Tage der Lichtenau standen wie auf einen Schlag vor mir: Sentimentalität und Sinnlichkeit, Schäferspiele und kurze Röckchen, Antonius und Kleopatra. Nur alles trivialisiert. Statt des Pharaonenkindes eine Stabstrompetertochter.

»Havelland«, Kapitel »Das Belvedère im Schloßgarten zu Charlottenburg«. Nach einem Entwurf von Arnold Nering wurde Schloß Charlottenburg ab 1695 von Martin Grünberg, ab 1701 von Eosander von Göthe erbaut und 1740–1747 von Knobelsdorff im wesentlichen vollendet. Das Belvedere (Teehaus) errichtete 1788 Carl Gotthard Langhans. Nach der Zerstörung im zweiten Weltkrieg wurde das Bauwerk in der äußeren Form wiederhergestellt; es dient als Museum für Berliner Porzellan.

Cafés, Kneipen, Restaurants

Nach Mitternacht bei Fiocati

»Wir haben heute den längsten Tag, also die kürzeste Nacht. In zwei Stunden ist Sonnenaufgang; den dürfen wir uns nicht entgehen lassen. Oft kommt man nicht dazu. Wir wollen in den Tiergarten.«

»Ein bißchen weit.«

»Nun, wir können ja Station machen.«

»Wo?«

»Bei Fiocati.«

Widersprechen war nie meine Sache. So steuerten wir denn auf den Mühlendamm zu (damals noch mühlendammriger als heute), wo Giuseppe Fiocati, hart an der schluchtartig hier einmündenden Fischerbrücke, seine Konditorei hatte. Die Klänge der Singuhr begleiteten uns durch die Stralauer Straße hin und über den Molkenmarkt fort.

Als wir an das Fischerbrückendefilee herangerückt waren, bog Landolfo, mit scharf links, in einen dunklen Torbogen ein und überstieg, während ich folgte, ein nach der Wasserseite hin gelegenes Stück Zaun, hinter dem ein Hof lag. Eigentlich nur ein Loch, vollgestopft mit so furchtbarem Gerümpel, wie man's nur bei einem italienischen Konditor alten Stils und dritten Ranges vorfinden konnte. Zwischen Topfscherben, Kartoffeln und teils zerbrochenen, teils durchgesessenen Stühlen hin (ich sehe noch einen Kinderstuhl mit einem Loch in der Mitte) gelangten wir bis an die Hinterwand des Hauses, wo Landolfo, der hier wundervoll Bescheid wußte, gegen einen nur angelegten Fensterladen energisch zu klopfen begann. Diesen Laden ohne weiteres aufzuschlagen und hineinzusehn hatte selbst Landolfo nicht den Mut. Als er das Klopfen dreimal wiederholt hatte, hörten wir: »Was gibt's?« – »Ouvrez, Fiocati.« – »Chi?« – »Landolfo.« – »Ah, il benvenuto.« Wir hörten nun, daß der Schläfer drinnen rasch aufstand, und während er seine Toilette machte, der primitivsten eine, wie sich bald zeigen sollte, kletterten wir über das Zaunstück wieder zurück und nahmen Aufstellung in Front des Ladens, der einmal elegant gewesen sein mußte, wie die nicht mit Ölfarbe, sondern mit einem weißen Lack gestrichenen Fensterkreuze samt Messingstäben und Gitterwerk deutlich verrieten. Und nicht lange mehr, so gab es drinnen einen Puff, eine Gasflamme ward angezündet, und gleich danach hörten wir, wie mit starker Hand eine mächtige Eisenstange zurückgeschlagen wurde. Dann öffnete sich die Tür, und Fiocati stand vor uns. Hamlets Ausruf, als er seinen Vater auf der Terrasse erscheinen sah, gibt ohngefähr das Grauen wieder, mit dem ich auf den Nachtkonditor blickte. Nur die weiße Mütze konnte für standesgemäß gelten; alles andre mochte der Situation, aber sicherlich nicht der Ästhetik entsprechen, am wenigsten den Ansprüchen der Sauberkeit und Dezenz. Er trug rote Plüsch-Pariser samt hechtfarbener Hose, für deren Verbleib an sittlich und gesellschaftlich vorgeschriebener Stelle nur sein Embonpoint einigermaßen Bürgschaft leistete. Das volle krause Haar war schön, aber doch auch ängstlich, und ich wäre für Rückzug gewesen, wenn nicht das gutmütige große Gesicht mit den klugen und lachenden schwarzen Augen über alles hinweggeholfen hätte.

»Nun, amico, was können wir noch haben?«

»Cioccolata?«

»Bene.«

Und während Fiocati jetzt ging, um aus seiner Küche das Nötige herbeizuholen, setzten wir uns an einen Lesetisch in Nähe der Gasflamme, wo die Tagesliteratur, an schmutzige Holzstöcke befestigt, aufgestapelt lag: der »Freimütige«, der »Volksfreund«, der »Komet«, Kühnes »Europa« und vor allem der »Berliner Figaro«. Das war unser Hauptblatt. [...]

Nach diesem Figaro, der sozusagen unser »Moniteur« war, griffen wir natürlich zuerst. Irr ich nicht, so war es nur ein dreistrophiges Gedicht von Hermann Maron, das uns an diesem Abende zu Gesicht kam und uns entzückte. Maron war einer der talentvollsten aus dem Kreise, faul und schlaff, und dann plötzlich von einer krankhaften Energie. So schied er auch später aus dem Leben und erschoß, vor nun gerade drei Jahren, erst seine Frau, dann sich selbst. Als wir das Gedicht gelesen hatten (der Refrain war: »Ich mach ein schwarzes Kreuz dabei«), kam Fiocati wieder, im Kostüm unverändert, im übrigen aber mit allem ausgerüstet, was er zur Herstellung der »Cioccolata« nötig hatte: Napf, um Spiritus hineinzugießen, und ein Dreifuß mit Rand, in welch letztren ein hohes kegelförmiges Blechgefäß hineinpaßte. In diesem stand ein Quirl. Nun Cioccolata samt Wasser hinein, den Spiritus angesteckt, und eine Minute später begann auch schon jenes virtuos geräuschvolle Quirlen, dessen nur ein italienischer Konditor fähig ist. Endlich war alles fertig, und das Blechgefäß samt Quirl erschien au naturel in unsrer Mitte, will sagen gänzlich unberaubt jener Ornamentik von Spritzflecken und braunen Rinnen, die das rasende Quirlen mit sich gebracht hatte. Dazu die bekannten Korianderbiskuitchen, aber nicht in der herkömmlichen Dreizahl, sondern übereinandergetürmt, pyramidal. Und nun setzte sich Fiocati zu uns, machte den Wirt und war ganz Politik und Literatur. […]

Eine Stunde brachten wir so hin, und 2 Uhr war vorüber, als wir aus der Gas- und Kuchenluft wieder in die Nachtluft hinaustraten, die freilich »unterm Mühlendamm« und in Tagen der Vorkanalisation alles mögliche, nur nicht frisch war. »Addio, Fiocati.« – »Addio, Signori.« Und während der Parochialkirchturm aufs neue sein »Üb immer Treu und Redlichkeit« anstimmte, hörten wir, wie drinnen wieder eingebolzt und die Eisenstange vorgelegt wurde. Der Wächter pfiff, und um St. Nikolai herum lag schon ein Tagesschimmer.

»Wohin nun?«

»Nun unweigerlich in den Tiergarten. Um 5 Uhr ist Frühkonzert im ›Hofjäger‹.«

»Cafés von heut und Konditoreien von ehmals«.

Pariser Keller

Am Sonntag sollte es geschehn, da kam Scherz, der eine ganz extra-ordinäre Liebenswürdigkeit entwickelte, erst bei uns aß und Kaffe trank und uns dann in die »Maschinenbauer« [1859 uraufgeführtes Volksstück von August Weirauch] führte, wo wir uns alle recht sehr amüsierten. Nicht so im Pariser Keller, wo die Tages-Herrlichkeit abschloß; der 40jährige Kultur-Mensch, der viel lesen und schreiben muß, ist abends müde und zieht eine häusliche Tasse Tee viel, viel einem solchen Bumskeller vor, der auch *dann* nicht in überirdischem Lichte erscheint, wenn das rittergutsbesitzerliche Zauberwort erschallt: Kellner, stellen

Sie eine »Bollinger« kalt! So kam es, daß wir fast alle 3 einschliefen; zum Glück wurde Emilie ein kleines bißchen ohnmächtig, was wieder eine vorübergehende Tätigkeit in die Bude brachte.

An Schwester Elise, Berlin, 30. August 1859.

Bei Meser Unter den Linden

Der Sitzung [im »Verein für die Mark Brandenburg«] folgte ein Souper mit faulem Taubenbraten, und das bei Meser Unter den Linden! Unglaublich, aber wahr. Ich gab meinen Teller zurück und bat um ein Stück andren Braten; kriegt es auch. Die andern hatten die Tauben richtig runtergewürgt; sind das Geschmäcker!

An Frau Emilie, 23. Mai 1862.

»Kneipe« in der Krausenstraße

Ich habe so viel Grog in seinem Hause getrunken, daß es eigentlich schlecht ist, so viel Anzügliches hier von ihm zu sagen. Aber ich nehme es schließlich auf mich. Es war noch in den fünfziger Jahren, als ich mich in sein Haus eingeführt sah, und zwar durch Hesekiel, der im Hause Smidt der »Pascha von drei Roßschweifen« war, dabei den Küchenzettel schrieb und von Mutter und Tochter gleich abgöttisch verehrt wurde. Nicht zu verwundern! Wer an Heinrich Smidts Seite dreißig Jahre verlebt hatte, dem mußte jedesmal eine neue Welt aufgehn, wenn sich Hesekiel auf seine »goldnen Rücksichtslosigkeiten« stimmte.

Starke Sachen liefen dabei freilich mit unter, aber nur desto besser; wo Langeweile durch ein Menschenalter hin grausam geherrscht hatte, waren Zynismen das erlösende Wort. Ich habe diesen Bacchanalen, die nach ihrem materiellen und geistigen Gehalt halb Bauernhochzeit, halb Kunst- und Literaturkneipe waren, manch liebes Mal beigewohnt und denke mit diabolischem Vergnügen daran zurück. Schauplatz war ein altes interessantes Haus in der Krausenstraße, dicht an der Mauerstraße; Wirt ein Bäcker, unten Laden und Backraum, darüber ein erster Stock, den Heinrich Smidt bewohnte. Dann kam ein hohes Dach mit einer unter einem Holzvorbau steckenden Winde, daran die feisten Mehlsäcke in die Höhe gewunden wurden. Mitunter hing solch ein Mehlsack schräg neben dem Fenster des Zimmers, drin wir unsere Feste feierten, und konnte halb als Symbol, halb als Verspottung unseres Tuns gelten. Denn wir standen recht eigentlich im Zeichen des Mehlsacks: ungeheuere Schüsseln voll Makkaroni – Hesekiels Lieblingsspeise – erdrückten fast die Tafeln. Indessen siegreich über alles blieben doch die zwei Punschbowlen, die sich untereinander ablösten. Alles lachte, strahlte. Denn Hesekiel hatte gerade das Wort, und mit jenen Redederbheiten, auf die er sich wie selten einer verstand, ging er nun vor, nicht etwa um politische oder literarische Feinde abzuschlachten, das hätten andere auch gekonnt, sondern um seine Schwadronshiebe gegen die Tunnelfreunde, gegen den »aufgesteiften Kugler«, gegen den »überschätzten und politisch zweideutigen Scherenberg«, gegen den »großmäuligen Widmann und den noch großmäuligeren Orelli«, ganz zuletzt aber, wenn er mit dem Tunnel fertig war, seine Hauptkeulenschläge gegen seine Kollegen von der »Kreuzzeitung« zu führen, von denen ihm der eine zu ledern, der andere zu leisetretrig, ein dritter zu fromm und ein vierter zu schustrig war. Ich hörte beglückt zu und stieß mit ihm an, wobei sich jeder denken konnte, was er wollte.

»Von Zwanzig bis Dreißig«, Abschnitt »Der Tunnel über der Spree«. Heinrich Smidt, ein ehemaliger Kapitän, lebte als Schriftsteller und Bibliothekar des preußischen Kriegsministeriums in Berlin; George Hesekiel, Journalist und Romanautor, war Fontanes Kollege in der Redaktion der »Kreuzzeitung«, der er seit der Gründung 1848 angehörte.

Arnimsches Lokal Unter den Linden

Es will nicht Frühling werden, – aber die »Gesellschaft der Gartenfreunde« bietet uns eine Blumenausstellung. Um so willkommener, je freigebiger dieser Märzenhimmel mit Schnee und Schloßen ist. Im Arnimschen Lokale (Unter den Linden) sind in geschmackvollster Weise die nötigen Vorrichtungen getroffen, und in denselben Sälen, wo sonst winterlang die Reden und die Toaste blühen, blühen heute die Blumen. *Mancher* wird mit Vergnügen die Gelegenheit ergreifen, sich mit einem Lokale auszusöhnen, wo, im Gegensatz zu seinen Traditionen, nun alles blüht und – schweigt.

Blumenausstellung im Arnimschen Lokale; »Kreuzzeitung«, 29. März 1865. Das Hotel von J. Arnim befand sich Unter den Linden 44. Es war lange Zeit Tagungslokal des »Tunnels über der Spree«. Fontane hielt bei Arnim Anfang 1860 zehn Vorträge über England und englische Kultur.

Stehely am Gendarmenmarkt

Allwöchentlich hatte ich [als Lehrling in der Apotheke von Wilhelm Rose], neben sonstigen Freistunden, auch einen freien Nachmittag, und mit der Feierlichkeit eines

Kirchengängers, ja sogar in der sonntäglichen Aufgeputztheit eines solchen, begab ich mich, wenn dieser freie Nachmittag da war, regelmäßig zu Stehely, um hier allerlei Zeitungen: die Kölnische, die Augsburger, die Leipziger Allgemeine etc., zu lesen. Dieser Wunsch wurde mir freilich immer nur sehr unvollkommen erfüllt, denn es war die Zeit der sogenannten »Zeitungstiger«, die sich unersättlich auf die Gesamtheit aller guten Zeitungen stürzten und diese, grausam erfinderisch, entweder auf dem Stuhl, auf dem sie saßen, oder unterm Arm – oder auch vorn in den Rock geschoben – unterzubringen wußten. Ein Einschreiten dagegen war nicht möglich, denn die betreffenden Herren waren nicht nur Stehelysche Habitués, sondern zugleich auch Leute von gesellschaftlicher Stellung. Es hieß also sich in Geduld fassen, und manchmal wurde man auch belohnt. Aber selbst wenn alles ausblieb, so verließ ich trotzdem das Lokal mit dem Gefühl, mich, eine Stunde lang, an einer geweihten Stätte befunden zu haben.

»Von Zwanzig bis Dreißig«, Abschnitt »Berlin 1840«. Die Konditorei von Stehely befand sich in der Charlottenstraße 36, Ecke Jägerstraße.

Aal bei Borchardt oder Dressel

Eins der Bredow-Güter – dicht bei Görne gelegen, wo Gräfin Adele Bredow-Görne hauste, deren Zusendungen Sie schwerlich entgangen sein werden – heißt Kleßen, und dies Kleßen hat einen See, natürlich den Kleßner See. Der ist nun ein eigentümlich feines Ding. Alle sonstigen Seen des Havellandes sind Sumpf und Moor, und nur der Kleßener See hat Sand und Kalk (wie der Limfjord), so daß sein Wasser durchsichtig ist und man bis auf den Grund sehen kann. In diesen See senden nun die sumpfigen Nachbargewässer dann und wann etwas von ihrem Fischreichtum, Aale, Schleie, Bleie, sämtlich moorig, weil sie bis dahin unter schmutzigen Moorverhältnissen gelebt haben. Kaum aber in den Kleßener See getreten, beginnt das Purgatorium, der Reinigungs- und Veredlungsakt all dieser Rowdies und Kommißknüppel, und eh ein halb Jahr um ist, ist aus dem Moor-Aal ein Edel-Aal geworden, der 4fach höher im Preise steht und sein geläutertes Leben, wenn nicht bei Hofe, so doch niedrigstens bei Borchardt oder Dressel beschließt. Ich habe in Kleßen ein Stück von solchem Aal gegessen, an dem nichts Gemeines mehr war, ausgenommen seine kolossale Dicke. Denn das Edle muß auch immer schlank sein. Bismarck z. B. konnte nicht edel werden.

An Julius Rodenberg, Berlin, 11. Juni 1889. Das vornehme Restaurant von Dressel befand sich Unter den Linden (nicht erhalten). Das nicht minder angesehene Restaurant Borchardt gibt es noch heute an alter Stelle in der Französischen Straße.

Mit Storm bei Kranzler

Ich traf in jenen zweiundsechziger Tagen Storm meist im Zöllnerschen Hause, das, in bezug auf Gastlichkeit, die Kugler-Merckelsche Erbschaft angetreten hatte; noch öfter aber flanierten wir in der Stadt umher, und an einem mir lebhaft in Erinnerung gebliebenen Tage machten wir einen Spaziergang in den Tiergarten, natürlich immer im Gespräch über Rückert und Uhland, über Lenau und Mörike und »wie feine Lyrik eigentlich sein müsse«. Denn das war sein Lieblingsthema geblieben. Es mochte zwölf Uhr sein, als wir durchs Brandenburger Tor zurückkamen und beide das Verlangen nach einem Frühstück verspürten. Ich schlug ihm meine Wohnung vor, die nicht allzuweit ablag; er entschied sich aber für Kranzler. Ich bekenne, daß ich ein wenig erschrak. Storm war wie geschaffen für einen Tiergartenspaziergang an dichtbelaubten Stellen, aber für Kranzler war er nicht geschaffen. Ich seh ihn noch deutlich vor mir. Er trug leinene Beinkleider und leinene Weste von jenem sonderbaren Stoff, der wie gelbe Seide glänzt und sehr leicht furchtbare Falten schlägt, darüber ein grünes Röckchen, Reisehut und einen Shawl. Nun weiß ich sehr wohl, daß gerade ich vielleicht derjenige deutsche Schriftsteller bin, der in Sachen gestrickter Wolle zur höchsten Toleranz verpflichtet ist, denn ich trage selber dergleichen. Aber zu soviel Bescheidenheit ich auch verpflichtet sein mag, zwischen Shawl und Shawl ist doch immer noch ein Unterschied. Wer ein Mitleidender ist, weiß, daß im Leben eines solchen Produkts aus der Textilindustrie zwei Stadien zu beobachten sind: ein Jugendstadium, wo das Gewebe mehr in die Breite geht und noch Elastizität, ich möchte sagen, Leben hat, und ein Altersstadium, wo der Shawl nur noch eine endlose Länge darstellt, ohne jede zurückschnellende Federkraft. So war der Stormsche. Storm trug ihn rund um den Hals herum, trotzdem hing er noch in zwei Strippen vorn herunter, in einer kurzen und einer ganz langen. An jeder befand sich eine Puschel, die hin und her pendelte. So marschierten wie die Linden herunter, bis an die berühmte Ecke. Vorne saßen gerade Gardekürassiere, die uns anlächelten, weil wir ihnen ein nicht gewöhnliches Straßenbild gewährten. Ich sah es und kam unter dem Eindruck davon noch einmal auf meinen Vorschlag zurück. »Könnten wir nicht lieber zu Schilling gehen; da sind wir allein, ganz stille Zimmer.« Aber mit der Ruhe des guten Gewissens bestand er auf Kranzler. En avant denn, wobei ich immer noch hoffte, durch gute Direktiven einiges ausrichten zu können. Aber Storm machte jede kleinste Hoffnung zuschanden. Er trat zu der brunhildenhaften Comptoirdame, die selber bei der Garde gedient haben konnte, sofort in ein lyrisches Verhältnis und erkundigte sich nach den Einzelheiten des Büfetts, alle reichlich gestellten Fragen bis ins Detail erschöpfend. Die Dame bewahrte gute Haltung. Aber Storm auch. Er pflanzte sich, dem Verkaufstisch gegenüber, an einem der Vorderfenster auf, in das zwei Stühle tief eingerückt waren. »Hier wird er Platz nehmen«, an diesem Anker hielt ich mich. Aber nein, er wies auch hier wieder das sich ihm darbietende Refugium ab, und den schmalen Weg, der zwischen Fenster und Büfett lief, absperrend, nahm er unser Gespräch über Mörike wieder auf, und je lebhafter es wurde, je mächtiger pendelte der Shawl mit den zwei Puscheln hin und her. Ich war froh, als wir nach einer halben Stunde wieder heil heraus waren.

»Von Zwanzig bis Dreißig«, Abschnitt »Der Tunnel über der Spree«. Die Konditorei Kranzler befand sich damals auf der Südseite der Straße Unter den Linden, Ecke Friedrichstraße.

Vom »Café Bauer« in den »Kaiserhof«

Die Reststunden eines »angebrochenen Abends« einigermaßen standesgemäß zuzubringen und von 1 bis 6 Uhr ein solides Nachtleben zu führen macht zur Zeit in unserem lieben Berlin nicht die geringsten Schwierigkeiten.

Der Potsdamer Assessor Gansauge, der zu dem fünftöchtrigen Geheimrat Sturzius zu Tee und zu Tanz geladen war, hat, weil er sich leichtsinnig verpflichtete, Fräulein Therese Notlage nach Hause zu bringen, den um 1 Uhr gehnden Verbrecherzug versäumt (den sogenannten »Lumpensammler«) und sieht nur noch das letzte Dampfwölkchen der eben verschwindenden Lokomotive. Dem Unmute darüber sich hinzugeben hat er nicht Zeit, weil er sofort einen Leidensgefährten wahrnimmt: seinen jüngeren Kollegen, den Referendarius Rittberger, ebenfalls Potsdamer. Man begrüßt sich. Rittberger ist von zwei Freunden begleitet, einem Architekten und einem Mediziner, stellt beide vor und proponiert unter sotanen Umständen: »Café Bauer«. »Aber mit geschickter Zeitausnutzung, will sagen, unter Innehaltung von Umwegen.«

Und so geschieht es.

Kurz vor zwei Eintreffen bei Bauer. Alles noch voll und belebt, sogar heiter, soweit die Gäste mitsprechen. Aber anders das andre. Die Gaslichter zeigen bereits einen Ton, als wäre Gaze darüber gebreitet, und die Bilder an den Wänden erscheinen wie Schemen und beginnen der Lust derer, auf die sie herabblicken, einen sonderbaren Anstrich zu geben. Unsre Freunde jedoch bleiben unbeeinflußt von dem Gespenstischen der Szene. Der Mediziner hat nach wie vor das Wort und schwelgt in Anekdoten aus der Praxis. Ehebruch, Inzest etc., alles Kinderspiel dagegen. [...]

Die Gaskronen verschleiern sich immer mehr, und selbst der Tapfersten bemächtigt sich ein Gefühl von der Zeitgemäßheit eines geordneten Rückzuges; und siehe da, ehe der Hahn kräht, wird er tatsächlich angetreten. Aber es ist erst drei. Wohin? Gott sei Dank, eine leicht zu beantwortende Frage. »Kaiserhof«! Und unsre Freunde brechen auf, eine ziemliche Strecke (»wir heften uns an eure Sohlen, das furchtbare Geschlecht der Nacht«) verfolgt von den Erinnyen der Friedrichstraße. Aber über die Schuldlosen haben sie keine Macht, und nach glücklicher Erreichung der Mohrenstraße wird alsbald auch der »Kaiserhof« gewonnen. Er macht den Eindruck wie jemand, der später aufsteht und deshalb auch später müde wird; es fehlt ihm noch ganz das hippokratische Gesicht, der verzerrte Zug der Heiterkeit, und nur die Genuß- und Verpflegungsfrage beginnt unsern Neueingetretenen einige Schwierigkeit zu bereiten. Man kann mit Kaffee nicht bis ins Unendliche vorgehn. Also Sodawasser mit Kognak. Ein Summen und Surren in der Luft, auch eine Wolke von Tabak, und nichts bestimmt vernehmbar als das Klappen der Billardbälle und mitunter der feinere Ton umfallender Kegel. In den leer gewordenen Ecken wird das Gas ausgeschraubt, alles deutet auf Schluß, aber immer langsamer rückt der Zeiger vor. Dem Glücklichen schlägt keine Stunde, leider dem Wartenden auch nicht. Endlich Dämmerung. Gott sei Dank. Und mit ihr zugleich ziehen graue Gestalten herauf und beginnen Wasser zu sprengen und die Stühle, die vier Beine nach oben, auf die Tische zu packen. Auch Besen und Schippe werden sichtbar. Sogar ein Eimer. Jetzt ist es Zeit, um 5½ ist der Bahnhof erreicht, und ehe noch dreimal 10 Minuten verstrichen sind, rasselt der Frühzug über Kanal und Viadukt dahin und gibt die beiden Potsdamer ihrer Stadt und ihrem Berufe zurück. Über den Stil der im Laufe des Vormittags ins Dasein tretenden Protokolle dringt nichts Bestimmtes in die Öffentlichkeit.

»Cafés von heut und Konditoreien von ehmals«. Der Wiener Matthias Bauer eröffnete 1877 sein Café Unter den Linden, Ecke Friedrichstraße, gegenüber der Konditorei Kranzler. Der Kaiserhof, 1873–1875 am Wilhelmplatz, mit der Hauptfront zum Zietenplatz, gebaut, war damals das größte und eleganteste Berliner Hotel. Beide Häuser sind nicht mehr vorhanden.

Orte, Vororte, Landpartien

Zum »Eierhäuschen« nach Treptow

Nun war der andre Nachmittag da, und kurz vor vier Uhr fuhren erst die Berchtesgadens und gleich danach auch die Barbys bei der Jannowitzbrücke vor. Woldemar wartete schon. Alle waren in jener heitern Stimmung, in der man geneigt ist, alles schön und reizend zu finden. Und diese Stimmung kam denn auch gleich der Dampfschiffahrtsstation zustatten. Unter lachender Bewunderung der sich hier darbietenden Holzarchitektur stieg man ein Gewirr von Stiegen und Treppen hinab und schritt, unten angekommen, an den um diese Stunde noch leeren Tischen eines hier etablierten »Lokals« vorüber, unmittelbar auf das Schiff zu, dessen Glocke schon zum erstenmal geläutet hatte. Das Wetter war prachtvoll, flußaufwärts alles klar und sonnig, während über der Stadt ein dünner Nebel lag. Zu beiden Seiten des Hinterdecks nahm man auf Stühlen und Bänken Platz und sah von hier aus auf das verschleierte Stadtbild zurück.

»Da heißt es nun immer«, sagte Melusine, »Berlin sei so kirchenarm; aber wir werden bald Köln und Mainz aus dem Felde geschlagen haben. Ich sehe die Nikolaikirche, die Petrikirche, die Waisenkirche, die Schloßkuppel, und das Dach da, mit einer Art von chinesischer Deckelmütze, das ist, glaub ich, der Rathausturm. Aber freilich, ich weiß nicht, ob ich den mitrechnen darf.«

»Turm ist Turm«, sagte die Baronin. »Das fehlte so gerade noch, daß man dem armen alten Berlin auch seinen

Rathausturm als Turm abstritte. Man eifersüchtelt schon genug.« [...]

Der Dampfer, gleich nachdem er das Brückenjoch passiert hatte, setzte sich in ein rascheres Tempo, dabei die linke Flußseite haltend, so daß immer nur eine geringe Entfernung zwischen dem Schiff und den sich dicht am Ufer hinziehenden Stadtbahnbögen war. Jeder Bogen schuf den Rahmen für ein dahinter gelegenes Bild, das natürlich die Form einer Lunette hatte. Mauerwerk jeglicher Art, Schuppen, Zäune zogen in buntem Wechsel vorüber, aber in Front aller dieser der Alltäglichkeit und der Arbeit dienenden Dinge zeigte sich immer wieder ein Stück Gartenland, darin ein paar verspätete Malven oder Sonnenblumen blühten. Erst als man die zweitfolgende Brücke passiert hatte, traten die Stadtbahnbögen so weit zurück, daß von einer Ufereinfassung nicht mehr die Rede sein konnte; statt ihrer aber wurden jetzt Wiesen und pappelbesetzte Wege sichtbar, und wo das Ufer quaiartig abfiel, lagen mit Sand beladene Kähne, große Zillen, aus deren Innerem eine baggerartige Vorrichtung die Kies- und Sandmassen in die dicht am Ufer hin etablierten Kalkgruben schüttete. Es waren dies die Berliner Mörtelwerke, die hier die Herrschaft behaupteten und das Uferbild bestimmten.

Unsere Reisenden sprachen wenig, weil unter dem raschen Wechsel der Bilder eine Frage die andre zurückdrängte. Nur als der Dampfer an Treptow vorüber zwischen den kleinen Inseln hinfuhr, die hier mannigfach aus dem Fluß aufwachsen, wandte sich Melusine an Woldemar und sagte: »Lizzi hat mir erzählt, hier zwischen Treptow und Stralau sei auch die ›Liebesinsel‹; da stürben immer die Liebespaare, meist mit einem Zettel in der Hand, drauf alles stünde. Trifft das zu?«

»Ja, Gräfin, soviel ich weiß, trifft es zu. Solche Liebesinseln gibt es übrigens vielfach in unsrer Gegend und kann als Beweis gelten, wie weitverbreitet der Zustand ist, dem abgeholfen werden soll, und wenn's auch durch Sterben wäre.« [...]

Unter diesem Gespräche waren sie bis über die Breitung der Spree hinausgekommen und fuhren wieder in das schmaler werdende Flußbett ein. An beiden Ufern hörten die Häuserreihen auf, sich in dünnen Zeilen hinzuziehen. Baumgruppen traten in nächster Nähe dafür ein, und weiter landeinwärts wurden aufgeschüttete Bahndämme sichtbar, über die hinweg die Telegraphenstangen ragten und ihre Drähte von Pfahl zu Pfahl spannten. Hie und da, bis ziemlich weit in den Fluß hinein, stand ein Schilfgürtel, aus dessen Dickicht vereinzelte Krickenten aufflogen.

»Es ist doch weiter, als ich dachte«, sagte Melusine. »Wir sind ja schon wie in halber Einsamkeit. Und dabei wird es frisch. Ein Glück, daß wir Decken mitgenommen. Denn wir bleiben doch wohl im Freien? Oder gibt es auch Zimmer da? Freilich kann ich mir kaum denken, daß wir zu sechs in einem ›Eierhäuschen‹ Platz haben.«

»Ach, Frau Gräfin, ich sehe, Sie rechnen auf etwas extrem Idyllisches und erwarten, wenn wir angelangt sein werden, einen Mischling von Kiosk und Hütte. Da harrt Ihrer aber eine grausame Enttäuschung. Das ›Eierhäuschen‹ ist ein sogenanntes ›Lokal‹, und wenn uns die Lust anwandelt, so können wir da tanzen oder eine Volksversammlung abhalten. Raum genug ist da. Sehen Sie, das Schiff wendet sich schon, und der rote Bau da, der zwischen den Pappelweiden mit Turm und Erker sichtbar wird, das ist das ›Eierhäuschen‹.«

»Der Stechlin«, Kapitel 14.

Eine Pfingstfahrt in den Teltow

Es reist sich schön an einem Pfingstsonnabend in die Welt hinein, es sei, wohin es sei. Die Natur lacht und die Menschen auch; die Sonne geht in Strahlen unter, die Rapsfelder blühn, und selbst die Windmühlenflügel schwenken einen grünen Maienbusch in die Luft.

Rixdorf rüstet sich zum Fest. Die Mägde, kurzärmlig und aufgeschürzt, standen auf den Höfen und wuschen und scheuerten, die kupfernen Kessel blinkten wie Gold, und ein paar Kinder, die gerad aus dem Tümpelbade kamen, liefen nackt über den Weg und wirbelten den Staub auf. Der Tümpel blieb ja für ein zweites Bad.

In Rudow schnitten die Jungen Kalmus; über Waltersdorf spannten die Linden ihren Schirm; Kiekebusch aber, als schäm er sich seinen Namens, kuckte nicht mehr aus Busch und Heide, sondern aus hohen Roggenfeldern hervor.

Und nun Heidereviere; dann wieder freies Feld, bis plötzlich die Höhe, darauf wir fahren, steil abfällt und ein von Waldungen eingefaßtes Kesseltal vor uns liegt, in das wir hinunterrollen. Die Postillone blasen (wir haben drei Beichaisen), einzelne Häuser schimmern hinter Bäumen und Sträuchern hervor, jetzt werden ihrer mehr, die Leute vor den Türen richten sich auf, und die Straßenjugend wirft ihre Mützen in die Luft und schreit Hurra. Es ist ein Lärm, der einer Residenz zur Ehre gereichen würde, und doch ist es nur [Königs] Wusterhausen, in das wir einfahren. Freilich Wusterhausen zu *Pfingsten*.

»Spreeland«, Kapitel »Eine Pfingstfahrt in den Teltow«.

Eine Weihnachtswanderung nach Malchow

Eine Wanderung nach Malchow, so kurz sie ist, gliedert sich nichtsdestoweniger in drei streng geschiedene Teile: *Omnibusfahrt* bis auf den Alexanderplatz, *Pferdebahn* bis Weißensee, und *per pedes apostolorum* bis nach Malchow selbst. Und so vollzog es sich auch. Auf dem Alexanderplatz regierten bereits die fliegenden Söhlkes mit dem »Schäfchen« und dem »Schaukelmann«, dessen Birnen sich noch gerade so gelb und rot gesprenkelt zeigten wie vor funfzig Jahren, in den Tagen meiner eigenen Kindheit; in dem Pferdebahnwagen aber, in den ich einstieg, war es, als wäre der Weihnachtsmann mit oder vor mir eingestiegen und gedenke seinen Einzug in Weißensee zu halten. Alle Plätze voller Kinder mit ihren Schulmappen auf dem Rücken, und hinten und vorn im Wagen und vor allem obenauf ganze Büsche von Weihnachtsbäumen. Das war das Vergnügen an der Fahrt, viel vergnüglicher als die Vergnügungslokale, die mit ihren grasgrünen Staketenzäunen halbverschneit am Wege lagen.

Endlich hielten wir am Ende des Dorfes, und der Umspannungsmoment war nun für mich da: Schusters Rappen mußt aus dem Stall. Er war's auch zufrieden, und willig und guter Dinge zog ich »fürbaß«, unangefochten von der Öde der Landschaft. Aus den Schneemassen, die die Felder zu beiden Seiten deckten, wuchsen nur ein paar vertrocknete Grashalme auf und zitterten im Winde, während die Chausseepappeln wie nach oben gekehrte Riesenbesen dastanden. Aber so trist und öde die Landschaft war, so voller Leben war die große Straße, darauf ich ging, denn in langer Reihe folgten sich die Gespanne, die von den benachbarten Seen her hoch aufgetürmte Eismassen zur Stadt fuhren.

»Nach Malchow?« fragt ich, um mich des Weges zu vergewissern.

»Joa; 't nächste Dörp.«

Und in der Tat, nicht lange, so wurd auch der kurze Laternenturm zwischen den Pappelweiden sichtbar, und unter einem Schlagbaume fort, der hier noch aus den Tagen der Hebestellen her sein Dasein fristete, hielt ich meinen Einzug.

»Wo wohnt der Lehrer?«

Ein junges Frauenzimmer, an das ich die Frage gerichtet hatte, trat mit einer für märkische Verhältnisse bemerkenswerten Raschheit von der Hausschwelle her auf den Damm und sagte: »Da; das rote Haus.«

»Gegenüber der Kirche?«

»Ja.«

Und damit schloß unser Gespräch. Ich dankte für gütigen Bescheid und schritt auf das rote Haus zu, freudig gehoben in meinem Gemüt und wie Ibykus »des Gottes voll«. Nicht gerade von Liedern, aber doch von Hoffnungen und Bildern. Ich sah schon die verfallene Grufttreppe samt den drei Särgen vor mir und las dem alten Minister seine mit ins Grab genommenen Geheimnisse von der Stirn herunter. Entdeckungen schossen auf wie die Knospen nach einem Frühlingsregen.

»Spreeland«, Kapitel »Malchow. Eine Weihnachtswanderung«. Die Kirche in Malchow, die aus der Mitte des 13. Jahrhunderts stammte, wurde 1945 zerstört; die Ruinenteile sind saniert. Das Pfarrhaus ist erhalten. Fontane interessierte sich für die Lebensspuren des brandenburgischen Politikers und Diplomaten Paul Freiherr von Fuchs (1640 bis 1704), dem das Dorf gehört hatte.

Durch Oranienburger Vorstadt und Wedding nach Tegel

Havelabwärts von Oranienburg, schon in Nähe Spandaus, liegt das Dorf Tegel, gleich bevorzugt durch seine reizende Lage wie durch seine historischen Erinnerungen. Jeder kennt es als das Besitztum der Familie Humboldt. Das berühmte Brüderpaar, das diesem Fleckchen märkischen Sandes auf Jahrhunderte hin eine Bedeutung leihen und es zur Pilgerstätte für Tausende machen sollte, ruht dort gemeinschaftlich zu Füßen einer granitenen Säule, von deren Höhe die Gestalt der »Hoffnung« auf die Gräber beider herniederblickt.

Wer seinen Füßen einigermaßen vertrauen kann, tut gut, Berlin als Ausgangspunkt genommen, die ganze Tour zu Fuß zu machen. Die erste Hälfte führt durch die volkreichste und vielleicht interessanteste der Berliner Vorstädte, durch die sogenannte *Oranienburger* Vorstadt, die sich, weite Strecken Landes bedeckend, aus Bahnhöfen und Kasernen, aus Kirchhöfen und Eisengießereien zusammensetzt. Diese vier heterogenen Elemente drücken dem ganzen Stadtteil ihren Stempel auf; das Privathaus ist eigentlich nur insoweit gelitten, als es jenen vier Machthabern dient. Leichenzüge und Bataillone mit Sang und Klang folgen sich in raschem Wechsel oder begegnen einander; dazwischen gellt der Pfiff der Lokomotive, und über den Schloten und Schornsteinen weht die bekannte schwarze Fahne. Hier befinden sich, neben der Königlichen Eisengießerei, die großen Etablissements von Egells und Borsig, und während dem Vorübergehenden die endlose Menge der zugehörigen Bauten imponiert, verweilt er mit Staunen und Freude zugleich bei dem feinen Geschmack, bei dem Sinn für das Schöne, der es nicht verschmäht hat, hier in den Dienst des Nützlichen zu treten.

So zieht sich die Oranienburger Vorstadt bis zur Pankenbrücke; jenseits derselben aber ändert sie Namen und Charakter. Der sogenannte »Wedding« beginnt, und an die Stelle der Fülle, des Reichtums, des Unternehmungsgeistes treten die Bilder jener prosaischen Dürftigkeit, wie sie dem märkischen Sande ursprünglich eigen sind. Kunst, Wissenschaft, Bildung haben in diesem armen Lande einen schwereren Kampf gegen die widerstrebende Natur zu führen gehabt als vielleicht irgendwo anders, und in gesteigerter Dankbarkeit gedenkt man jener Reihenfolge organisatorischer Fürsten, die seit anderthalb Jahrhunderten Land und Leute umgeschaffen, den Sumpf und den Sand in ein Fruchtland verwandelt und die Roheit und den Ungeschmack zu Sitte und Bildung herangezogen haben. Aber die alten, ursprünglichen Elemente leben noch überall, grenzen noch an die Neuzeit oder drängen sich in die Schöpfungen derselben ein, und wenige Punkte möchten sich hierlandes finden, die so völlig dazu geeignet wären, den Unterschied zwischen dem Sonst und Jetzt, zwischen dem Ursprünglichen und dem Gewordenen zu zeigen, als die Stadtteile diesseits und jenseits des Panke-Flüßchens, das wir soeben überschritten haben.

Die Oranienburger Vorstadt in ihrer jetzigen Gestalt ist das Kind einer neuen Zeit und eines neuen Geistes; der »Wedding« aber, der nun vor und neben uns liegt, ist noch im Einklang mit dem alten nationalen Bedürfnis, mit den bescheideneren Anforderungen einer früheren Epoche gebaut. Was auf fast eine halbe Meile hin diesen ganzen Stadtteil charakterisiert, das ist die völlige Abwesenheit alles dessen, was wohltut, was gefällt. In erschreckender Weise fehlt der Sinn für das *Malerische*. Die Häuser sind meist in gutem Stand; nirgends die Zeichen schlechter Wirtschaft oder des Verfalls; die Dachziegel weisen keine Lücke auf, und keine angeklebten Streifen Papier verkürzen dem Glaser sein Recht und seinen Verdienst; das Holzgitter, das das Haupt- und Nebengebäude umzieht, ist wohlerhalten, und der junge Baum, der in der Nähe der Haustür steht, hat seinen Pfosten, daran er sich lehnt, und seinen Bast, der ihn hält. Überall ein Geist mäßiger Ordnung, mäßiger Sauberkeit, überall das Bestreben, sich nach der Decke zu strecken und durch Fleiß und Sparsamkeit sich weiterzubringen, aber nirgends das Bedürfnis, das Schöne, das erhebt und erfreut, in etwas anderem zu suchen als in der Neuheit eines Anstrichs oder in der Geradlinigkeit eines Zauns. Man will keine Schwalbe am Sims – sie bringen Ungeziefer; man will keinen Efeu am Haus – er schädigt das Mauerwerk; man will keine Zierbäume in Hof und Garten – sie machen feucht und halten das Licht ab; man will nicht Laube, nicht Veranda – was sollte man damit? Nützlichkeit und Nüchternheit herrschen souverän und nehmen der Erscheinung des Lebens allen Reiz und alle Farbe. Grün und gelb und rot wechseln die Häuser und liegen doch da wie eingetaucht in ein allgemeines, trostloses Grau.

Den kläglichsten Anblick aber gewähren die sogenannten Vergnügungsörter. Man erschrickt bei dem Gedanken, daß es möglich sein soll, an solchen Plätzen das Herz zu erlaben und zu neuer Wochenarbeit zu stärken. Wie Ironie tragen einige die Inschrift: »Zum freundlichen Wirt«. Man glaubt solcher Inschrift nicht. Wer könnte freundlich sein in solcher Behausung und Umgebung? An der Eingangstür hängen zwei Wirtshausschildereien, bekannte Genrebildszenen, die mehr an die Götzen und Kunstzustände der Sandwichs-Inseln als an die Nachbarschaft Berlins erinnern, und als einziger Anklang an Spiel und Heiterkeit zieht sich am Holzgitter des Hauses eine Kegelbahn entlang, deren kümmerliches und ausgebleichtes Lattenwerk dasteht wie das Skelett eines Vergnügens.

Auf halbem Wege nach Tegel sind wir endlich bis an die letzten Ausläufer der Stadt gelangt, und eine Tannenheide beginnt, die uns, ziemlich ununterbrochen, bis an den Ort unserer Bestimmung führt. Noch ein weiter freier Platz, der nach links hin einen Blick auf den See und das Dörfchen Tegel gestattet, dann eine Wassermühle, hübsch, wie alle Wassermühlen, und eine Ahorn- und Ulmenallee liegt südlich vor uns, an deren entgegengesetztem Ende wir bereits die hellen Wände von *Schloß* Tegel schimmern sehen.

»Havelland«, Kapitel »Tegel«.

Besuch in Buch

Zwei Meilen nördlich von Berlin liegt das Dorf Buch, reich an Landschaftsbildern aller Art, aber noch reicher an historischen Erinnerungen. Einer unserer Lustgartenomnibusse führt den Reiselustigen über Pankow und Schönhausen bis an die Grenze von Französisch-Buchholz, etwa halber Weg; *wir* aber, in jenem stolzen Wandergefühl, das sich nach Strapazen sehnt, haben den Omnibus verschmäht und treffen erst mit der untergehenden Sonne vor Buch ein.

Gleich der Eintritt ins Dorf ist malerisch. Eine Feldsteinbrücke wölbt sich über ein Wässerchen, das schäumend einen Bergabhang herniederkommt, die Häuser steigen in leiser Schlängellinie bergan, und nach links hin, als woll er das Dorf in seinen Arm nehmen, zieht sich, waldartig, ein ausgedehnter Park. Anders nach rechts hin, wo sich Wiesen und Felder dehnen, deren Stille nur von Zeit zu Zeit das Rasseln eines vorüberfahrenden Eisenbahnzuges unterbricht.

Wir haben die Feldsteinbrücke passiert und die Mitte des Dorfes erreicht. Hier begegnen wir endlich einem seit einer halben Stunde herangesehnten Bilde. Krippen lehnen sich an die Wand, ein Planwagen steht zur Seite, drauf ein Spitz die Wache hält, und von über der Tür des Hauses her grüßt uns das Wörtchen »Gasthaus«. Einige Stufen führen uns in den Flur und der Flur wieder in die Küche, drin ein Dutzend Hände geschäftig ist und das überkochende Wasser eben in die Herdflamme zischt. Unbestimmte Vorstellungen von einem »Hier ist es gut sein« erfüllen unser Herz; aber alle Zimmer im Hause sind bereits vergeben (eine Hochzeit ist im Dorf), und so haben wir uns schließlich noch zu beglückwünschen, uns von der freundlichen Frau Wirtin ein Abendbrot und ein Strohlager samt ein paar Decken zugestanden zu sehn.

Und nun beurlauben wir uns, um unsern ersten Gang in den Park zu machen.

Die Zeit des Sonnenuntergangs ist die geeignetste dazu – die grauen Schleier des Abends sind es, die *diesem* Parke kleiden. Wo Springquellen hoch in die Luft steigen und des Lichts bedürfen, um in allen Farben zu schillern, wo Blumenvierecks in den Rasen eingewoben sind oder Statuen in den grünen Nischen stehen, da mag es geraten sein, um Morgen- oder Mittagszeit auf und ab zu schreiten. Aber ein solcher Park ist nicht *der*, in den wir eben eingetreten sind. Nicht Kaskaden und Fontänen sind hier zu Haus, kein Bach rieselt und plätschert über Steine hinweg, als liefen spielende Kinder durch den Garten, ein stiller und breiter Graben nur durchschneidet ihn und dehnt sich aus, als wär es ein Teich. Die Buche hängt ihr Gezweige tief in das Wasser nieder, und die Tanne streut ihre Schuppenäpfel über die Kiesgänge hin. Alles Bunte fehlt. Die Rüsternalleen, die sich wie Kirchenschiffe wölben, erscheinen nicht wie Weg und Steg in die freie Natur hinaus, sondern wie Gitter und Spaliere *gegen* dieselbe. Dieser Park hat zu lachen verlernt. Wenn das Sonnenlicht auf ihn fällt und ihn erheitern will, ist es wie eine Witwe, die man mit Bändern und Blumen schmückt.

»Spreeland«, Kapitel »Buch«. Das Gasthaus existiert noch inmitten eines ausgedehnten Neubaugebietes. Der Park, um 1670 als barocker Lustgarten angelegt und im 19. Jahrhundert in einen Landschaftspark umgewandelt, ist heute sehr verändert.

Sankt Nikolai zu Spandau

Ein klarer Dezembertag; die Erde gefroren, die Dächer bereift. Aber schon mischt sich ein leises Grau in die heitere Himmelsbläue, es weht leise herüber von Westen her, und jenes Frösteln läuft über uns hin, das uns ankündigt: Schnee in der Luft.

Schnee in der Luft; vielleicht morgen schon, daß er in Flocken niederfällt! So seien denn die Stunden genutzt, die noch einen freien Blick in die Landschaft gestatten.

Das Spreetal hinunter, an dem Charlottenburger Schloß vorbei (dessen vergoldete Kuppelfiguren nicht recht wissen, ob sie in dem spärlichen Tageslicht noch blitzen sollen oder nicht), über Brücken hin, zwischen Schwanenrudeln hindurch, geht der Zug, bis die Havelveste vor uns aufsteigt, mit Brücken und Gräben, mit Torwarten und Mauern, und über dem allen: Sankt Nikolai, die erinnerungsreiche Kirche dieser Stadt.

Der Zug hält. Ohne Aufenthalt, mit den Minuten geizend, steuern wir durch ein Gewirr immer enger werdender Gassen auf den alten gotischen Bau zu, der sich, auf engem und kahlem Platze, über den Dächerkleinkram hinweg, in die stahlfarbene Luft erhebt. Kein Bau ersten Ranges, aber doch an *dieser* Stelle.

Das Innere, ein seltner Fall bei renovierten Kirchen, bietet mehr, als das Äußere verspricht. Emporen, wie Brückenbogen geschwungen, ziehen sich zwischen den grauweißen Pfeilern hin und wirken hier, in dem sonst schmucklosen Gange, fast wie ein Ornament des Mittelschiffes.

Die Kirche selbst, bei aller Schönheit, ist kahl; im Chor aber drängen sich die Erinnerungsstücke, die der Kirche noch aus alter Zeit her geblieben sind. Hier, an der Rundung des Gemäuers hin, hängen die Wappenschilde der Quaste, Ribbeck und Nostitz, hier richtet sich das prächtige Denkmal der Gebrüder Röbel auf, hier begegnen wir dem berühmten Steinaltar, den Rochus von Lynar der Kirche stiftete, und hier endlich, in Front ebendieses Altars, erhebt sich das dreifußartige, schönste Kunstform zeigende Taufbecken, das zugleich die Stelle angibt, wo unter dem Estrich die Überreste Adam Schwarzenbergs ruhn. Zur Rechten die eigene Wappentafel des Grafen: der Rabe mit dem Türkenkopf.

Alle diese Dinge indes sind es nicht, die uns heute nach Sankt Nikolai in Spandau geführt haben, unser Besuch gilt vielmehr dem alten Turme, zu dessen Höhe ein Dutzend Treppenstiegen hinanführen. Viele dieser Stiegen liegen im Dunkel, andre empfangen einen Schimmer durch eingeschnittene Öffnungen, alle aber sind bedrohlich durch ihre Steile und Gradlinigkeit und machen einem die Weisheit der alten Baumeister wieder gegenwärtig, die ihre Treppen spiralförmig durch die dicke Wandung der

Türme zogen und dadurch die Gefahr beseitigten, funfzig Fuß und mehr erbarmungslos hinabzustürzen.

Die Treppe frei und gradlinig. Und doch ist es ein Ersteigen mit Hindernissen: die Schlüssel versagen den Dienst in den rostigen Schlössern, und man merkt, daß die Höhe von Sankt Nikolai zu Spandau keine täglichen Gäste hat, wie Sankt Stephan in Wien oder Sankt Paul in London. Endlich sind wir an Uhr und Glockenwerken vorbei, haben das Schlüsselbund, im Kampf mit Großschlössern und Vorlegeschlössern, siegreich durchprobiert und steigen nun, durch eine letzte Klappenöffnung, in die luftige Laterne hinein, die den steinernen Turmbau krönt. Keine Fenster und Blenden sind zu öffnen, frei bläst der Wind durch das gebrechliche Holzwerk. Das ist die Stelle, die wir suchten. Ein Luginsland.

Zu Füßen uns, in scharfer Zeichnung, als läge eine Karte vor uns ausgebreitet, die Zickzackwälle der Festung; ostwärts im grauen Dämmer die Türme von Berlin; nördlich, südlich die bucht- und seenreiche Havel, inselbetupfelt, mit Flößen und Kähnen überdeckt; nach Westen hin aber ein breites, kaum hier und da von einer Hügelwelle unterbrochenes Flachland, das *Havelland*.

Wer hier an einem Junitage stände, der würde hinausblicken in üppig grüne Wiesen, durchwirkt von Raps- und Weizenfeldern, gesprenkelt mit Büschen und roten Dächern, ein Bild moderner Kultur; an diesem frostigen Dezembertage aber liegt das schöne Havelland brachfeldartig vor uns ausgebreitet, eine graubraune, heideartige Fläche, durch welche sich in breiten blanken Spiegeln, wie Seeflächen, die Grundwasser und übergetretenen Gräben dieser Niederungen ziehen. Wir haben diesen Tag gewählt, um den flußumspannten Streifen Landes, der uns auf diesen und den folgenden Seiten [des Bandes »Havelland«] beschäftigen soll, in *der* Gestalt zu sehen, in der er sich in alten, fast ein Jahrtausend zurückliegenden Zeiten darstellte. Ein grauer Himmel über grauem Land, nur ein Krähenvolk aufsteigend aus dem Weidenwege, der sich an den Wasserlachen entlangzieht, so war das Land von Anfang an: öde, still, Wasser, Weide, Wald.

Freilich, auch dieses Dezembertages winterliche Hand hat das Leben nicht völlig abstreifen können, das hier langsam, aber siegreich nach Herrschaft gerungen hat. Dort zwischen Wasser und Weiden hin läuft ein Damm, im ersten Augenblicke nur wie eine braune Linie von unserem Turm aus bemerkbar; aber jetzt gewinnt die Linie mehr und mehr Gestalt; denn zischend, brausend, dampfend, dazwischen einen Funkenregen ausstreuend, rasseln jetzt von zwei Seiten her die langen Wagenreihen zweier Züge heran und fliegen – an derselben Stelle vielleicht, wo einst Jaczko und Albrecht der Bär sich trafen – aneinander vorüber. Das Ganze wie ein Blitz!

Der Tag neigt sich; der Sonnenball lugt nur noch blutrot aus dem Grau des Horizonts hervor. Ein roter Schein läuft über die grauen Wasserflächen hin. Nun ist die Sonne unter, die Nebel steigen auf und wälzen sich von Westen her auf die Stadt und unsere Turmstelle zu. Noch sehen wir, wie aus dem nächsten Röhricht ein Volk Enten aufsteigt; aber ehe es in die nächste Lache niederfällt, ist das schwarze Geflatter in dem allgemeinen Grau verschwunden.

Das Havelland träumt wieder von alter Zeit.

»Havelland«, Kapitel »Sankt Nikolai zu Spandau«. Die Festungsanlage in Spandau (Zitadelle), das bis zur Eingemeindung nach Berlin 1920 selbständige Stadt war, entstand zwischen 1560 und 1590 zum Schutz der Fernhandelsstraße Magdeburg–Frankfurt/Oder. Die Hallenkirche St. Nikolai in der bestehenden Form wird in der Zeit von ca. 1410 bis 1450 errichtet worden sein. Im zweiten Weltkrieg stark beschädigt, wurde sie im Innenraum und in der Turmgestaltung erheblich verändert.

Am Wannensee

Wer hätte im Laufe dieses Sommers von dem neuen Eisenbahnprojekt (über Charlottenburg durch den Grunewald bis Potsdam) gehört, ohne nicht zugleich den Vorsatz zu fassen, einen lange versäumten Besuch ehemöglichst nachzuholen und die Havelforsten zwischen Pichelsberg und dem Wannensee auf ihren Schönheitsgehalt zu prüfen. Wenigstens erging es uns so. Die Regengüsse des September kamen dazwischen; aber die schönen Herbstestage, die dann begonnen, schön selbst in unseren Straßen, haben uns endlich hinausgeführt. Unser erster Plan, genau die Kurve innezuhalten, die die zu bauende Eisenbahn beschreiben wird, kam nicht zustande; nicht von Stufe zu Stufe, vom Schönen zum Schöneren machten wir mußevoll unseren Weg, sondern ungeduldig faßten wir die Landschaft an ihrer schönsten Stelle – der nächste Weg der beste. Diese schönste Stelle ist es, wo die ohnehin breite Havel sich weit ins Land hineinbuchtet und den Wannensee bildet.

Wir kommen von Zehlendorf und verfolgen die Chaussee, die von dort aus in beinah gerader Linie bis an die Südspitze des Wannensee führt. Der Weg ist wenig interessant; eine Chaussee, wie sie im Buche steht; Pappeln, Staub, Steinhaufen und zu beiden Seiten eine Schonung. Diese halbwachsenen Fichtenstämmchen, die den Weihnachtsbaum hinter sich und den wirklichen Fichten*stamm* noch weit vor sich haben, erquicken wenig – fast so wenig wie manche Menschenkinder auf gleicher Stufe der Entwicklung. Nach halbstündigem Marsch ändert sich das Terrain; tiefere Einschnitte kommen, prächtige Baumgruppen lösen das Kleinholz ab, und plötzlich blickt aus der Waldestiefe ein blaues Auge zu uns auf. Wir halten inne, um uns des Anblicks zu freuen. Und doch ist dies prächtige Blau zu unseren Füßen nur ein ausgestellter Posten, und jetzt erst, wo wir aus dem Forst in die Lichtung hinausgetreten sind, blicken wir auf die weite Wasserfläche, der unser Besuch gilt – auf den Wannensee.

Unmittelbar an der Stelle, wo die Chaussee (die rasch wieder waldeinwärts biegt) die Südspitze des Sees berührt, erheben sich waldbekränzte Hügel zu beiden Seiten, von deren Kuppen aus man des prächtigen Anblicks genießt. Wir wählen die Hügelgruppe zur Linken, sitzen, den Arm um eine Fichte gelehnt, die Füße über der Tiefe, wie in einem natürlichen Amphitheater und überblicken ein reiches Landschaftsbild, das durch die Chausseelinie, die sich hindurchzieht, in zwei beinah gleiche Teile geteilt wird. Uns zu Füßen und weiter nach links hin dehnt sich das Stolper Loch, ein unterbundener Havelarm, der nun ohne Zirkulation und Leben daliegt – ein Teich wider Willen, dessen moroses Ansehen zu sagen scheint, daß er einst bessere Tage gesehn. Aber diese Trübe, die wir um seinetwillen beklagen, kommt der Landschaft zugute, und See und Röhricht und vor allem der Holzhof (am Ufer des Sees), auf dem die großen Holzsägen geschäftig auf und nieder gehen und mit ihrem melodischen Einklange die Stille unterbrechen, geben ein anziehendes Bild.

Ganz anders zeigt sich das Bild an der andern Seite der Chaussee. Wenn hier zur Linken die enge Umgrenzung, die Stimmung des Bildes und seine Details einen Reiz schufen, so ist es drüben, jenseit des Weges, die Ausdehnung, die Fläche, der Raum. Es fehlen alle Details, fast fehlt auch Stimmung; aber der Zauber der Farbe schmeichelt sich in unsere Sinne ein, und das weite tiefe Blau trifft unser Auge wie eine Erquickung. Von dem fernen jenseitigen Havelufer her (Fluß und See haben hier eine

Breite von mehr als einer halben Meile) grüßen nur einige rote Dächer; diesseits aber legen sich die schönsten Waldpartien des Grunewalds wie ein weitgespannter Arm um den See herum. Der Grunewald auf diesem Uferstreifen zwischen Pichelsberg und dem Wannensee ist von ganz besonderer Schönheit. Die Stämme sind hoch und schlank, und alles Unterholz fehlt; fährt man in einem Boot die Havel abwärts, so blickt man durch die Umrahmung der rotbraunen Stämme bis tief in den Wald hinein und belauscht das Wild, das gehegt und gepflegt in jenen weiten Jagdrevieren wie in paradiesischer Sicherheit den Forst durchschreitet und von den vorspringenden Kuppen aus neugierig auf den Fluß und sein Treiben herniederblickt. Sei es die Pflege, die diesem schönen Walde zuteil wird, oder sei es die Nähe des Wassers, das mit feuchter Kühle die Nadeln labt und leise Nebel um seine Kronen spinnt – gleichviel, die Tannen erscheinen schöner und edler hier als irgendwo anders und stehen da, als fühlten sie sich als die eingeborenen Herren dieses Landes. Auch den Wannensee umstehen alte, kostbar knorrige Exemplare.

An dieser Stelle, auf dem Plateau am Wannensee (wenn unsere Wünsche in Erfüllung gehen), werden sich innerhalb einiger Jahre die Sommerwohnungen vieler unserer Residenzler erheben; hierhin werden die Villas verpflanzt werden, denen es an der Lisière des Tiergartens hin bereits zu städtisch zu werden beginnt.

»Am Wannensee«; »Kreuzzeitung«, 4. Dezember 1861. Um den Wannsee entstanden, wie Fontane vorhersah, rasch Villenkolonien, die 1898 zum Amtsbezirk Wannsee zusammengefaßt wurden. Das »Stolper Loch« ist der »Kleine Wannsee«.

Die Pfaueninsel

Pfaueninsel! Wie ein Märchen steigt ein Bild aus meinen Kindertagen vor mir auf: ein Schloß, Palmen und Känguruhs; Papageien kreischen; Pfauen sitzen auf hoher Stange oder schlagen ein Rad, Volièren, Springbrunnen, überschattete Wiesen; Schlängelpfade, die überall hinführen und nirgends; ein rätselvolles Eiland, eine Oase, ein Blumenteppich inmitten der Mark. [...]

Die Anfänge dazu (zur Zauberinsel) fallen bereits in die Regierungszeit Friedrich Wilhelms II. Der Schilfgürtel, der die Insel vor jedem Zutritt zu bergen schien, wurde mittelbar die Ursach, daß sich ihre Schönheit zu erschließen begann. In diesem Schilfe nisteten nämlich, wie schon angedeutet, Tausende von Schnepfen und Enten, die den jagdlustigen König, als er davon vernommen, erst bis an den Rand der Insel, dann auf diese selber führten. Einmal bekannt geworden mit dieser Waldesstille, die ihm bald wohler tat als die Aufregungen der Jagd, lockte es ihn öfter, vom nahen Marmorpalais, zu Kahn herüber. Aus dem Heiligen See in die Havel, an Sacrow vorüber, steuerte er an heiteren Nachmittagen, umgeben von den Damen seines Hofes, der ihm lieb gewordenen Insel zu, auf deren schönster Waldwiese die reichen orientalischen Zelte, die ihm irgendein Selim oder Mahmud geschenkt hatte, bereits vorher ausgespannt worden waren. Die Musik schmetterte; Tänze und ländliche Spiele wechselten ab; so vergingen die Stunden. Erst mit der sinkenden Sonne kehrte man nach dem Marmorpalais zurück.

Solche Lust gewährten dem Könige diese Fahrten nach der stillen, nahe gelegenen Waldinsel, daß er sich im Jahre 1793 entschloß, dieselbe vom Potsdamer Waisenhause, dem sie durch eine Schenkung Friedrich Wilhelms I. zugefallen war, zu kaufen. Dies geschah, und schon vor Ablauf von drei Jahren war das Eiland zu einem gefälligen Park umgeschaffen, mit Gartenhaus und Meierei, mit Jagdschirm und Federviehhaus und einem Lustschloß an der Nordwestspitze. [...]

Der Bau des Schlosses begann; aber noch eh dieses und anderes seinen Abschluß gefunden hatte, starb der König, und die Annahme lag nahe, daß auch die nun zurückliegenden zehn Jahre unter Friedrich Wilhelm II., genau wie die sieben Jahre unter Kunckel [1685–1692, als Johann Kunckel, mit allerlei alchimistischen Experimenten befaßt, das Rubinglas erfand], zu einer bloßen Episode im Leben der Pfaueninsel werden würden. Es kam indessen anders. Friedrich Wilhelm III., in allem gegensätzlich gegen seinen Vorgänger und diesen Gegensatz *betonend*, machte doch mit Rücksicht auf die Pfaueninsel eine Ausnahme und wandte ihr von Anfang an eine Gunst zu, die, bis zur Katastrophe von 1806, alles daselbst Vorhandene liebevoll pflegte, nach dem Niedergange der Napoleonischen Herrschaft aber diesen Fleck Erde zu einem ganz besonders bevorzugten machte. Ohnehin zu einem kontemplativen Leben geneigt, fand der König, aus den Stürmen des Krieges heimgekehrt, die Einsamkeit dieser Insel anziehender denn zuvor. Was ihm Paretz zu Anfang seiner Regierung gewesen war, das wurde ihm die Pfaueninsel gegen den Schluß hin. Man schritt zu neuen Anlagen und war bemüht, den Aufenthalt immer behaglicher zu gestalten. Viele Anpflanzungen von Gesträuchen und Bäumen, darunter Rottannen und Laubhölzer aller Art, fanden statt. Wildfliegende Fasanen machten sich heimisch auf der Insel; neue Bauten wurden aufgeführt. Eine mit Kupfer beschlagene »Fregatte« traf ein, die der Prinzregent dem Könige Friedrich Wilhelm III. zum Geschenk gemacht hatte; ein russischer »Rollberg« entstand, eine sogenannte Rutschbahn, und russische Schaukeln setzten sich in Bewegung. 1821 wurde ein Rosensortiment aus der Nachlassenschaft des Dr. Böhm für eine erhebliche Summe Geldes gekauft und in vier Spreekähnen von Berlin aus nach der Pfaueninsel geschafft. Die Überführung dieser Sammlung gab Anlaß zur Anlage eines *Rosengartens*, der alsbald 140 Quadratruten bedeckte und 3000 hoch- und halbstämmige Rosen, dazwischen ungezählte Sträucher von Zentifolien, Noisetten und indischen Rosenarten, umschloß.

Ziemlich um dieselbe Zeit wurde ein *Wasserwerk* mit einer Dampfmaschine errichtet, lediglich um ein großes Reservoir zu speisen, aus dem nun der sandige Teil der Insel bewässert werden konnte. *Damit war Lebensblut für alle darauf folgenden Verschönerungen gegeben.*

1828, nachdem viele Geschenke und Ankäufe vorausgegangen, ward auch eine reizende, alle Tierarten umfassende »*Menagerie*« erworben. Sie wurde hier wie von selbst zu einem *zoologischen Garten*, da Lenné, feinen Sinnes und verständnisvoll, von Anfang an bemüht gewesen war, den einzelnen Käfigen und Tiergruppen immer die passendste landschaftliche Umgebung zu geben. 1830 wurde auch das *Palmenhaus* errichtet.

Das kleine Eiland stand damals auf seiner Höhe. »Eine Fahrt nach der Pfaueninsel«, so durfte Kopisch wohl schreiben, »galt den Berlinern als das schönste Familienfest des Jahres, und die Jugend fühlte sich überaus glücklich, die munteren Sprünge der Affen, die drollige Plumpheit der Bären, das seltsame Hüpfen der Känguruhs hier zu sehn. Die tropischen Gewächse wurden mit manchem Ach! des Entzückens bewundert. Man träumte, in Indien zu sein, und sah mit einer Mischung von Lust und Grauen die südliche Tierwelt: Alligatoren und Schlangen, ja das wunderbare Chamäleon, das opalisierend oft alle Farben der blühenden Umgebung widerzuspiegeln schien.«

Meine eigenen Kindheitserinnerungen, wie ich sie eingangs ausgesprochen, finden in dieser Schilderung ihre Bestätigung.

»Havelland«, Kapitel »Die Pfaueninsel«.

Der Müggelsee

Die Spree, sobald sie sich angesichts der Müggelsberge befindet, bildet oder durchfließt ein weites Wasserbecken: die Müggel oder den Müggelsee, der mit zu den größten und schönsten unter den märkischen Seen zählt.

Da, wo die Spree den Müggelsee betritt, und ebenso da, wo sie ihn wieder verläßt – also durch die ganze Länge des Sees voneinander getrennt –, erheben sich die beiden einzigen Dörfer dieser Gegenden: Rahnsdorf und Friedrichshagen, jenes ein altes Dorf, das mutmaßlich bis in die Wendenzeit zurückreicht, dies eine Kolonie aus der Zeit des großen Königs, der es sich zur Aufgabe stellte, die bis dahin unbewohnten Müggelforsten oder, was dasselbe sagen will, die große Waldinsel zwischen der Deutschen und Wendischen Spree zu kolonisieren.

Rahnsdorf und Friedrichshagen blicken mit ihren schmucken roten Dächern auf den See hinaus, aber es sind nicht eigentliche Seedörfer; sie liegen am Ufer der Spree, nicht am Ufer der Müggel. Am Müggelsee selber, den nichts wie Sandstreifen und ansteigende Fichtenwaldungen einfassen, erhebt sich oder erhob sich wenigstens in den sechziger Jahren, als ich den See zum ersten Male sah, ein einziges Haus: die *Müggelbude*. Auf einer vorspringenden Sanddüne gelegen, die sich vom Westufer aus in die Müggel hinein erstreckt, ist sie oder war sie der geeignetste Punkt, um den See und seine Ufer zu überblicken. [...]

Die Müggelbude steht hoch, ihr zu Füßen aber zieht sich ein Sandgürtel, der, nach vorn hin aufs neue steil abfallend, den See in seiner ganzen Ausdehnung umzirkt. Auf diesem Sandgürtel nehmen wir Platz, und eine knorrige Kiefer im Rücken, deren vorgebeugter Schirm schon halb über dem Wasser schwebt, sitzen wir jetzt auf einer Art Moos- und Erdbank und blicken auf die weite Wasserfläche hinaus, die, leise brandend, ihre Wellchen bis unter unsre Füße schickt. Der See gleicht hier einem Haff, und sooft die Wellen zurückrinnen, blinken die weißen Muscheln, die das bewegte Wasser ans Ufer geworfen.

Es freut das Herz, so an der Müggel zu sitzen und, die leise Musik von Wald und Wasser um sich her, die Stunden zu verträumen. Die Sonne sinkt, und das Bild, das beim ersten Anblick, aller eigentümlichen Schönheit unerachtet, eine gewisse Monotonie zeigte, gewinnt mehr und mehr Gewalt über uns und spinnt uns in den alten Müggelzauber ein. Die Kähne mit ihrer weißen Kalksteinladung, deren aufgeschichtete Blöcke das Kajütendach in ein kleines Kastell verwandeln, ziehen geräuschlos vorüber, die Dächer des gegenüberliegenden Rahnsdorf glühen noch einmal auf, und der See selber wechselt von Minute zu Minute seine Stimmung und seine Farbe. Aber mit halbem Auge nur verfolgen wir das Farbenspiel; unser Auge richtet sich immer wieder nach rechts hin, wo die *Müggelsberge* steil aufsteigen und ihre wachsenden Schatten bis weit in den See hinein werfen. Ein dünner Nebel zieht um den Berg, und wenn es dann und wann aufblitzt, fahren wir zusammen und blicken nach der Prinzessin aus, der *zweiten* Prinzessin dieser Gegenden, von der es heißt, sie käm allabendlich mit vier goldfarbenen Pferden von den Müggelsbergen herab, um die Durstigen im See zu tränken. Sie kommt freilich *nicht*, und auch der große Heuwagen bleibt aus, der, von vier weißen Mäusen gezogen, der Prinzessin entgegenfährt, um ihr den Weg zu sperren, aber eingewiegt in phantastisches Träumen, könnte jetzt eine ganze Zauberwelt vor uns ausgeschüttet werden, wir würden ihre Wunder ohne Verwunderung entgegennehmen. Die Müggel und ihre Ufer sind Märchenland.

Noch einmal fährt ein Glutstreifen über den See; nun aber schwindet die Sonne, beinah plötzlich bricht die Dämmerung herein, und bleifarben liegt die weite Wasserfläche da. In seiner Mitte beginnt es wie ein Kreisen, wie ein Quirlen und Tanzen; sind es Nebel, die aufsteigen? oder sind es die alten Müggelhexen, die lebendig werden, sobald das Licht aus der Welt ist?

Der Fährmann von der Müggelbude hat sich zu mir gesetzt, und ich dringe jetzt in ihn, mich über den See zu fahren, aber statt jeder Antwort zeigt er nur auf eine grauweiße Säule, die mit wachsender Hast auf uns zukommt. Wie geängstigte Schwäne fahren die Wellen der Müggel vor ihr her, und während ich meinen Arm fester um die Fichte lege, bricht vom See her ein Windstoß in Schlucht und Wald hinein und jagt mit Geklaff und Gepfeif durch die Kronen der Bäume hin. Einen Augenblick nur, und die Ruh ist wieder da – aber die Bäume zittern noch nach, und auf dem See, der den Anfall erst halb überwunden, jagen und haschen sich noch die Wellen.

Die Müggel ist bös. Es ist, als wohnten noch die alten

Heidengötter darin, deren Bilder einst die Hand der Mönche von den Müggelsbergen herab in den See warf. Die alten Mächte sind besiegt, aber nicht tot, und in der Dämmerstunde steigen sie herauf und denken, ihre Zeit sei wieder da.

»Spreeland«, Kapitel »Der Müggelsee«. Die »Müggelbude« befand sich einst dort, wo heute der 1926 erbaute Spreetunnel (gegenüber vom Müggelpark in Friedrichshagen) beginnt. Die Anlage brannte 1866 nieder; 1872 wurde an gleicher Stelle die Gaststätte »Müggelschlößchen« errichtet, die im zweiten Weltkrieg bei einem Bombenangriff zerstört wurde.

Die Müggelsberge

Inmitten des quadratmeilengroßen Wald- und Inseldreiecks, das Spree und Dahme kurz vor ihrer Vereinigung bei Schloß Köpenick bilden, steigen die »Müggelsberge« beinah unvermittelt aus dem Flachland auf. Sie liegen da wie der Rumpf eines fabelhaften Wassertieres, das hier in sumpfiger Tiefe zurückblieb, als sich die großen Fluten der Vorzeit verliefen. […]

Wir kommen von Schloß Köpenick, haben Stadt und Vorstadt glücklich passiert und schreiten nunmehr dem Gehölze zu, das bis über die Müggelsberge hinaus das ganze Terrain bedeckt. Es ist ein Forst und eine Heide wie andere mehr; Moos und Fichtennadeln haben dem Weg eine elastische Weiche gegeben, und nur die Baumwurzeln, die grotesk überall hervorlugen und uns wie böswillige Gnomen ein Bein zu stellen suchen, mahnen zur Vorsicht. Eine rechte Herbstesfrische weht durch den Wald. Der derbe Duft des Eichenlaubs mischt sich mit dem Harzgeruch der Tannen, und anheimelnd klingt es, wenn die Eichkätzchen von einem Baum zum andern springen und die

Zweige mit leisem Knick zerbrechen. Dann und wann hören wir, vom Fahrweg her, den eigentümlichen Klinker- und Klankerton, an dem ein märkischer Bauernwagen auf hundert Schritt schon erkennbar ist. Die Halskette der beiden magern Braunen rasselt am Deichselhaken, die Sprossen klappern in den Leiterbäumen, die Leiterbäume wieder an den vier Wagenrungen, und gegen die Wagenrungen schrammt das Rad. Dazwischen das »Hüh!« und »Hoh!« des Kutschers und Schwamm-Anpinken und Tabaksqualm – und das Begegnungsbild ist fertig, das die märkische Heide zu bieten pflegt.

Schon mehrere solcher Fuhrwerke sind an uns vorübergekommen, und ihre Insassen haben jedesmal unsern Gruß erwidert in trägen, unverständlichen Lauten, wie einer, der aus dem Schlafe spricht. Jetzt aber verlassen wir den Fußweg, der neben der großen Fahrstraße hinlief, und biegen nach rechts hin in einen schmaleren Pfad ein, der, leise bergan steigend, uns immer tiefer in die weiten und unmittelbar an den Fuß der Müggelsberge sich anlehnenden Waldreviere führt. Bald ist völlige Stille um uns her; wir haben in unseren Gedanken von Menschen und Menschenantlitz Abschied genommen und fahren drum erschreckt zusammen, als wir plötzlich dreier Frauengestalten ansichtig werden, die mit halbem Auge von ihrer Arbeit aufblicken und dann langsam-geschäftig fortfahren, das abgefallene Laub zusammenzuharken. Die grauen Elsen, unter denen sie auf und ab schreiten, sehen aus wie die Frauen selbst, und ein banges, gespenstisches Gefühl überkommt uns, als wäre kein Unterschied zwischen ihnen und als rasteten die einen nur, um über kurz oder lang die andern bei ihrer Arbeit abzulösen. Wir fragen endlich, »ob dies der Weg nach den Müggelsbergen sei«, worauf sie mit nichts andrem als mit einer gemeinschaftlichen Handbewegung antworten. Einen Augenblick stutzen wir in Erinnerung an die wohlbekannten drei von der schottischen Heide, deren Wink oder Zuruf immer nur in die Irre führt; aber uns schnell vergegenwärtigend, daß die Türme Berlins nur ein paar Meilen in unserem Rücken liegen, folgen wir unter Dank und scheuem Kopfnicken der uns angedeuteten Richtung. Und siehe da, noch hundert Schritt, und es lichtet sich der Wald, und vereinzelte Tannen und Eichen umzirken einen Platz, in dessen Mittelpunkt ein Teich, ein See ruht.

Dieser See heißt der »Teufelssee«. Er hat den unheimlichen Charakter aller jener stillen Wasser, die sich an Bergabhängen ablagern und ein Stück Moorland als Untergrund haben. Die leuchtend-schwarze Oberfläche ist kaum gekräuselt, und verwaschenes Sternmoos überzieht den Sumpfgürtel, der uns den Zugang zum See zu verwehren scheint. Er will ungestört sein und nichts aufnehmen als das Bild, das die dunkle Bergwand auf seinen Spiegel wirft. Der Teufelssee hat auch seine Sage von einem untergegangenen Schloß und einer Prinzessin, die während der Johannisnacht aufsteigt und die gelben Teichrosen des Sees an den Saum ihres schwarzen Kleides steckt. Die Kuhjungen aus Müggelsheim, die hierherum ihre Herden durch Wald und Sumpf treiben, haben das alles mehr denn einmal gesehen und das Knistern ihres Seidenkleides gehört; wir aber, die wir die Johannisnacht sträflich versäumt haben und erst um die Mitte Oktober in diese Gegenden kommen, müssen uns begnügen, den drei harkenden Frauen begegnet zu sein, die so trefflich zur Herbstlandschaft stimmten und spukhaft genug waldeinwärts zeigten.

Unmittelbar hinter dem Teufelssee erheben sich die Müggelsberge. Wir verschmähen den bequemen Weg, der sich hinaufschlängelt, und nehmen den Berg auf geradestem Wege wie im Sturm. Oft zurückgleitend, wo die ab gefallenen Kiennadeln am dichtesten liegen, und im Zurückgleiten einen Birkenstrauch oder eine junge Tanne fassend, so dringen wir mutig vor, jede Stelle preisend, an der raschelndes Eichenlaub statt der glatten Nadeln zu unsern Füßen liegt. Nun aber haben wir's überwunden, das Erdreich wird feuchter, Treppeneinschnitte und Rasenbänke gönnen uns abwechselnd einen Halt und eine Rast, und endlich eine dichte Hecke durchbrechend, die fast schon am Grat des Berges entlangläuft, haben wir das Ziel unserer Wanderschaft erreicht – die Höhe der Müggelsberge.

Diese Müggelsberge repräsentieren ein höchst eigentümliches Stück Natur, abweichend von dem, was wir sonst wohl in unserem Sand- und Flachlande zu sehen gewohnt sind. Unsere märkischen Berge (wenn man uns diese stolze Bezeichnung gestatten will) sind entweder einfache Kegel oder Plateauabhänge. Nicht so die Müggelsberge. Diese machen den Eindruck eines Gebirgs*modells*, etwa als hab es die Natur in heiterer Laune versuchen wollen, ob nicht auch eine Urgebirgsform aus märkischem Sande herzustellen sei. Alles en miniature, aber doch nichts vergessen. Ein Stock des Gebirges, ein langgestreckter Grat, Ausläufer, Schluchten, Kulme, Kuppen, alles ist nach Art einer Reliefkarte vor die Tore Berlins gelegt, um die flachländische Residenzjugend hinauszuführen und ihr über Gebirgsformationen einiges ad oculos demonstrieren zu können. [...]

Wir lehnen uns an den Stamm des schönen Baumes und blicken westlich auf die Bilder modernen Lebens und lachender Gegenwart. Aus der Sand- und Sumpfwüste früherer Jahrhunderte wurde hier längst ein Park- und Gartenland, und Dörfer und Städte wachsen heiter mit ihren roten Dächern und Giebeln aus allen Schattierungen des Grün hervor. Die Türme der Hauptstadt, die graugelben Wände des Köpnicker Schlosses, beide leuchten im Schein der untergehenden Sonne. Fabrikschornsteine begleiten den Lauf des Flusses, und hoch über den weißen Segeln der Kähne, die geräuschlos stromabwärts ziehen, steht bewegungslos die schwarze Wolke der Essen und Schlote. Leben überall, kein Fußbreit Landes, der nicht die Pflege der Menschenhand verriete.

»Spreeland«, Kapitel »Die Müggelsberge«.

Fontane als Berliner

Je berlinischer man ist, je *mehr* schimpft man oder spöttelt man auf Berlin. Daß dem so ist, liegt nun aber nicht bloß an dem Schimpfer und Spötter, es liegt leider wirklich auch an dem Gegenstande, also an unsrem guten Berlin selbst.

An Georg Friedlaender, 14. Mai 1894

Apotheker-Examen und Schriftsteller-Debüt

Etwa um die Mitte Dezember [1839] teilte mir Wilhelm Rose [der Lehrherr] mit, daß ich »angemeldet« sei und demgemäß am 19. selbigen Monats um halb vier Uhr nachmittags bei dem Kreisphysikus Dr. Natorp, Alte Jakobstraße, zu erscheinen hätte. Mir wurde dabei nicht gut zumut, weil ich wußte, daß Natorp wegen seiner Grobheit ebenso berühmt wie gefürchtet war. Aber was half es. Ich brach also an genanntem Tage rechtzeitig auf und ging auf die Alte Jakobstraße zu, die damals noch nicht ihre Verlängerung unter dem merkwürdigen, übrigens echt berlinischen Namen »Neue Alte Jakobstraße« hatte. Das noch aus der friderizianischen Zeit stammende, in einem dünnen Rokoko-Stil gehaltene Häuschen, drin Natorp residierte, glich eher einer Prediger- als einer Stadtphysikuswohnung. Blumenbretter zogen sich herum, und ich fühlte deutlich, wie die Vorstellung, daß ich nunmehr einem Oger gegenüberzutreten hätte, wenigstens auf Augenblicke hinschwand. Oben freilich, wo, auf mein Klingeln, die Gittertür wie durch einen heftigen Schlag, der mich beinah wie mit traf, aufsprang, kehrte mir mein Angstgefühl zurück und wuchs stark, als ich gleich danach dem Gefürchteten in seiner mehr nach Tabak als nach Gelehrsamkeit aussehenden Stube gegenüberstand. Denn ich sah deutlich, daß er von seiner Nachmittagsruhe kam, also zu Grausamkeiten geneigt sein mußte; sein Bulldoggenkopf, mit den stark mit Blut unterlaufenen

Augen, verriet in der Tat wenig Gutes. Aber wie das so geht, aus mir unbekannt gebliebenen Gründen war er sehr nett, ja geradezu gemütlich. Er nahm zunächst aus einem großen Wandschrank ein Herbarium und ein paar Kästchen mit Steinen heraus und stellte, während er die Herbariumblätter aufschlug, seine Fragen. Eine jede klang, wie wenn er sagen wollte: »Sehe schon, du weißt nichts; ich weiß aber auch nichts, und es ist auch ganz gleichgültig.« Kurzum, nach kaum zwanzig Minuten war ich in Gnaden entlassen und erhielt nur noch kurz die Weisung, mir am andern Tage mein Zeugnis abzuholen. Damit schieden wir.

Als ich wieder unten war, atmete ich auf und sah nach der Uhr. Es war erst vier. Das war mir viel zu früh, um schon wieder direkt nach Hause zu gehn, und da mich der von mir einzuschlagende Weg an dem Hause der d'Heureuseschen Konditorei [am Köllnischen Fischmarkt] vorüberführte, drin – was ich aber damals noch nicht wußte – hundertundfünfzig Jahre früher der alte Derfflinger gewohnt hatte, so beschloß ich, bei d'Heureuse einzutreten und den »Berliner Figaro«, mein Leib- und Magenblatt, zu lesen, darin ich als Lyriker und Balladier schon verschiedentlich aufgetreten war. Eine spezielle Hoffnung kam an diesem denkwürdigen Tage noch hinzu. Keine vierzehn Tage, daß ich wieder etwas eingeschickt hatte, noch dazu was Großes – wenn das nun vielleicht drin stünde! Gedanke kaum gedacht zu werden. Ich trat also ein und setzte mich in die Nähe des Fensters, denn es dunkelte schon. Aber im selben Augenblicke, wo ich das Blatt in die Hand nahm, wurden auch schon die Gaslampen angesteckt, was mich veranlaßte, vom Fenster her, an den Mitteltisch zu rücken. In mir war wohl die Vorahnung eines großen Ereignisses, und so kam es, daß ich eine kleine Weile zögerte, einen Blick in das schon aufgeschlagene Blatt zu tun. Indessen dem Mutigen gehört die Welt; ich ließ also schließlich mein Auge drüber hingleiten, und siehe da, da stand es: »Geschwisterliebe. Novelle von Th. Fontane«. Das Erscheinen der bis dahin in mal längeren, mal kürzeren Pausen von mir abgedruckten Gedichte hatte nicht annähernd solchen Eindruck auf mich gemacht, vielleicht weil sie immer kurz waren; aber hier diese vier Spalten mit »Fortsetzung folgt«, das war großartig. Ich war von allem, was dieser Nachmittag mir gebracht hatte, wie benommen und mußte es sein; vor wenig mehr als einer halben Stunde war ich bei Natorp zum »Herrn« und nun hier bei d'Heureuse zum Novellisten erhoben worden. Zu Hause angekommen, berichtete ich nur von meinem glücklich bestandenen Examen, über meinen zweiten Triumph schwieg ich, weil mir die Sache zu hoch stand, um sie vor ganz unqualifizierten Ohren auszukramen. Auch mocht ich denken, es wird sich schon rumsprechen, und dann ist es besser, du hast nichts davon gemacht und dich vor Renommisterei zu bewahren gewußt.

»Von Zwanzig bis Dreißig«, Abschnitt »Berlin 1840«. Fontane legt, verständlicherweise, Gehilfenprüfung und Beginn des Fortsetzungsabdrucks von »Geschwisterliebe« auf einen Tag; tatsächlich erschien der erste Teil der Novelle am 14. Dezember 1839 (bis 21. Januar 1840), und das Examen bei Natorp fand am 9. Januar 1840 statt.

Überraschung auf Königswache

In der Wachstube sah's so bunt aus, wie's die wunderbar zusammengeflickte Besatzung mit sich brachte. Weinflaschen, französische Karten, Gedichte von Thomas Moore und perlengestickte Geldbörsen lagen in friedlicher Gemeinschaft mit der dritten Verdünnung Berliner Weißbiers, Wachschmökern und schweinsblasenen Tabaksbeuteln; – Varinas und Uckermärker »Schifflein, lüfte die Segel« verstreuten um die Wette ihre Wohlgerüche; ich aber ritt auf einer Holzbank und seufzte, vergeblich eine Lehne suchend, »Sofa, wo bist du!« Ich blickte mich um, gewahrte eine Pritsche, dies Marterwerkzeug jedes wohlkonditionierten Hinterteils, dies Überbleibsel aus den Zeiten der Tortur, und seufzte schwerer denn zuvor. – »Raus!« schrie urplötzlich der vorm Gewehr Wache stehende Schneider. Die Whistkarten fielen unter den Tisch, so hastig sprang alles auf; mein Nachbar trat mich auf den großen Zeh. »Au!« schrie ich im Hinauslaufen; »entschuldigen Sie!« hieß es von seiner, »hol Sie der Teufel!« von meiner Seite, und eh wir uns weiter unterhalten konnten, standen wir schon unterm Gewehr. Der Leutnant steckte urplötzlich den gezogenen Degen in die Scheide, und mein Hintermann murmelte »Schafskopf!« mit einem verächtlichen Blick auf die Schneider-Schildwacht, die eines königlichen Bedienten halber die Whistpartie gesprengt und meinen großen Zeh in Lebensgefahr gebracht hatte. Eben hing ich wieder meinem Sofakummer nach, da ward die Tür weit aufgerissen, und ein Mensch, wie ich mir früher die Buschmänner dachte, mit ganz behaartem Gesicht, trat herein. Dies Geschwisterkind der Hottentotten war mein Freund H. Scherz, eins der verrücktesten Genies auf der Kränzliner Feldmark. »Hurra!« rief ich, auf die Bank springend, reichte ihm die Hand, die er mit seinen drei Fingern nach Kräften drückte [...] »Erlaube, daß ich meinen Helm abnehme; mein brüderliches Herz zwingt mich, dir meine Hochachtung zu bezeugen.« – »Bist doch ein verrückter Kerl!« (wir halten uns nämlich gegenseitig für total verrückt und zweifeln an der Möglichkeit gänzlicher Herstellung) fuhr er fort; »aber laß das und komm lieber mit mir nach England.«

Tagebuch der ersten englischen Reise 1844. Die Neue Wache, 1817/18 von Karl Friedrich Schinkel Unter den Linden gebaut, diente bis 1918 als Wachtlokal für das schräg gegenüber gelegene Stadtschloß. Fontane war dort 1844 während seines einjährig-freiwilligen Militärdienstes auf »Königswache«, als ihn sein Schulfreund Hermann Scherz zu einer Reise nach London einlud (Mai/Juni).

Mit dem Alten ist es nun vorbei

Mein Vater, selbstverständlich, war an der Spitze der Erregtesten, beschloß sofort zu reisen, »um sich die Geschichte mal anzusehn«, und war am einundzwanzigsten [März 1848] früh in Berlin. Wie gewöhnlich stieg er in einem Vorstadtsgasthofe, »wo's keine Kellner gab«, ab und war um die Mittagsstunde bei mir. Ich freute mich herzlich, ihn zu sehn, denn er war, von allem andern abgesehn, immer jovial und amüsant, und keine halbe Stunde, so brachen wir gemeinschaftlich auf.

»Sage, kannst du denn so ohne weitres aus dem Geschäft fort?«

»Eigentlich nicht. Sonst haben wir grad um Mittag immer viel zu tun. Aber es ist jetzt, als ob die Doktors auf Reisen wären. Und dann, Papa, was die Hauptsache ist, ich bin ja so gut wie ein Revolutionär und habe das Königstädtische Theater mitstürmen helfen ...«

»Wurde es denn verteidigt?«

»Nein. Beinahe das Gegenteil. Aber ich war doch mit dabei, und das gibt mir nun so 'nen Heil'genschein« – ich machte mit dem Zeigefinger die entsprechende Bewegung um den Kopf herum , »und mein Prinzipal denkt: ich könnte am Ende so weiter stürmen.«

Er lachte. So was tat ihm immer ungeheuer wohl, und so schritten wir denn, untergefaßt, die Königsstraße hinauf, auf den Schloßplatz zu. Wie wir nun da die Schloßhöfe und ihre Portale passierten und eben vor der großen, in das Lustgartenportal einmündenden Treppe standen, fragte ich ihn, »ob er da vielleicht hineinwolle?«

»Was? hier in die Schloßzimmer?«

»Ja. Wie du vielleicht weißt, Emiliens – meiner Braut – Vetter ist Stabsarzt in der Pépinière [Akademie für Militärärzte] und einer von denen, die hier die Behandlung der Verwundeten haben. Ich war gestern schon eine Viertelstunde mit ihm zusammen und hab einen großen Eindruck von der Sache gehabt. An den Wänden hängen allerlei Prinzessinnenbilder, und darunter liegen die Verwundeten. Es sind merkwürdige Zustände.«

»Ja, höre, das find ich auch. Aber ich mag da nicht hinein; ich geh nicht gern in Schlösser. So eigentlich gehört man doch da nicht hin.«

Unter diesen Worten waren wir, an den Rossebändigern vorüber, wieder ins Freie getreten und gingen auf die Linden zu. Hart an der Brücke und dann auch wieder dicht vor der Neuen Wache waren große metallene Teller aufgestellt, in die man für die Verwundeten eine Geldmünze hineintat.

»Wir müssen da wohl auch was geben«, sagte mein Vater. »Eine Kleinigkeit; so bloß symbolisch ...«

Und dabei zog er seine Börse, deren Ringe, links und rechts, ziemlich weit nach unten saßen. Ich folgte seinem Beispiel, und wir entledigten uns jeder einer verhältnismäßig anspruchsvollen Münze, die damals den prosaischen Namen »Achtgroschenstück« führte.

Gleich danach waren wir bis an die jenseitige Zeughausecke gekommen, da, wo das Kastanienwäldchen anfängt. Er blieb hier stehen, sah sich mit sichtlichem Behagen den prächtigen sonnenbeschienenen Platz an und sagte dann mit der ihm eigenen Bonhomie: »Sonderbar, es sieht hier noch geradeso aus wie vor fünfzig Jahren ...« Seitdem ist wieder ein Halbjahrhundert vergangen, und wenn die Stelle kommt, wo mein guter Papa in jenen Tagen diese großen Worte gelassen aussprach, so kann ich mich nicht erwehren, sie meinerseits zu wiederholen, und sage dann ganz wie er damals: »Es sieht noch geradeso aus wie vor fünfzig Jahren.« Es ist in der Tat ganz erstaunlich, wie wenig sich – ein paar Ausnahmen zugegeben – Städtebilder verändern. Wenn an die Stelle von engen schmutzigen Gettogassen ein Square mit Springbrunnen tritt, so läßt sich freilich von Ähnlichkeit nicht weiter sprechen, präsentieren sich aber die Hauptlinien unverändert, während nur die Fassade wechselte, so bleibt der Eindruck ziemlich derselbe. Die Maße entscheiden, nicht das Ornament. Dies ist, es mag so schön sein, wie es will, für die Gesamtwirkung beinah gleichgültig.

Wir hatten vor, die Linden hinunterzugehen und draußen vor dem Brandenburger Tor in Puhlmanns Garten – den ich kannte – Kaffee zu trinken. Aber zunächst wenigstens kamen wir nicht dazu, denn als wir eben unsern Weitermarsch antreten wollten, erschien, von der Schloßbrücke her, eine ganz von hut- und mützeschwenkendem Volk umringte Kavalkade. Beim Näherkommen sahen wir, daß es der König war, der da heranritt, links neben ihm Minister von Arnim, eine deutsche Fahne führend.

»Du hast Glück, Papa, jetzt erleben wir was.«

Und richtig, hart an der Stelle, wo wir standen, hielt der Zug, und an die rasch sich mehrende Volksmenge richtete jetzt der König seine so berühmt gewordene Ansprache, drin er zusagte, sich, unter Wahrung der Rechte seiner Mitfürsten, an die Spitze Deutschlands stellen zu wollen. Der Jubel war ungeheuer. Dann ging der Ritt weiter.

Als der Zug vorbei war, sagte mein Vater: »Es hat doch ein bißchen was Sonderbares, ... so rumreiten ... Ich weiß nicht ...«

Eigentlich war ich seiner Meinung. Aber es hatte mir doch auch wieder imponiert, und so sagt ich denn: »Ja, Papa, mit dem Alten ist es nun ein für allemal vorbei. So mit Zugeknöpftheiten, das geht nicht mehr. Immer an die Spitze ...«

»Ja, ja.«

Und nun gingen wir auf Puhlmanns Kaffeegarten zu.

»Von Zwanzig bis Dreißig«, Abschnitt »Der achtzehnte März«.

Hochzeitsessen »Bei Georges«, Bellevuestraße

Am 15. Oktober [1850] war Polterabend gewesen, am 16. war Hochzeit. Ich habe viele hübsche Hochzeiten mitgemacht, aber keine hübschere als meine eigne. Da wir nur wenig Personen waren, etwa zwanzig, so hatten wir uns auch ein ganz kleines Hochzeitslokal ausgesucht, und zwar ein Lokal in der Bellevuestraße – schräg gegenüber dem jetzigen Wilhelmsgymnasium –, das »Bei Georges« hieß und sich wegen seiner »Spargel und Kalbkoteletts« bei dem vormärzlichen Berliner eines großen Ansehns erfreute. Dem Gastmahl voraus ging natürlich die Trauung, die zu zwei Uhr in der Fournierschen Kirche, Klosterstraße, festgesetzt worden war. Alles hatte sich rechtzeitig in der Sakristei versammelt, nur mein Vater fehlte noch und kam auch wirklich um eine halbe Stunde zu spät. Wir waren, um Fourniers willen, in einer tödlichen Verlegenheit. Er aber, ganz feiner Mann, blieb durchaus ruhig und heiter und sagte nur zu meiner Braut: »Es ist vielleicht von Vorbedeutung – *Sie sollen warten lernen.*«

Und nun waren wir getraut und fuhren in unsrer Kutsche zu »Georges«, wo in einem kleinen Hintersaal, der den Blick auf einen Garten hatte, gedeckt war. Eine Balkontür stand auf, denn es war ein wunderschöner Tag. Draußen flogen noch die Vögel hin und her, aber es waren wohl bloß Sperlinge.

Das Arrangement hatten wir Wilhelm Spreetz überlassen. Wilhelm Spreetz, ein behäbiger Herr von Mitte Dreißig, war Oberkellner im Café National hinter der Katholischen Kirche, *dem* Lokal also, drin wir seit einer ganzen Reihe von Jahren unsre Tunnelsitzungen hatten. Bei diesen Sitzungen uns zu bedienen war der Stolz unsres literarisch etwas angekränkelten Wilhelm Spreetz, und als er davon hörte, daß ich Hochzeit machen wollte, bat er darum, dabeisein und, soweit das in einem fremden Lokale möglich, alles leiten zu dürfen. Eine Bitte, die ich, schon weil ich an die Macht freundlicher Hände glaube, mit tausend Freuden erfüllte.

Bei Tische, zu meinem Leidwesen, fehlte Fournier, was wohl damit zusammenhing, daß er von der mutmaßlichen Anwesenheit meines bethanischen Freundes Pastor Schultz gehört hatte. Beide paßten eigentlich vorzüglich zusammen, waren aber, der eine wie der andere, sehr harte Steine: Fournier ganz Genferischer, Schultz ganz Wittenbergischer Papst. Und so räumte denn Genf, klug und vornehm wie immer, das Feld.

Auf dem Tisch hin standen natürlich auch Blumen; aber

was mir noch lieber war, auch schon bloß um des Anblicks willen, das waren die Menschen, die die Tafel entlangsaßen. Ich bin sehr für hübsche Gesichter, und fast alle waren hübsch, darunter viele südfranzösische Rasseköpfe. Doch verblieb der schließliche Sieg, wie das zum 16. Oktober auch paßte, dem Deutschtum. Unter den Gästen waren nämlich auch Eggers und Heyse, deren Profile für Ideale galten und dafür auch gelten durften.

Schultz brachte sehr reizend den Toast auf das Brautpaar aus, und was das Reizendste für mich war, war, daß ein Bräutigam nicht zu antworten braucht. Ich beschränkte mich auf Kuß und Händedruck und aß ruhig und ausgiebig weiter, was, wie ich gern glaube, einen ziemlich prosaischen Eindruck gemacht haben soll. Als mir Schultz eine Weile schmunzelnd zugesehen hatte, sagte er zu meiner Frau: »Liebe Emilie, wenn *der* so fortfährt, so wird seine Verpflegung Ihnen allerhand Schwierigkeiten machen.«

Diese Schwierigkeiten waren denn auch bald da: schon nach anderthalb Monaten flog meine ganze wirtschaftliche Grundlage, das »Literarische Bureau«, in die Luft.

Ich hatte, wie schon angedeutet, geglaubt, im Hafen zu sein, und war nun wieder auf stürmischer See.

»Von Zwanzig bis Dreißig«, Abschnitt »Im Hafen«.

Schlechtes Geschäft an Regentagen

An diese Vortragsabende möchte ich hier gleich noch ein Gespräch knüpfen, das ich damals [1854] mit einem Freunde und Gönner, Geheimrat Schnaase, führen durfte und das mir bei vorstehender Schilderung wieder in Erinnerung kommt. Ich war von meiner Wohnung (Luisenstraße) auf dem Wege nach der Holzmarktstraße, als mir mitten unter den Linden Geheimrat Schnaase begegnete.

Nun, lieber Fontane, wohin?

Ich will nach der Holzmarktstraße. Es ist etwas weit; in der Regel fahre ich. Aber es ist heute so schönes Wetter.

In die Holzmarktstraße? Wie kommt denn das? Da wohnt ja niemand.

Oh, da wohnen sehr nette Leute ...

Ich nannte ihm nun die Namen der beiden Offiziersfamilien, und daß ich dort Geschichtsvorträge zu halten hätte; mein Freund Lepel, den er ja auch kenne, habe mir diese Einnahme verschafft.

Er lachte. Ist es denn wenigstens einträglich?

Ach, Herr Geheimrat, das kann ich nun freilich nicht sagen. An solchen Tagen wie heut, wo man alles zu Fuß abmachen kann, nun da geht es.

Aber wenn es regnet?

Ja, Herr Geheimrat, wenn es regnet. Und sonderbar, es regnet fast immer. Oder Ostwind, den ich nun mal nicht vertragen kann. Dann stellt es sich so: Droschke hin 5 Groschen, Droschke zurück 5 Groschen, Trinkgeld an den Diener 5 Groschen, Chemisettehemd 3 Groschen. An solchen Tagen schließe ich dann jedesmal mit 3 Groschen Minus ab.

Er nickte, riet mir auszuhalten, so ginge es im Leben, und dann schieden wir.

Aus dem fragmentarisch hinterlassenen dritten Teil der Autobiographie »Kritische Jahre – Kritiker-Jahre«.

Umzäunter Bann einer Sommerwohnung

Onkel Stracks Petrikirche, die freilich in die Fenster von Perlewitz' Hôtel garni hineingrüßte, hätte mich fast um den Empfang Deines Briefes vom 4. d. M. gebracht. Du hattest nämlich das Faktum außer acht gelassen, daß Kirchtürme mehr in die Ferne als in die Nähe grüßen, und hattest das Perlewitzsche Hotel ohne weitres an den Petri-Platz verlegt, während es kaum bis zum Dönhoffs-Platz vorgedrungen ist. – Diese Zeilen erhältst Du von einer geweihteren Stätte aus, aus unsrer *Sommerwohnung*. Hosemann hat mal ein Bildchen gemalt unter dem Titel »Berliner Sommerwohnung«; es besteht überwiegend aus einem Bretterzaun, *hinter* demselben erhebt sich ein frisch gepflanzter Apfelbaum, dessen kurzbeschnittne, laublose Äste nicht wissen, ob sie leben oder sterben sollen, *vor* dem Zaun, im Schatten dieser jungen Anpflanzung, sitzt ein Berliner Sommerwohner und müht sich, die weit aufgeschlagne »Vossische Zeitung« doppelt zu verwerten, als Schutzdach und höheres Bildungsmittel. Die Erinnerung an dies Bild will mir nicht aus der Seele, seit wir hier im Grünen sitzen. Zunächst bleibt uns nur der Trost, dem Lande doppelte Steuern zu entrichten, nämlich die städtische Schlacht- und Mahlsteuer, weil wir uns aus Berlin verproviantieren, und die ländliche Einkommensteuer, weil wir bereits zu Schöneberg gehören. Vor der letztern Steuer wird mich auch die Fraglichkeit meines Einkommens kaum bewahren.

Sonnabend, 9.

Gestern abend, als ich eben meinen Brief an Dich beendet hatte, kam Lepel, trank Tee mit uns und plauderte so lange, daß er schließlich, um aus dem umzäunten Bann der Sommerwohnung herauszukommen, über einen Staketenzaun voltigieren mußte. Er tat es mit Mut und Geschick, wie es sich für einen alten Gardeoffizier geziemt.

An Paul Heyse in München, 8. April 1859.

Hasenbraten im Hirschkeulenformat

Gestern und heut hab ich fleißig gearbeitet (*Rheinsberg*; werden 4 kleine Kapitel), wiewohl ich mich nicht recht wohl fühle. Ich war schon nicht recht in Ordnung, als Ihr reistet (die offenstehenden Fenster sind nun mal nicht mein Fall, und ich sehe ein, daß es lächerlich ist, mich in meinen alten Tagen noch daran gewöhnen zu wollen), und verdarb es am Abend vollständig, wo ich einer Aufforderung von Lübke und Eggers folgte und mit ihnen in der neuen hübschen Kneipe (Potsd. Str. Café Restaurant) Abendbrot aß. Hasenbraten gab es. Ich kriegte für 7½ Sgr. eine Portion wie eine Hirschkeule, was in Berliner Restaurationen immer nur dann der Fall ist, wenn es in der Küche heißt: »Fort mit Schaden.« Außerdem war das Stück mit einer ganz gemeinen Stopfnadel gespickt, denn an einzelnen Stellen zog ich ein Stück Wollenfaden statt des Specks heraus. Solchen Kränkungen ist mein Magen nicht mehr gewachsen, und nur durch starke Dosen von Kümmel und Soda hab ich mich über Wasser gehalten.

An Frau Emilie, 12. September 1859.

Redakteur bei der »Kreuzzeitung«

Ich hatte zehn Jahre lang zur Regierungspresse gehört. In dieser verbleiben zu können wäre mir schon aus Bequemlichkeit sehr erwünscht gewesen. Aber diese Presse der »Neuen Ära«, zu der auch indirekt die nationalliberalen Zeitungen gehörten, mißfiel mir oder ich ihr, und so blieben nur Vossin und »Kreuzzeitung« übrig. Ich war also in einer argen Verlegenheit und sprach mich zu Hesekiel darüber aus. Der sagte: »Ja, melden kannst du dich nicht bei uns. Aber wenn ein Angebot kommt, dann liegt es doch um ein gut Teil günstiger für dich.« Und schon am anderen Tage [Mai 1860] kam ein solches Angebot. Der Chefredakteur der »Kreuzzeitung« [Tuiscon Beutner] fragte bei mir an, »ob ich die Redaktion des englischen Artikels übernehmen wolle?« Noch ein wenig unter den Gruselvorstellungen stehend, die sich, von 1848 her, an den Namen »Kreuzzeitung« knüpften, war ich unsicher, was zu tun sei, beschloß aber, wenigstens mich vorzustellen. Ein bloßer erster Besuch konnte ja den Kopf nicht gleich kosten. Immerhin hatte die Sache was von der Höhle des Löwen. Vier Uhr war Sprechstunde. Pünktlich erschien ich in der Bernburger Straße, wo der Chefredakteur der »Kreuzzeitung« schräg gegenüber der Lukaskirche wohnte. Matthäi wäre wohl besser gewesen, aber Lukas war auch gut. Endlich in der zweiten Etage glücklich angelangt, zog ich die Klingel und sah mich gleich darauf dem Gefürchteten gegenüber. Er war aus seinem Nachmittagsschlafe kaum heraus und rang ersichtlich nach einer der Situation entsprechenden Haltung. Ich hatte jedoch verhältnismäßig wenig Auge dafür, weil ich zunächst nicht ihn, sondern nur sein unmittelbares Milieu sah, das links neben ihm aus einem mittelgroßen Sofakissen, rechts über ihm aus einem schwarz eingerahmten Bilde bestand. In das Sofakissen war das Eiserne Kreuz eingestickt, während aus dem schwarzen Bilderrahmen ein mit der Dornenkrone geschmückter Christus auf mich niederblickte. Mir wurde ganz himmelangst, und auch das mühsam geführte Gespräch, das anfänglich wie zwischen dem Eisernen Kreuz und dem Christus mit der Dornenkrone hin und her pendelte, belebte sich erst, als die Geldfrage zur Verhandlung kam. London hatte mich nach dieser Seite hin etwas verwöhnt, und ich sah mit Schmerz die Abstriche, die gemacht wurden. Als so zehn Minuten um waren, stand ich vor der Frage: »Ja« oder »Nein«. Und ich sagte »Ja«. Nicht leichten Herzens. Aber vielleicht gerade weil es ein so schwerer Entschluß war, war es auch ein guter Entschluß, aus dem mir nur Vorteile für mein weiteres Leben erwachsen sind. Ich blieb bis kurz vor dem siebziger Krieg in meiner Kreuzzeitungsstellung und muß diese zehn Jahre zu meinen allerglücklichsten rechnen.

»Von Zwanzig bis Dreißig«, Abschnitt »Der Tunnel über der Spree«. Fontane war von Juni 1860 bis April 1870 Redakteur des »englischen Artikels« bei der 1848 gegründeten, sehr konservativen »Kreuzzeitung«.

Leben an einem großen Mittelpunkt

Unter gewöhnlichen, bescheidnen Verhältnissen leb ich aber doch lieber hier als an irgendeiner andern deutschen Residenz, nur *Wien* könnte mich verführen, wenn es nicht gerade wiederum Wien wäre. Es ist mir im Laufe der Jahre, besonders seit meinem Aufenthalte in London, Bedürfnis geworden, an einem großen Mittelpunkte zu leben, in einem Zentrum, wo entscheidende Dinge geschehn. Wie man auch über Berlin spötteln mag, wie gern ich zugebe, daß es diesen Spott gelegentlich verdient, das Faktum ist doch schließlich nicht wegzuleugnen, daß das, was hier geschieht und nicht geschieht, direkt eingreift in die großen Weltbegebenheiten. Es ist mir Bedürfnis geworden, ein solches Schwungrad in nächster Nähe sausen zu hören, auf die Gefahr hin, daß es gelegentlich zu dem bekannten Mühlrad wird.

An Paul Heyse nach München, 28. Juni 1860.

Flohjahr

Wir waren heut en famille in Charlottenburg; die Fahrt war reizend, nur kann man an öffentlichen Orten nichts mehr genießen, es ist alles *zu* schlecht. – Im übrigen ist alles wohl, nur werden wir von Flöhen beinah aufgefressen, es heißt, es sei – ein Flohjahr, eine neue Bezeichnung, die ich noch nicht gekannt habe.

An Schwester Elise, 18. Juli 1861.

Matratzenwechsel

Erlebt hab ich in diesen Tagen wenig oder gar nichts, ich ging und kam, arbeitete (Thaer-Denkmal), trank Tee und ging zu Bett. Glücklicherweise störte mich auch niemand. So gleichförmig die Tage waren, so abwechslungsreich waren die Nächte. Vorgestern nacht schlief Martha so unruhig, daß ich's zuletzt nicht länger aushalten konnte und Mathilden wecken mußte. Mehr in die Schleier der Nacht als in sonstige starke Hüllen gekleidet, packten wir an, quetschten uns mehrere Finger und trugen die Bettstelle in Mathildens Stube.

Dieser kleine Umzug hat aber wenig zu bedeuten und gibt Dir nur eine geringe Vorstellung von dem bunten Wechsel dieser Nächte. Am Sonntag schlief ich noch an alter Stelle und unter den alten gesicherten Verhältnissen, wenn man ein Liegen auf Sprungfedern, die alle auf dem Punkt stehn, einem ihre Spitzen in den Leib zu bohren, noch »gesicherte Verhältnisse« nennen kann. Schon am Montag änderte sich die Sache. Der Tapezierer hatte meine Matratze abgeholt, und so zog ich denn in *Dein* Bett – meine Bettstelle wie einen Rahmen, in dem das Bild und das Glas fehlt, neben mir. Es hatte etwas Schauerliches, Abgrundhaftes, aber die Kute der alten wackern Matratze, in der ich sicher wie in einem Troge lag, enthob mich wenigstens des Gefühls einer drohenden Gefahr. Auch dies sollte anders werden. Am Dienstag kehrte meine Matratze zurück, ohngefähr so wie Du von Deiner schlesischen Reise – jung und dick geworden, und *Deine* Matratze wanderte nunmehr den Weg des Tapeziers. So kam der Dienstagabend; ich bestieg mein Lager ahnungslos; den Bettstellen-Abgrund, den ich am Abend vorher zur Linken gehabt hatte, hatt ich nun zur Rechten, und gefahrlos, wie ich die vorige Nacht am Abgrund geschlafen hatte, hoffte ich diese Nacht wieder schlafen zu können. Aber da hatt ich die Rechnung ohne den Wirt gemacht. Während ich die Nacht vorher auf der alten Matratze wie in einem sichren Troge gelegen hatte, lag ich jetzt auf der strammen, neuen Matratze wie auf einem *umgestülpten* Troge, jeden Augenblick in Gefahr, von der Rundung herunterzukollern. Endlich stellt ich den Nachttisch in die Höhle hinein, um eine Art Gegenhalt zu gewinnen, und so vor dem Äußersten gesichert, schlief ich ein. Seit gestern abend ist auch Deine Matratze wieder zurück, und der Abgrund hat sich geschlossen. Die Matratzen selbst sind aber durch die neue Polsterung so hoch geworden, daß ich gestern das Gefühl hatte, ich stiege in eine Art von Hängeboden oder schliefe in einer zweiten Etage. Du wirst einräumen, daß ich von wirklichen Nacht-Erlebnissen sprechen und die Einförmigkeit der Tage schon ertragen kann, wenn die Nächte so viel Wechsel bieten.

An Frau Emilie, 31. Juli 1862.

Häusliches Diner

Dies war nun der große Diner-Tag. Geladen waren: Frau Clara [Kugler], Tante Merckel, Zöllners, Lepel, Wilbrandt, Bormann, dazu ich, zusammen 8 Personen. Es war großartig; Luise auf der Höhe ihres Ruhms; der bittre Spargel war der einzige Fleck in der Sonne, aber das war nicht ihre Schuld. Das Menu war das folgende: 1. Brühsuppe mit verlornen Eiern. 2. Frikassee von Huhn, mit Krebsen und allen möglichen Finessen. 3. Morcheln, Spargel, Karotten (zusammen), dazu Hammelkoteletts. 4. Plumpudding, brennend hereingetragen. 5. Kalbsbraten und Kompotts. 6. Schillingsche Reistorte. 7. Kaffe. Dazu roten und weißen Wein, Chateau d'Yquem und Ruster Ausbruch. Die Reistorte war ein Geschenk von Zöllners, der Chateau d'Yquem (zwei Flaschen) von Bormann, der Ruster Ausbruch von Sommerfeldt. Alles sehr schön. Den Blumen-Aufsatz hatte ich selbst besorgt. Man war sehr befriedigt, namentlich die beiden Hauptgäste: Frau Clara und Wilbrandt. Ich merkte es ihnen an, daß ihnen das Ganze wohltat. Die Zwanglosigkeit, in der ich noch mehr exzelliere als Du (ein Mann darf es auch eher), ist doch immer das Beste, was man seinen Gästen vorsetzen kann.

An Frau Emilie nach London, 6. Mai 1870.

Theater-Fremdling

Wie ein orientalischer Despot verlangte er [der Schauspieler Theodor Döring] Unterwerfung. Aufschauen zu seiner Herrlichkeit. Indessen die Dinge gingen Jahr und Tag. Als ich dann schrieb, daß ich mit seinem Malvolio nicht einverstanden sein könne, weil er die Rolle mit einem Döringschen Darüberstehen spiele, weil er sich über den Malvolio selber mokiere und ins Publikum hineinspräche: »Ja, dieser Malvolio, ist er nicht ein Narr?«, so käme etwas ganz Falsches hinein, der Ernst der Figur, auf den so viel ankomme, darin eine gewisse Tragik liege, ginge ganz verloren, als ich mich so geäußert hatte, war es vorbei. Seitdem war ich, wie so viele andere, eine Kanaille, und sein Blick, wenn ich ihm begegnete, hätte mich vernichten mögen. Und dabei war ich nach wie vor ein Döring-Schwärmer. Aber man konnte ihm nicht genug tun.

Es wurde dann auch Rats gepflogen, wie man mir am besten beikommen könne. Da sich bei Durchsiebung meines Lebensganges ergab: »bisher unbestraft«, so konnte moralisch nicht gut eingesetzt werden, aber er heckte mit seinem Freunde Glaßbrenner, der damals die »Montagspost« redigierte, doch einen kleinen Vernichtungsplan aus. Und der war nicht übel, wie ich selber zugeben muß. Glaßbrenner bemächtigte sich der Chiffre »Th. F.«, unter der ich meine Theaterberichte schrieb, und in der nächsten

Nummer der »Montagszeitung« erschien ein Aufsatz, der sich mit der Referentenbefähigung Th. F.s beschäftigte und worin ich beständig, immer im Fettdruck von Th. F., nicht Theodor Fontane, sondern Theater-Fremdling genannt wurde. Dies war nun wirklich sehr witzig gemacht, und weil mir außer meiner Theaterfremdlingschaft sonst nichts Schlimmes nachgesagt wurde, so war ich in der angenehmen Lage, über den guten Witz mitlachen zu können. Denn, offen gestanden, ich hatte nicht den Ehrgeiz, ein Theater-Habitué zu sein, und betrachtete das Wort, das mich in der Theaterwelt entwerten sollte, eigentlich als ein Lob, eine Ehrenerklärung. Daß es besser ist, man weiß in seinem Berufe was, als man weiß nichts oder wenig, das soll auch in bezug auf Theaterkritik nicht bestritten sein, aber wenn ich in die eine Schale die Vorzüge, in die andere die Nachteile des Nichteingeweihtseins lege, so möchte ich, wenn nur eine gewisse literarische Bildung und eine gewisse künstlerische Generalveranlagung da ist, die mit leidlich feinfühligen Fingerspitzen gut von schlecht, echt von unecht unterscheiden kann, auch der Meinung sein, daß das Nichteingeweihtsein mehr Vorzüge wie Nachteile hat. Im einzelnen – weil einem die Vergleichsobjekte fehlen – wird man Schnitzer machen, aber im ganzen wird man freier und unbefangener sein.

Aus dem fragmentarisch hinterlassenen dritten Teil der Autobiographie »Kritische Jahre – Kritiker-Jahre«, Abschnitt »Die Schauspieler zwischen 1870 und 1890«. Fontane berichtete von 1870 bis 1889/90 für die »Vossische Zeitung« über die Aufführungen des Königlichen Schauspielhauses am Berliner Gendarmenmarkt. Der Verriß von Dörings Malvolio-Darstellung (aus Shakespeares »Was ihr wollt«) stand am 11. Januar 1874 in der »Vossischen Zeitung«.

Zurückgezogenheit von der Welt

Unser Leben hier ist das alte, nur noch stiller als gewöhnlich. Wir haben uns ganz aus der Welt zurückgezogen und sehen nur noch die Kinder, die, 4 Mann hoch, Leben genug ins Haus bringen. Mitunter mehr, als uns, in zwei niedrigen Stuben, lieb sein kann. Es versteht sich von selbst, daß trotz dieser Zurückgezogenheit von der Welt, zu der mich Neigung und Verhältnisse gleichmäßig bestimmen, die alte Ur-Legende fortlebt, ich führte eigentlich ein Leben wie in Tausendundeiner Nacht, dinierte mit Exzellenzen und soupierte mit Künstlern und wäre nur nie zu sprechen, wenn jemand von der »Familie« mich sehen wolle.

Das Letztre ist freilich richtig, aber die Gründe sind es dafür desto weniger. Es paßt den Leuten nicht, sich eine Vorstellung von den *wirklichen* Verhältnissen zu machen; wer, wie Tante Pine, einen bloß kartespielenden Bummel-Mann gehabt hat, hat keine Idee davon, daß es ein Ding in der Welt gibt, was arbeiten, Pflicht und Gewissen heißt. Übrigens hab ich es lange aufgegeben, mich darüber zu ärgern.

An Schwester Elise, 22. Dezember 1880.

Außer Dienst

Das Fest, wie auch meinen Geburtstag, verbrachten wir still zu Haus; ein wahres Glück; ich habe nicht die geringste Neigung mehr, in großen oder kleinen Gesellschaften umherzustehn, erst mit dem Hut und nachher mit einer Tasse Tee in der Hand, allerlei gleichgültiges und dummes Zeug zu hören oder, was noch schlimmer ist, selber zu sprechen und sich schließlich an einer Mayonnaise den Magen zu verderben. Das ist für junge Leute oder für Offiziere und Geheimräte, die dergleichen mit Recht als »Dienst« ansehn. Ich bin »außer Dienst« und will wie den Schaden auch den Vorteil davon haben.

An Mathilde von Rohr, 2. Januar 1884.

Nächtliches Abenteuer

Und nun gleich noch eine andre kleine Geschichte, ohne weitren Zusammenhang mit dem eben Erzählten als *den*, daß es auch eine kleine Geschichte ist. Mama und ich waren gemeinschaftlich im Theater, um den »Mohr des Zaren« [von Richard Voß] zu sehn. Um 10 fragt Bertha den sein Abendbrot verzehrenden Friedel, »ob sie aufbleiben müsse oder zu Bett gehen könne?« – »Gehen Sie ruhig zu Bett; die Eltern haben Hausschlüssel und Drücker.« Und Bertha geht zu Bett. Friedel holt Mama aus dem Theater ab und erzählt sein Gespräch mit Bertha. »Ja, das ist schlimm, ich habe keinen Drücker, und Papa kann vor 12 von der Zeitung nicht wieder dasein.« – »Nun, dann wollen wir solange zu dem Weihen-Stephan gehn und ein Seidel trinken.« Gut. Von 11½ an stehen sie aber wieder vor der Gittertür und warten auf mich. Endlich erkennen sie mich. »Da kommt er angehupst.« – »Guten Abend.« – »Gott sei Dank, daß du kommst; wir können nicht in unsre Wohnung, Bertha ist zu Bett, und ich habe keinen Drücker.« – »Und ich auch nicht.« Kolossale Verlegenheit. Mama merkwürdig gefaßt, weil sie noch unter dem Einfluß des Weihen-Stephan-Seidels stand. »Ja, was machen wir nun? wir können ja bei der verschlossenen Hoftür auch nicht einmal die Hintertreppe hinauf und ›bullern‹.« Friedel drang nun drauf, wir sollten mit in seine Wohnung kommen, wo *ich* mich in sein Bett und Mama sich aufs Sofa legen sollte, *er* aber wolle entweder auf einem Stuhl nächtigen oder zu Karl Zöllner ins Bett kriechen. Ich dankte ihm, erklärte jedoch mein »non possumus«; ich habe keine Vorliebe für andrer Leute Betten. So wurde denn beschlossen, daß Mama und ich bei Fredrichs drüben ein Unterkommen suchen sollten. Ums kurz zu machen, im letzten Moment entdeckten wir bei »Geheimrats« [Familie Karl Herrlich, die unter den Fontanes wohnte] noch Licht; also wieder ins Haus hinein, treppauf und geklingelt. Der Geheimrat erschien, und das Wort Hamlets, als er seines Vaters Geist auf sich zukommen sieht: »Thou comest in such a questionable shape«, paßte auch hier. Schönheit ist auch bei Tage nicht seine Sache. Die Gattin stand ihm zur Seite. Beide übrigens voller Güte und *er* sogar voller Humor, natürlich *seine* Sorte. Mit einem Hackebeil bewaffnet, das ich in der geheimrätlichen Küche von der Wand nahm, zogen wir nun 5 Mann hoch treppauf und bullerten zunächst. Aber Bertha schlief den Schlaf der Gerechten, und so blieb dann nichts als das Hackebeil. Es wurde zwischen die Boden-Tür geklemmt, um eine Klinse zu gewinnen, in die nun die Hände vom Geheimrat, von Friedel und mir hineinfuhren; eins, zwei, drei, und mit einem ungeheuren Ruck und Krach flog die Tür auf. Sonderbarerweise war nichts zerbrochen; die nur dünne Tür hatte elastisch nachgegeben und war einfach aus dem Schloß herausgesprungen. Und nun die Hühnerstiege hinauf, um Bertha zu wecken. Ein vollkommener Sieg war erfochten, und ein mitternächtiger Schlummerpunsch war der allseitige, wohlverdiente Lohn.

An Tochter Martha, 8. April 1884.

Wie lebe ich denn in der Reichshauptstadt?

Wie Dir's hier gefallen wird, kann ich nicht wissen, aber selbst wenn Du Dich unsterblich langweilen und die Stunden zählen solltest, körperlich wohler wird Dir hier werden. Dafür verbürg ich mich. Außerdem (und dies muß einmal ausgesprochen werden), was ist denn seit Jahr und Tag unser Berliner Leben nach der Seite des »Interessanten« hin? Etwas Langweiligeres ist doch kaum denkbar, so daß ich mit gutem Gewissen sagen kann, ich habe, drei Wochen in Thale und nun hier in Krummhübel, vergleichsweise wie ein junger vornehmer Russe gelebt, der zum ersten Male nach Paris kommt. Ich habe hier mehr Personen gesprochen, mehr Konversation gemacht, mehr Fragen berührt, mehr Lob und Freundlichkeit eingeerntet als in Berlin in einem ganzen Jahre. Wie lebe ich denn in der Reichshauptstadt? Arbeit bis um 3, Mittagbrot, Schlaf, Kaffe, Buch oder Zeitung, Abendspaziergang und Tee. Von 365 Tagen verlaufen 300 nach dieser Vorschrift. Du denkst, »ich wünsche es so«. Das ist aber nicht der Fall; ich dürste nach Umgang, Verkehr, Menschen, aber freilich alles muß danach sein und speziell *die* Formen haben, die mir gefallen, sonst danke ich für Obst und ziehe die Einsamkeit vor. Aber deshalb, weil ich sie relativ vorziehe, gefällt sie mir noch lange nicht. Schluß: »So viel Vergnügen, wie Du in Berlin aufgibst, findest Du hier auch.« Es gibt eben nicht weniger als nichts.

An Frau Emilie, Krummhübel, 9. August 1884.

In Berlin kann ich eigentlich nicht leben

Hier ist es wundervoll, und ich bin jeden Tag voll Dank, daß ich mit 65, wo doch die meisten schon sehr klapprig sind, noch so schöne, glückliche Tage leben kann. Ich kann arbeiten, in die Berge gehn, mit freundlichen Menschen plaudern und genieße dabei vor allem des Vorzugs, eine bei jedem Atemzuge mich erquickende Luft zu atmen. In Berlin kann ich eigentlich nicht leben, und wenn nicht die Theaterstellung wäre, auf die ich nicht gut verzichten kann – denn es ist das einzige halbwegs *Sichere*, was ich habe –, so würde ich Berlin aufgeben und in eine kleine Stadt ziehn wie beispielsweise Schmiedeberg. Die sogenannten »Vorzüge einer großen Stadt« existieren für mich nicht mehr; in der Jugend und im Mannesalter, wo man noch hofft und strebt, ist das etwas andres; jetzt ist es mir absolut gleichgültig, ja nur störend, zu einem Prinzen oder Minister zu Tische geladen zu werden. Ruhe, Ruhe; nur keine Störungen, nur keine Zapplungen und Anstrengungen, bei denen doch nichts herauskommt. Was ich als Material zu meinen Arbeiten brauche, das habe ich *doch*, ja so viel davon, daß ich's nie abarbeiten kann.

An Mathilde von Rohr, Krummhübel, 13. Juli 1885.

Pessimismus in Rot oder Zeisiggrün

In der Fremde (England, Frankreich) sind mir die häßlichen Gefühle, die mich in unsrer Stadt Berlin bedrängen, erspart geblieben, und wenn ich im Sommer 3 Monate lang im Riesengebirge bin und in Krummhübel, Arnsdorf,

Schmiedeberg, Erdmannsdorf mehr Gesellschaften mitmache als in 9 Monaten in Berlin, so bleiben mir auch an diesen Plätzen Verstimmungen und Ärgernisse erspart. Es muß also doch an der großen Stadt liegen. Es fehlt alles Wohlwollen, alles Interesse, jeder ist jedem nur im Wege, und was Lindau mal von Spielhagen sagte: »Er ärgert sich, wenn die Lucca in New York 17mal herausgerufen wird, denn Spielhagen sagt sich dann in seiner Eigenschaft als internationaler Schriftsteller: die Gesamtwelt kann nur ein bestimmtes Quantum von Enthusiasmus aufbringen, und wenn die Lucca zuviel davon wegfrißt, so muß mein Anteil notwendig geringer werden« – dies Lindausche Wort paßt auf unser Berliner Leben von Nummer zu Nummer, vor allem auf Lindau selbst, der den guten Spielhagen nur durch Einblick in die eigne freie Seele *so* gut charakterisieren konnte. Du bist nun seit ein paar Jahren Beamter und wirst wohl aus eigner Wahrnehmung, um nicht zu sagen, Erfahrung, das Vorhandensein jenes schönmenschlichen Zuges, der sich Neid nennt, bestätigen können. Das oft gewählte Bild von der Beresina-Brücke wird immer wahrer. Indessen, es ist, wie es ist, und wehe dem, der sein Herz darüber mit Trauer füllen will; man kann seinen Pessimismus auch in Rot, ja in Zeisiggrün kleiden und ihn auf Heiterkeit abrichten. Mehr, man kann auch wirklich wieder heiter dabei werden, vorausgesetzt, daß man ein glückliches Temperament hat. Man erkennt zuletzt in allem ein Gesetz, überzeugt sich, daß es nie anders war, und findet für sich persönlich sein Genüge in Arbeit und Pflichterfüllung.

An Sohn Theodor, Berlin, 9. Mai 1888.

Belebende Sommerbegegnungen

Wir leben hier in diesem Sommer etwas stiller als sonst, aber selbst diese Stille ist, verglichen mit unsrer Berliner Mauseloch-Existenz, noch immer ein Sturm von Ereignissen. [...] Alles in allem habe ich mich dieser Sommerbegegnungen von Herzen zu freun, weil sie mich auf 6 und mitunter sogar auf 12 Wochen doch wieder ins Leben stellen, was ich von meinen Berliner Tagen kaum noch sagen kann. Ein alter bewährter Freundeskreis ist unbezahlbar, aber er reicht nicht aus, wenn nicht frische Elemente gelegentlich hinzukommen. Immer mit Mutter und Tochter sitzen und sich was vorlesen, ist zu wenig und geht eigentlich nur, weil ich mir sage: »nun, für den kl. Rest reicht es noch aus«.

An Karl Zöllner, Krummhübel, 17. August 1888.

Ein ganz gemeiner Bandwurm

Wir leben sehr still, Mama rückt sich überhaupt nicht von der Stelle, ich gehe jeden Abend um 9 bis an die Christuskirche (Paulus Cassel), umschlendre schließlich 2mal den Leipziger Platz, schnopre etwas Lindenduft, kucke mir die Jüdinnen an, die unterm Zelt in Hôtel Bellevue soupieren, und bin um 10 wieder zu Haus, gestern etwas später, weil ich in der Nähe von Blankenstein Brahm und Sternfeld traf, mit denen ich noch eine halbe Stunde flanierte; sie schossen mir beide Liebenswürdigkeiten in den Leib – bei Brahm etwas Seltenes –, und während Sternfeld von »Vor dem Sturm« schwärmte (er scheint, bei einem Juden doppelt hoch anzurechnen, ein preußisch historisches Interesse zu haben), orakelte Brahm von »Unwiederbringlich« und wunderte sich, wo ich das alles her hätte. In Deutschland darf man bloß schreiben: »Grete liebte Hans, aber Peter war dreister, und so hatte Hans das Nachsehn«; wer darüber hinausgeht, fällt auf und meist auch ab. Das Komischste war, daß sich in dies literarische Gespräch immer intensiv Medizinisches mischte; Brahm hat sich nämlich einer Bandwurmkur unterzogen; anfangs dachten Sternfeld und ich, es bezöge sich auf sein Schillerbuch, zuletzt ergab sich aber, daß ein ganz gemeiner Bandwurm gemeint war, wie er an den Litfaßsäulen auf grünem Papier immer abgebildet ist, dicht neben den Versen der goldenen 110.

An Tochter Martha, 25. Juli 1891.

Schafskopf mit Eckhaus

Friedlaender ist eitler und äußerlicher, aber trotz dieses Gewichtlegens auf gutsitzende Hosen etc. doch viel *unbourgeoishafter*, ein Vorzug, der mir, je älter ich werde, immer mehr bedeutet. Ich hasse das Bourgeoishafte mit einer Leidenschaft, als ob ich ein eingeschworner Sozialdemokrat wäre. »Er ist ein Schafskopf, aber sein Vater hat ein Eckhaus«, mit dieser Bewundrungsform kann ich nicht mehr mit. Wir erheben uns so über die Chinesen, aber darin sind diese doch das feinste Volk, daß das Wissen am höchsten gestellt wird. Bei uns kann man beinah sagen, es diskreditiert. Das Bourgeoisgefühl ist das zur Zeit bei uns maßgebende, und ich selber, der ich es gräßlich finde, bin bis zu einem gewissen Grade von ihm beherrscht. Die Strömung reißt einen mit fort.

An Tochter Martha, Wyk auf Föhr, 25. August 1891.

Frau Fontane und die Handwerker

Gestern um Mitternacht habe ich meinen Einzug in das geflickte Johanniterhaus gehalten, dem die Risse mittlerweile vergangen sind. Delhaes [der Hausarzt], bei dem Mama etliche Stunden vorher gewesen war, hat ihr für ihre Haltung während der Zerstörung von Pompeji (er war einmal Augenzeuge, als der starkste Aschenregen fiel) eine »Aureole« versprochen, und ich kann ihm nur zustimmen, um so mehr, als ich jetzt Zeuge des erfolgten Wiederaufbaus bin. Alles heldisch. [...]

Bittner jun. wurde einfach rausgeschmissen, und ein Tapetenfritze, der die kunstvolle »Deckenmalung«, weil er 50 Ellen 2 Groschentapete dadurch weniger los wurde, hintertreiben wollte, wurde mit der Bemerkung heimgeschickt: »wer hat hier etwas zu sagen? Sie oder ich? Soviel ich weiß, ist dies meine Wohnung; ich übernehme *jede* Verantwortung.«

An solchen großen Momenten sind diese drei Wochen reich gewesen. Aber Mama scheint, während dieser ganzen Epoche, die Rollen des Königs und der Königin in des »Sängers Fluch« glücklich in sich vereinigt zu haben, denn wenn es Bittner gegenüber hieß »Und was sie sinnt, ist Schrecken, und was sie blickt, ist Wut«, so hieß es dem Mauerpolier gegenüber »Und lächelte süß und milde, als blickte Vollmond drein«. Es wurde dies durch beständiges Kaffekochen etc. erzielt. Der Lohn war ein Einsetzen voller Arbeitskraft, was bei einem Maurer immer noch nicht viel bedeutet, und vor allem ein beständiges tapfres zum Munde reden. Es gipfelte in dem immer wiederholten Satze: »Madamm, es is ja alles klagbar; ich ließe den Baumeister von nebenan nich los und ließe mir auch keine Vorschriften von'n Wirt hier unten machen, die Tapeten riechen ja schon sauer und *sind gegen die Desinfektion.*« Auf diese Schlußwendung ist er immer wieder zurückgekommen; Triumph preußischer Bildung.

Der Sieg ist nun also erstritten. Aber diese Delhaessche »Aureole« sich zu sichern war kein Spaß, und die arme Mama ist elend und sehr herunter. Sie hat, wie sie mir heut erzählte, dabei sterben und diese Hausfrauentat uns rühmlich hinterlassen wollen. Gut gemeint; ich hoffe, sie lebt weiter.

An Tochter Martha, 30. August 1891. Fontane hatte sich nach Wyk auf Föhr zurückgezogen, während seine Frau die Bauarbeiten in der Wohnung überwachte, die nötig geworden waren, nachdem das Haus Potsdamer Straße 134c, das dem Johanniterorden gehörte, durch einen benachbarten Neubau erheblich beschädigt worden war.

Zurück nach Berlin. Ach, Berlin!

Montag über 8 Tage will ich noch mal nach Breslau – die ganz aufgezehrte arme Frau mit mir –, um bei Prof. Hirt einen letzten Kurversuch zu machen. Etwa 10 Tage. Dann zurück nach Berlin. Ach, Berlin! Es liegt schon in Gedanken schwer auf mir. Der Lärm, all das wüste Treiben, die Jagd nach dem Glück und die Brücke, die bricht. Der Lübke-Fall kann einen auch nicht heiter stimmen. Ach, man muß an das Leben glauben, um glücklich zu sein; der schöne Wahn hält uns; »nur der Irrtum ist das Leben, und die Wahrheit ist der Tod«. Schiller hat es auch *da*rin getroffen, wie so oft.

An Karl Zöllner, Zillerthal, 13. August 1892. Fontane, schwer erkrankt, verbrachte nach seiner Eintragung im Tagebuch »vier schlimme Monate an der sonst so schönen Stelle«. Der Kurversuch in Breslau, eine Behandlung mit elektrischem Strom, brachte keine Besserung. Erst nach der Rückkehr nach Berlin und mit der beginnenden Arbeit an seiner Autobiographie »Meine Kinderjahre« schrieb er sich wieder gesund.

Wie man in Berlin so lebt

1. Mein Bett steht in einem sogenannten Berliner Zimmer (manche sagen auch »Saal«), und da ich einen gesegneten Schlaf habe, so komme ich über die Nacht gut weg, selbst wenn ich mal aufwache, ist alles so dunkel, daß die merkwürdigen architektonischen Linien mich nicht stören können. So geht es bis sieben. Um diese Zeit weckt mich ein Nachbargeräusch mit einer geradezu brutalen Gewalt. Es trifft sich nämlich so unglücklich – und unglücklich ist noch ein mildes Wort –, daß gerade am Kopfende meines Bettes der Closet-Zug des Nachbarhauses läuft, ein in gräßlichen Gurgeltönen arbeitendes Instrument, das mit einer erstaunlichen Pünktlichkeit und angenehm nur für den, auf den diese Pünktlichkeit zurückzuführen ist, um sieben Uhr sein Tagewerk beginnt. Für Menschen ohne Phantasie mag das gehn, aber wer alles mit durchlebt, der ist doch beklagenswert. In der Regel schlafe ich trotzdem wieder ein. Um acht oder wenig später werden auf dem sechs Meter im Quadrat großen Hofe Decken geklopft, eh man noch fertig ist, erscheint ein Leierkasten. Ein Glück, daß das Deckenklopfen noch nicht ganz fertig ist, so frißt eins das andre auf.

2. Nun Frühstück. Die Semmeln. Es heißt, die Fremden freuten sich … Entweder kommen sie aus merkwürdigen Gegenden, oder sie nehmen uns das Glück weg und lassen uns das Elend. In Dresden soll man sich nur um die Engländer kümmern; die Deutschen müssen warten.

3. Dann Toilette. Rasieren. Ich habe die Tugend oder

Untugend, mich selber zu rasieren. Marterstunde. Diese Jahrzehnte zerfallen in ein up and down. Es gab auch gute Zeiten. Aber seit längerer Zeit bin ich wieder in der down-Epoche und mache Marterstunden durch. Es ist mir nicht mehr möglich, ein Rasiermesser zu erstehn, das Schneid hat. In Preußen und nicht mal Schneid! Ich bin in allen möglichen Läden gewesen, in großen berühmten Messerhandlungen, in renommierten Schleifanstalten, alles umsonst. Es bleibt, wie's ist. »Man kann drauf nach Rom reiten.« Es ist der Prozeß des Mähens mit der ungedengelten Sense, keine Mahd, das Gras bleibt stehn. »Hier steh ich, ich kann nicht anders.«

4. Weiter in der Toilette. Die Seifenfrage beginnt. In englischen Zeitungen steht immer Pears Soap und dann eine lange Beschreibung und ein Bild, wie ein Mohr weißgewaschen wird. Dies letztre ist das einzige, das ich unsrer Seife auch zutraue, denn sie ist so alkalireich, daß sie die Haut mit wegnimmt, da muß dann zuletzt der natürliche Fleischton zur Geltung kommen. Aber – die Haut ist weg.

5. Nun weiter. Die Hose bammelt und schlägt überall Falten, wo sie keine schlagen soll; zieht man die Träger an, so schneidet sie ein, läßt man die Träger los, so tritt man drauf. Die Weste ist wie für einen Bierbrauer, und ich habe kaum mittlere Brust- und Bauchweite. Dann der Rock. Ich lasse mir dabei helfen, weil es sonst gar nicht geht, und nun endlich sitz ich drin und stecke wie in einem Futteral. Alles zu eng, und die Manschetten samt einem Stück Hemdärmel wachsen aus dem Ärmel heraus. Es ist überhaupt nur ein Halbärmel. Ich bin ein alter Herr, aber wenn man mir ein Tuch über den Kopf deckt, wird mich jeder für einen Konfirmanden halten. Und dies ist das Produkt eines sogenannten guten Schneiders, eines ersten

gewissenhaften Künstlers. Denn als unter beständiger genauester Zahlennennung Maß genommen wurde, war es, als ob die Firth-of-Forth-Brücke neu gebaut werden sollte, so minutiös die Berechnung.

Dann Hut und Stock und Handschuh. Ach die Handschuh. Ich bin kein Handschuhmann, aber so viel weiß ich doch, daß ich einen guten von einem schlechten unterscheiden kann. »Ich kaufe neue Handschuh«, und nun wird eine Fabrik in einer wilden Stadtgegend genannt. Was ich von da bezogen habe, hatte immer mehr oder weniger die Gestalt des ehemaligen Fausthandschuhs, auch dann noch, wenn sie zu eng waren. Unter dem Daumen hing immer eine unmotivierte Lederkappe, ein kleiner Lufthut, und wo der kleine Finger in die Handfläche einsetzt, lagen tiefste Runzeln. Eine Zeitlang besorgte mir eine Freundin Handschuh im Bon Marché in Paris; sie waren trotz Steuer erheblich billiger und saßen wundervoll. Ich trug sie bis zur Erschlaffung, bis an die Grenze des Möglichen, denn auch in ihrem verschlissensten Zustande saßen sie immer noch besser als die hiesigen neuen.

Und nun in die Stadt. Da fährt die Pferdebahn vorüber. Gott sei Dank etwas Gutes, was einen wieder an Berlin glauben läßt. Aber ich [nehme] doch lieber eine Droschke. Auch was Gutes. Manche lassen zu wünschen übrig, und wer zu Rheumatismus oder Zahnweh neigt, soll lieber draußen bleiben, aber was kann man für 60 Pfg. verlangen! Und dann diese wunderbaren Leute. Jeder ein Original, die vermickerten, die wie Kranke aussehen, ebenso wie die forschen und stattlichen.

Und so geht es in die Stadt und in den Tag hinein. Aber ich breche ab und begnüge mich, ein paar Fragen zu stellen: ist die Kaiser-Wilhelms-Brücke schön? Und was dann folgt, ist es schön? Und der neue Markt, der mich immer an Loreto erinnert, wohin das Haus der Maria durch Engel getragen wurde. Der neue Markt wurde von Bentschen oder Tirschtiegel nach Berlin getragen, natürlich nicht von Engeln. In Bentschen leben andre Träger. Dann wachsen überall die Gemeindeschulen wie Pilze aus der Erde, aber lange nicht so hübsch wie Pilze. Sie haben was von einem Verlies. Die Heiterkeit freier Wissenschaft kommt sehr unvollkommen zum Ausdruck. Sie wirken einschüchternd, als habe sich der Bakel des vorigen Jahrhunderts eine Kunstform gesucht. Viele lassen sich ihr Schuhzeug aus dem Östreichischen schicken. Eine gute Tasse Kaffe gehört in Berlin zu den Seltenheiten; die Hälfte der Sommerreisen ist auf die daraus entspringende Sehnsucht zurückzuführen. Wer in Berlin einen guten und verhältnismäßig billigen Bucheinband haben will, wendet sich nach Leipzig. Gute Sättel kommen aus England. In guten Restaurants kriegt man unglaubliche Beefsteaks, mit einem starken Stich oder einem Beigeschmack von Hauklotz, und wenn man sie stehenläßt, ist der Wirt beleidigt. Er fordert Selbsttötung als Anstandspflicht. Und welche Flaschenbiere! Ob die Panscher schuld sind, ich weiß es nicht, ich weiß nur, daß einem schofles Zeug ins Haus geschickt wird. Und dann wechselt man, und dann ist es noch schlechter. Daß man in Berlin auch wundervolles Bier trinken kann, weiß ich, aber ich will hier auf die Mängel hinweisen nicht aus kindischer Tadelsucht, sondern aus einem patriotischen Gefühl. Ich bin ein guter Berliner, Preuße, Deutscher, und einige halten mich für geeicht in diesem Punkte; nichts ist mir widriger als ewiges Mäkeln und Besserwissenwollen, alles bloß aus Überheblichkeit und Wichtigtuerei. Berlin ist eine propre Stadt, und es gibt viele Fremde – die, weil unbefangen, immer das beßre Urteil haben –, die das Berliner Leben dem Leben in andren Großstädten vorziehn. Wenn ich solchen Stimmen begegne, schlägt mir das Herz höher, und ich freue mich dann, Stimmen gegen mich selber sammeln zu können. Es liegt mir nicht das geringste daran, recht zu haben, es liegt mir nur daran, Dinge gebessert zu sehn, die der Besserung bedürftig sind, auch wenn die Fremden liebenswürdig genug sind, all dergleichen um andrer Vorzüge willen zu übersehn. Das berühmte Wort Reuleaux', eines Mannes, der wahrhaftig imstande war, Unterscheidungen zu treffen, enthielt eine große Wahrheit und enthält sie noch, nur daß uns der Entschuldigungsgrund des einen Wortes für das andre mehr und mehr verlorengeht. Nichts von cheap mehr. Zum Teufel ist die Billigkeit, das »andre« ist geblieben.

Fragment aus dem Nachlaß, um 1893.

Angriff auf den Hummerschwanz

Die Gesellschaft bei Sternheims war neulich sehr nett. Bei Tische wurde mir zum 2. Male eine Hummerspeise präsentiert, und ich nahm mir einen kleinen Hummerschwanz, weil ich das erste Mal nur eine ganz kleine Schere gekriegt hatte. Ich glaubte, Ida sei die Präsentierende, und begleitete deshalb meinen Angriff auf den Hummerschwanz mit einer vertraulichen Entschuldigungsrede, begegnete aber einem so eisigen Schweigen, daß ich die Kälte im Nacken fühlte und mich umdrehte. Da stand denn eine ganz fremde Person hinter mir, die offenbar dachte, ich sei ein Imbecile. Wenige Tage vorher harrte meiner im Tiergarten eine ähnliche Überraschung. Ich hatte meinen Stock in den Rücken gelegt, und von hinten her (es war schon dunkel) lief jemand gegen das links vorragende Stück. Ich wollte mich entschuldigen, weil man den Stock nicht so tragen darf, aber im Augenblick, wo ich mich wandte, starrte ich in das schwarze Gesicht eines Mohren, der, trotz seiner Abstammung aus Kamerun oder Dar-es-Salam, im dialektfreisten Deutsch sagte: »entschuldigen Sie, mein Herr«. Es hatte was Gespenstisches, so zwischen Königin Luise und Fr. Wilh. III. mit'm Riester.

An Tochter Martha, 16. Februar 1894.

Ich werde immer demokratischer

Hat Dir denn Mama von meinem Vorlese-Abend bei den Vollmerschen Damen geschrieben? Die Heldin des Abends – ich selber kam mir sehr wenig als Held vor – war ein kleines Fräulein Zuncke, von der ich nur sagen kann, ihre Erscheinung und gesamte Haltung war eine glänzende Widerlegung ihres prosaischen Namens. Schönes Profil, kluge Augen, alles Nerv und Charakter, merkwürdige Mischung von Berliner Geist und Berliner Keller. Eine Korallenbrosche auf dem schwarzen Kleid und mit einem Lorbeerkranz (den sie dezent in »ihres Kleides Falten« verbarg) bewaffnet, stand sie vor mir, sah mich, aus reiner Nervosität, denn sie zitterte leise, scharf an und trug nun ihre Huldigungsverse vor. Ich fragte nachher: »wer und was ist die junge Dame?« – »Sie ist Verkäuferin in einem Knopfladen.« Du weißt, daß bei meinem Hange, gleich zu kombinieren und weitgehende Schlüsse zu ziehn, solche Dinge immer einen großen Eindruck auf mich machen. Ich werde immer demokratischer, lasse höchstens noch einen richtigen Adel gelten, was dazwischen liegt: Spießbürger, Bourgeois, Beamter und vor allem auch der »schlechtweg Gebildete«, kann mich wenig erquicken. Immer tiefer sinkt der Beamte, übrigens ganz unverschuldet; vor 100 Jahren, und fast auch noch vor 50, war er durch Stellung und Bildung überlegen und in seiner Vermögenslage, so bescheiden sie war, meist nicht zurückstehend; jetzt ist er im Geldpunkt zehnfach überholt und in natürlicher Konsequenz davon auch in allem andern. Denn – etliche glänzende Ausnahmen zugegeben – ist der Besitz auch in Bildungsfragen entscheidend.

An Tochter Martha, 16. Februar 1894.

Meine Reiselust

(früher und jetzt)

»Auf, hinaus in die weite Welt«,
Drauf war mir ehdem der Sinn gestellt,
Mehr als Weisheit aller Weisen
Galt mir reisen, reisen, reisen;
Tsad-See, Kongo, Land der Zwerge,
Kapstadt und die Tafelberge,
Zulus, Nigger mit dickem Flunsche,
Mongolen umfaßt ich mit gleichem Wunsche,
Und Bürgers Lenore mit fliegenden Haaren,
Die so romantisch ums Morgenrot gefahren,
Ob *mit* ihm, ob *ohne*, – daß einer so fährt,
Erschien mir allein schon beneidenswert.
(Freiligrath und den »Löwenritt«
Nahm ich so nebenher noch mit.)
Nach Salas y Gomez wurd ich getrieben,
Wo der Mann die drei Schiefertafeln geschrieben.

Jetzt zwischen Link- und Eichhornstraße
Meß ich meine bescheidenen Maße,
Höchstens bis Königin Luise
Wag ich mich vor, umschreitend diese,
Bleib dann ein Weilchen noch in dem Bereiche
Des Floraplatzes am Goldfischteiche.
Der Wrangelbrunnen bleibt mir zur Linken,
Rechtsher seh ich Goethe winken.
Zuletzt dann vorbei an der Bismarckpforte
Kehr heim ich zu meinem alten Orte,
Zu meiner alten Dreitreppen-Klause,
Hoch im Johanniterhause. –
Schon seh ich grüßen, schon hör ich rufen –
Aber noch 75 Stufen.

Die Menschheit fängt nicht beim Baron an

Der Aufenthalt hier ist wieder sehr nett und eine Auffrischung in meinem Leben, das doch *zu* sehr aus Feder und Tinte und – Vossischer Zeitung besteht. Gegen F[riedlaender] ist viel zu sagen, und Mama, die Deine Ausstellungen mit ungeschwächten Kräften fortsetzt, bemängelt eigentlich alles, demunerachtet muß ich froh sein, überhaupt einen Gesellschafter zu haben und schließlich, trotz alledem und alledem, auch einen so guten. Denn wenn ich meine Berliner Garde Revue passieren lasse, was habe ich denn da Besseres. Neben meinem Berliner Umgangsmaterial ist, auf Unterhaltlichkeit, Esprit und gute Einfälle angesehn, Friedlaender immer noch ein Gott. Wäre er nicht so kolossal kleinstietzig, könnte er über seine Nasenspitze wegsehn und irgendeine große Frage losgelöst vom eignen kleinen Ich betrachten, so wäre er ausgezeichnet. Er ist aber ganz Jude. Freilich mir dadurch auch wieder *sehr* interessant, weil ich das Jüdische an ihm und auch an seiner Tochter so wundervoll studieren kann. Preußentum, Berlinertum, Assessortum, Geheimratsgöre, Bildungsallüren – alles geht unter im Juden oder erhält durch ihn eine bestimmte Färbung.

Im Theater waren wir noch nicht; es wird immer der »Zigeunerbaron« gegeben, und das ist mir doch zu wenig. Auch »Mikado« kann nicht retten. Das weibliche Geschlecht wird einem hier verleidet. Nur Karikaturen. Der Mensch, der so viel sein kann, ist in der Gesellschafts- und Geldsphäre doch recht wenig. Die Menschheit fängt nicht beim Baron an, sondern, nach unten zu, beim 4. Stand; die 3 andern können sich begraben lassen. Solange man die Dinge um einen her wie selbstverständlich ansieht, geht es, aber bei Beginn der Kritik bricht alles zusammen. Die »Gesellschaft« ist ein Scheusal.

An Tochter Martha, Karlsbad, 22. August 1895.

Gute Verdauung ist besser als eine Million

Ach, Geld, Geld und Portieren und elektrisches Licht und eine Renommier-Exzellenz – was kommt dabei heraus! Wie froh bin ich, daß wir uns auf 'ne Tasse und 'nen silbernen Teelöffel verheiratet haben und jetzt in unsrer Mansarde geschenkten Feldheim-Champagner trinken, den der kleine Br[ahm], als feiner Knopp, refüsiert. Von gesunden Eltern geboren sein und dann arm sein und sich nach Neigung verheiraten und guten Verstand und gute Gesinnung haben – das ist das einzige, was einen Wert hat. Gute Verdauung ist besser als eine Million. –

An Tochter Martha, Karlsbad, 19. Juni 1896.

Sport- und Rennstunde im Tiergarten

Es ist immer das alte Lied. Bis 3 Arbeit. Dann zu Tisch. Und nach Tisch matt und müde in den ledernen und doch mir so lieben, weil so nötigen Tiergarten hinaus. In dieser Sport- und Rennstunde könnte ich ja nun vorsprechen, *sollte* es sogar, aber ich habe das bißchen Elastizität nicht mehr, das zu solcher fife o'clock-Konversation vonnöten ist. Müde komm ich nach Haus und strecke mich, um mir für Abend und Abendzeitung die nötige Kraft zu erschlafen. So vergehen die Tage. Das Gerede von dem »jung bleiben« ist Unsinn; viel richtiger ist das Wort der guten alten Mutter Pietsch: »Jott, Sie sollten ihn man zu Hause sehn.« Man geht, um mit Mathilde Einzahn zu schließen, nicht ungestraft »im Siebenundsiebzigsten«.

An Karl Zöllner, 5. Februar 1897.

Wie wird die Welt nach hundert Jahren aussehn?

Morgen ist ein großer Tag, aber heute auch schon; Mama *hat* heute Gäste (Friedel und Trude) und *ist* dann Gast bei der Ibsen-Feier. Um 6 Uhr drüben in der »Gesellschaft der Freunde«, also so jüdisch wie möglich. Immer wieder erschrecke ich vor der totalen »Verjüdelung« der sogenannten »heiligsten Güter der Nation«, um dann im selben Augenblick ein Dankgebet zu sprechen, daß die Juden überhaupt da sind. Wie sähe es aus, wenn die Pflege der »heiligsten Güter« auf den Adel deutscher Nation angewiesen wäre. Fuchsjagd, getünchte Kirche, Sonntagsnachmittagpredigt und jeu. Dabei fällt mir mein Sohn Theo ein, der gestern abend – unter dem Einfluß seiner Zeitung (»Post«) – geneigt war, den 18. März [1848] für einen Tag zu halten, »den die Tränen kommender Geschlechter vergeblich bemüht sein werden, von den Tafeln preußischer Geschichte wegzuwaschen«. Wie wird die Welt nach hundert Jahren aussehn? All *dieser* Unsinn wird wenigstens verschwunden sein.

An Tochter Martha, 20. März 1898.

Anhang

Fontanes Berliner Wohnstätten

Von Hans-Werner Klünner

Im September 1833 kam der Neuruppiner Gymnasiast Theodor Fontane nach Berlin, um hier die von Karl Friedrich von Klöden geleitete städtische Gewerbeschule zu besuchen. Mit dem Datum vom 1. Oktober ist der Dreizehnjährige im Aufnahmebuch der Schule eingetragen. Somit hat Theodor Fontane bis zu seinem Tode am 20. September 1898 fast genau auf den Tag 65 Jahre in Berlin gelebt, nur unterbrochen von den Aufenthalten in Burg bei Magdeburg 1840, Leipzig, Dresden und Letschin von April 1841 bis April 1844 und Juli 1846 bis September 1847 sowie England von April bis September 1852 und August 1855 bis Januar 1859. In diesen sechseinhalb Jahrzehnten hat er den Aufstieg Berlins von der biedermeierlichen Residenz zur Reichshauptstadt und Weltstadt miterlebt wie kaum ein anderer. Die Stätten, an denen er wohnte und wirkte, sind diesem Aufstieg zum Opfer gefallen oder wurden im zweiten Weltkrieg zerstört. Nur eine, das ehemalige Bethanien-Krankenhaus, ist erhalten. So sind z. B. von den siebzehn Wohnstätten Fontanes neun zugunsten von Neubauten abgerissen und acht zerstört worden; von den vier Apotheken, an denen er tätig war, wurden drei durch Neubauten ersetzt, und nur die Apotheke im Bethanien-Krankenhaus blieb bis in unsere Tage unverändert erhalten.

Wo wohnte Theodor Fontane in Berlin, und was wissen wir über seine Wohnungen? Der Dichter hat in »Von

Zwanzig bis Dreißig« auch einiges über seine Wohnungen jener Jahre – bis 1850 – gesagt. Für die Zeit danach existierte einst ein eigenhändiges Manuskript »Meine Wohnungen von 1850–1872«. Die fünfeinhalb Folioseiten umfassende Handschrift wurde am 9. Oktober 1933 in der unglückseligen Versteigerung des Fontane-Nachlasses bei Meyer & Ernst unter der Katalognummer 629 zum Schätzpreis von 40,– RM angeboten und ging für 32,– RM in Privatbesitz über. Seitdem ist sie nicht wieder aufgetaucht, so daß sie als verloren gelten kann. Die wichtigste Quelle für unsere Kenntnis der Wohnungen Fontanes sind somit die Briefe mit ihren Absender- und Empfängerangaben. Ohne diese ließen sich seine vielen Wohnstätten nicht ermitteln, da die Wohnungsanzeiger jener Zeit die Untermietverhältnisse und kurzfristige Mietverhältnisse nicht registrieren. Die Briefe enthalten auch – wenig zahlreiche – Äußerungen des Dichters über seine Wohnungen. Sie sind jedoch nicht so ausführlich, als daß man sich ein umfassendes Bild machen könnte. Lediglich über die letzte Wohnung sind wir ziemlich gut unterrichtet dank der Mitteilungen des jüngsten Sohnes, Friedrich Fontane. Einige Einzelheiten über die Höhe der Mieten u. ä. enthalten die zum Teil erhaltenen Wirtschaftsbücher Emilie Fontanes. Sie befinden sich im Theodor-Fontane-Archiv und sind bis auf geringfügige Details noch unveröffentlicht. Aus den Lebenserinnerungen Theodor Fontanes jr., des zweiten Sohnes des Dichters, machte uns dessen Enkelin, Frau Ursula von Forster, den die Dichterwohnungen betreffenden Abschnitt zugänglich, so daß wir ihn dieser Arbeit einfügen können.

Von 1833 bis 1850

Im Herbst 1833 wohnte Theodor Fontane nicht sehr weit von seiner Schule entfernt im Hause *Wallstraße 73* in einer Schülerpension Badke. Es war eines der alten Häuser der Berliner Vorstadt »Neu-Kölln«, die im 17. Jahrhundert entstanden war, und wurde 1872 zugunsten eines Neubaues abgerissen. Der Weg zur Schule führte durch die Wallstraße über den Spittelmarkt in die Niederwallstraße, wo sich seit 1826 die städtische Gewerbeschule im Hause Nr. 12 befand. Es war 1738 auf der Stelle des alten Leipziger Tores der kurfürstlichen Befestigungsanlagen für den General von Bauvrye erbaut worden. Nach diesem gehörte es dem Kabinettsminister Friedrichs II., Gutsherrn von Britz und Wiederentdecker des Landbuches Karls IV., Ewald Friedrich von Hertzberg.

Ab Januar 1834 lebte der nunmehrige Realschüler bei seinem Onkel August, einem Halbbruder seines Vaters, im Hause *Burgstraße 18*. Es war dies ein dreigeschossiges Haus dicht neben der Kriegsakademie und gegenüber dem Stadtschloß. August Fontane betrieb hier ein Malutensiliengeschäft, die Wohnung der Familie lag im zweiten Stockwerk. Das Haus war eigentlich ein Hintergebäude von Heilige-Geist-Straße 14, um 1700 erbaut, und gehörte damals einem Dr. Bietz, welcher u. a. Theaterarzt des Königsstädtischen Theaters war. 1826 war es umgebaut worden, 1894/95 wurde es zusammen mit dem Nachbarhaus zugunsten eines Geschäftshausneubaues abgebrochen. Theodor Fontane schildert das Leben hier, sein Zimmer, seine Mitbewohner, unter denen der spätere Maler und Ornithologe Heinrich Gaetke war, und besonders die unübertreffliche Aussicht aus dem Fenster der »Guten Stube« in seinen Erinnerungen:

»Das unter Umständen als Repräsentationsraum dienende größere Zimmer wurde wenig benutzt und kam eigentlich nur als eine Art Belvedere für uns in Betracht. An Sommerabenden lagen wir hier im Fenster und sahen die Spree hinauf und hinunter. Es war mitunter ganz feenhaft, und wer dann von der ›Prosa Berlins‹, von seiner Trivialität und Häßlichkeit hätte sprechen wollen, der hätt einem leid tun können. In dem leisen Abendnebel stieg nach links hin das Bild des Großen Kurfürsten auf und dahinter das Schleusenwerk des Mühlendamms, gegenüber aber lag das Schloß mit seinem ›Grünen Hut‹ und seinen hier noch vorhandenen gotischen Giebeln, während in der Spree selbst sich zahllose Lichter spiegelten.«

Man sieht, wie tief beeindruckt das jugendliche Gemüt des Dichters gewesen sein muß, daß er nach sechzig Jahren, beim Niederschreiben seiner Erinnerungen, noch solche begeisterten Worte fand. Er irrt zwar, wenn er vom »Schleusenwerk des Mühlendamms« schreibt, denn damals standen noch die alten im Jahre 1838 abgebrannten Mühlengebäude, und die Schleuse gab es erst seit 1893, aber der romantische Zauber der Spreeseite des alten Schlosses berührte auch uns, selbst als es schon Ruine war.

Aus dieser bevorzugten Wohngegend zog Onkel August zu Ostern 1835 als »Trockenwohner« in einen Neubau in der *Großen Hamburger Straße*. Fontane hat auch diese Episode vom Abstieg des Onkels in seinen Erinnerungen festgehalten:

»Dieser Neubau war ein Doppelhaus, dessen gemeinschaftlicher Hof durch eine traurig aussehende niedrige Mauer in zwei Längshälften geteilt wurde. Trotzdem alles ganz neu war, war alles auch schon wieder wie halb verfallen, häßlich und gemein, und wie der Bau, so war auch –

ein paar Ausnahmen abgerechnet – die gesamte Bewohnerschaft dieser elenden Mietskaserne. Lauter gescheiterte Leute hatten hier als Trockenwohner ein billiges Unterkommen gefunden: arme Künstler, noch ärmere Schriftsteller und bankrotte Kaufleute, namentlich aber Bürgermeister und Justizkommissarien aus kleinen Städten, die sich zur Kassenfrage freier als statthaft gestellt hatten. Eine Gesamt-Gesellschaft, in die, was mir damals glücklicherweise noch ein Geheimnis war, mein entzückender Onkel August – er war wirklich entzückend – durchaus hineingehörte. Wir wohnten Parterre. Das von mir bezogene Zimmer, das so feucht war, daß das Wasser in langen Rinnen die Wände hinunterlief, lag schon in einem uns von dem alten Judenkirchhof abtrennenden Seitenflügel, welch letzterer sich, nachdem man einen kleinen, sich einschiebenden Zwischenflur passiert hatte, weit nach hinten zu fortsetzte. Was in diesem letzten Ausläufer des Seitenflügels alles zu Hause war, war mehr interessant als schön.«

Man hat immer angenommen, daß es sich hier um das Haus Große Hamburger Straße 25 gehandelt habe, das an den Jüdischen Friedhof anstößt. Abgesehen davon, daß das zur Zeit Fontanes hier stehende Haus nur klein war und keinen Seitenflügel besaß, wurde das heute hier stehende Haus 1863 erbaut. Sein Seitenflügel stößt auch nicht an den Friedhof an. Hier also kann die Wohnung nicht gelegen haben. Vielmehr handelt es sich um das Doppelhaus Nr. 30/30a, wie es auch der Wohnungsanzeiger für 1836 ausweist. Das Haus war 1834/35 erbaut worden und gehörte dem Kaufmann Johann Peter Tondeur. Nach dessen Tode im Jahre 1842 wurde durch Erbgang das Nachbarhaus Nr. 30a abgeteilt. 1885 kamen beide Häuser in den Besitz der Sophiengemeinde; 1904/05 wurden sie zusammen mit den Nachbarhäusern abgerissen und die jetzt noch stehenden repräsentativen Wohnhäuser erbaut, die einen Durchblick auf den schönen Turm der Sophienkirche frei lassen.

Theodor Fontane irrt in seinen Erinnerungen insofern, als er meint, die Hinterhäuser grenzten an den Jüdischen Friedhof; das war nicht der Fall, sie grenzten an den Sophien-Kirchhof. An anderer Stelle in »Von Zwanzig bis Dreißig« berichtet er, daß ein Mitbewohner des Hauses und Freund der Familie der Kommissionsrat Kummer gewesen sei. Dessen Adoptivtochter war Emilie Rouanet-Kummer, die spätere Frau des Dichters. Schon hier hatte er sie kennengelernt. Damals war auch Hermann Scherz, ein Gutsbesitzerssohn aus dem Ruppinschen, mit dem Fontane eine lebenslange Freundschaft verbinden sollte, ein Mitbewohner der Onkel Augustschen Wohnung.

Aus den trüben Verhältnissen bei Onkel August wurde der Jüngling erlöst durch den Eintritt als Lehrling in Wilhelm Roses Apotheke »Zum weißen Schwan« in der *Spandauer Straße 77/Ecke Heidereitergasse* am 1. April 1836. Wie es damals üblich war, wohnten Gehilfen und Lehrlinge im Hause des Prinzipals. So hatte auch Fontane ein Zimmer im Seitenflügel des Roseschen Hauses. Wilhelm Rose war seit 1818 im Besitz der Apotheke. Vorher hatte sie schon seinem Vater und Großvater gehört. Nachdem er sie 1845 verkauft hatte, starb er am 8. April 1847. In den fünfziger Jahren wurde das Haus neu gebaut; später bekam es bei einer Umnumerierung der Spandauer Straße die Nr. 40. Der letzte Vorkriegsbesitzer verlegte die Apotheke schließlich 1939 wegen der Abbruchpläne für die »Neugestaltung Berlins« in die Rosenstraße.

Nach vorfristiger Beendigung der Lehrzeit am 9. Januar 1840 blieb Fontane noch bis zum Herbst bei Rose und ging dann nach Burg bei Magdeburg in die Kannenbergsche Apotheke. Das Leben in Burg langweilte ihn jedoch, und so sehen wir ihn schon am 30. Dezember 1840 wieder nach Berlin zurückkehren. Hier erkrankte er am 3. Januar 1841 an Nervenfieber. Die siebenwöchige Krankheitszeit verbrachte er im Zimmer seines Freundes Fritz Esselbach, der als »Chambregarnie« in der Alten Jakobstraße wohnte. Da der Name von Esselbachs Wirtin nicht überliefert ist, ist eine exakte Hausangabe nicht möglich. Diesem Freund, dem er mit seiner Erkrankung große Ungelegenheiten bereitet hatte, widmete Fontane in seinen Erinnerungen einige Seiten und entriß ihn so der Vergessenheit.

Nach mehrjähriger Tätigkeit in Leipzig, Dresden und in der Apotheke des Vaters in Letschin kam Fontane zu Ostern 1844 wieder nach Berlin zurück, um hier seiner Militärdienstpflicht nachzukommen. Am 1. April trat er als Einjährig-Freiwilliger in das Kaiser-Franz-Garde-Grenadier-Regiment Nr. 2 ein. Er wurde dem II. Bataillon zugeteilt, das seine Kaserne in der Neuen Friedrichstraße 5–8 (heute Littenstraße) hatte. Sie wurde 1915 abgerissen und hier die Voltairestraße als Verbindung zur Alexanderstraße durchgelegt. Als »Einjähriger« brauchte Fontane nicht in der Kaserne zu wohnen. So finden wir ihn zu Beginn der Militärzeit, im April 1844, im Hause *Klosterstraße 64, 2 Treppen*, und im Herbst, als Unteroffizier, in einem Mansardenzimmer im Hause *Jüdenstraße 55*. Das Haus *Klosterstraße 64* mußte 1904 einem Geschäftshausneubau weichen, der noch erhalten ist. Das Haus Jüdenstraße 55 an der Ecke der jetzt verschwundenen Sieberstraße wurde im zweiten Weltkrieg zerstört.

In die Militärzeit fielen Fontanes erster, zweiwöchiger Aufenthalt in England und sein Eintritt als Mitglied in die Dichtervereinigung »Tunnel über der Spree« am 29. September 1844. Noch heute könnte uns Schinkels »Neue

Wache«, die jetzige zentrale Gedenkstätte für die Opfer der Gewalt, Unter den Linden, an jenen Tag im Mai 1844 erinnern, an dem hier Hermann Scherz seinem Freunde Fontane das sensationelle Angebot auf kostenlose Reisebegleitung nach England machte.

Nach Beendigung seines Dienstjahres und kurzem Aufenthalt in Letschin trat Fontane am 24. Juni 1845 in die »Polnische Apotheke« des Medizinalrates J. E. Schacht – *Friedrichstraße 153a/Ecke Mittelstraße* – ein, in der er bis zum 30. Juni 1846 blieb. Auch hier wohnte er, der Gepflogenheit entsprechend, im Hause des Prinzipals. Der Dichter sagte hierzu:

»Was Wohnung und dergleichen anging, so stand alles dies hinter Leipzig und Dresden, wiewohl wir auch da in diesem Punkte nicht verwöhnt worden waren, um ein gut Teil zurück; es wurde das aber durch die sogenannte ›Prinzipalität‹ wieder ausgeglichen. Medizinalrat Schacht und Frau waren, *er* durch Charakter, *sie* durch Liebenswürdigkeit und französischen Esprit – sie entstammte einer magdeburgischen Refugiéfamilie – ausgezeichnet.«

Die »Polnische Apotheke« war am 6. Mai 1682 für die erst 1674 neu angelegte Dorotheenstadt privilegiert worden. Die Herkunft des Namens ist unklar, könnte aber auf einen Besuch Augusts des Starken, des Königs von Polen, in Berlin zurückgehen. Julius Eduard Schacht war seit dem 1. April 1833 Besitzer der Apotheke. 1838 ließ er das Haus neu errichten, das bis 1898 stand und dann unter seinem Sohn einem Neubau weichen mußte, der von dem Architekten Alfred Breslauer in zwei Bauabschnitten von 1898 bis 1902 errichtet wurde. Dieses Haus steht – zur Verbreiterung des Bürgersteiges mit Kolonnaden versehen – noch heute und beherbergt u. a. die »Topas-Arkade« und die Dorotheenstädtische Apotheke (an der Nordseite des Gebäudes noch der Schriftzug »Polnische Apotheke«).

Lehrling an der Apotheke war zu Fontanes Zeit der Rostocker Apothekerssohn Friedrich Witte, der 1854 die Tochter des Prinzipals, Anna, heiratete. Auch mit diesem Paar war Fontane durch eine lebenslange Freundschaft verbunden.

Am 8. Dezember 1845 hatte sich Theodor Fontane mit Emilie Rouanet-Kummer verlobt, und es mußten ernsthafte Zukunftspläne gemacht werden. Nach Beendigung der Kondition bei Schacht wollte sich Fontane auf das Apothekerexamen vorbereiten. Er wohnte deshalb wieder bei seinem nach Berlin zurückgekehrten Onkel August in der *Dorotheenstraße 60*. Hierüber lesen wir in »Von Zwanzig bis Dreißig«:

»Ich hatte mich, als ich meine Studien anfing, in der Dorotheenstraße seßhaft gemacht, und zwar in einem vergleichsweise neuen Hause, das dem in der Turnerwelt gekannten und gefeierten Eiselen gehörte. Meine Wohnung lag zwei Treppen hoch, und wenn ich von meinem Hinterzimmer aus in Schräglinie nach einer im ersten Stock gelegenen Küche sah, sah ich da neben dem einen Küchenfenster einen großen Eisenarm vorspringen, an dem regelmäßig allerlei gute Dinge hingen: Bekassinen, Kapaune, Rehziemer, auch Körbe mit Obst und Gemüse, namentlich Artischocken. Es wohnte da der durch seine Juristerei, seine Gourmandise und seine plattdeutschen Gedichte gleich berühmte Präsident Bornemann [...]«

Der Turnlehrer Ernst Wilhelm Bernard Eiselen starb im Jahre 1846, seinen Erben gehörte das Haus bis 1860. Unter dem neuen Besitzer wurde das dreistöckige Haus 1863 um ein Stockwerk erhöht und stand in dieser Form bis zur Zerstörung im zweiten Weltkrieg. 1882 wurde westlich benachbart das Haus der Kriegsakademie durch Franz Schwechten erbaut.

Beim Onkel fand Fontane die gewünschte Ruhe nicht, so daß er sich vom Herbst 1846 bis September 1847 wieder beim Vater in Letschin aufhielt. Das Apothekerexamen wurde am 2. März 1847 bestanden, und der Achtundzwanzigjährige konnte als approbierter Apotheker an den Erwerb eines Geschäftes denken. Nicht zuletzt wegen des Fehlens jeglicher Geldmittel zerschlugen sich jedoch jetzt sowie auch später alle Ankaufspläne für eine eigene Offizin.

Am 1. Oktober 1847 trat Fontane als 1. Apotheker in die Jungsche Apotheke »Zum schwarzen Adler« – *Neue Königstraße 50/Ecke Georgenkirchplatz* – ein. In einem Brief an seinen Freund Wilhelm Wolfsohn schreibt er über seine Unterkunft im Hause des Prinzipals die für jene Zeit bezeichnenden Sätze:

»Hast Du denn aus den Leipziger und Dresdner Tagen her ganz vergessen, daß ein konditionierender Giftmischer ähnlich wohnt wie der Salzhering in der Tonne?! Mein lieber Wolfsohn, so himmlisch ich es mir denke, mit Dir ein Stück Leben zusammen leben zu können, so unmöglich ist es doch: ich bewohne eine Schandkneipe, einen Hundestall, eine Räuberhöhle mit noch zwei andern deutschen Jünglingen und habe keine freie Verfügung über diese Schlafstelle, die viel vor Erfindung dessen, was man Geschmack, Eleganz und Komfort heißt, vermutlich von einem Vandalen erbaut wurde.«

Der Apothekenbesitzer Jean Auguste Ferdinand Jung – obwohl ebenfalls einer Refugiéfamilie entstammend – kommt hier in kein gutes Licht. Wo Fontane sich tatsächlich zu Hause fühlte, zeigt seine Adresse aus jener Zeit: Bei Rat Kummer, Berlin, Zimmerstraße Nr. 2, p. Es war die Adresse seiner Braut! In der Jungschen Apotheke erlebte er die in »Von Zwanzig bis Dreißig« ausführlich geschilderten Ereignisse der Märzrevolution von 1848. Viele der Häuser, die in jenen Tagen eine Rolle spielten, wurden infolge der Umgestaltung des Alexanderplatzes in den Jahren 1927 bis 1931 abgebrochen, so als letztes im August 1931 auch das Haus mit der Apotheke »Zum schwarzen Adler«. Das alte Apothekenhaus aus der Zeit Fontanes war schon in den Gründerjahren einem Neubau gewichen.

Auf Anerbieten des der Mutter befreundeten Pastors Schultz von der *Diakonissenanstalt Bethanien* nahm Fontane dort im Juni 1848 eine Stellung als Apotheker und Ausbilder zweier Diakonissen als Apotheker-Schwestern an. Hier lernte er u. a. den später so berühmt gewordenen Chirurgen Robert Wilms kennen. Er hatte von dessen Wohnung im Parterre des links vom Hauptgebäude liegenden Ärztewohnhauses zwei Zimmer inne. Über diese Zeit hinaus erhielt sich nur ein loser Kontakt zu Wilms. Vielleicht sagt Fontanes Urteil über ihn alles: »Er hatte keine Spur von Witz und Humor und entbehrte alles geistig Darüberstehenden. Er wurde nur groß, wenn er das Seziermesser in die Hand nahm.«

Am 30. September 1849 endete Fontanes Tätigkeit in Bethanien. Fünfviertel Jahre, die der Dichter später als seine angenehmsten betrachtete. Damit war aber auch die Apothekerlaufbahn beendet. Der Entschluß, sich, *»auf jede Gefahr hin*, auf die eignen zwei Beine zu stellen«, wurde gefaßt:

»Nicht Leichtsinn oder Großmannssucht war für mich das Bestimmende, sondern einfach Zwang und Drang der Verhältnisse, nüchternes Erwägen, und so nahm ich denn meine Siebensachen und übersiedelte nach einer in der

Luisenstraße gemieteten, an einer hervorragend prosaischen Stelle gelegenen Wohnung, dicht neben mir die Charité, gegenüber die Tierarzneischule. Mein Dreitreppenhochzimmer hatte natürlich jenes bekannte Seegrassofa, dessen schwarzgeblümter und außerdem stachliger Wollstoff nur deshalb nicht mehr stach, weil schon so viele drauf gelegen hatten. Die Wirtin war ein Mustertyp der damaligen Berliner Philöse: blaß, kränklich, schmuddlig und verhungert. Über mir, auf dem Boden, war noch eine Mansardenstube, drin ganz arme Leute wohnten, die, wenn ich arbeiten wollte, gerade ihr Holz spellten, um aus einem Scheit ein Dutzend zu machen. Es waren aber gute Menschen, denn als ich ihnen sagte: ›das Holzspellen führe mir immer so in den Kopf‹, ließen sie's, ein Fall, den ich, als einzig dastehend in meinen Berliner Mietserfahrungen, hier doch notieren muß. Der richtige Berliner klopft dann erst recht. ›Was der sich einbildet ...‹«

Das Haus *Luisenstraße 12* war wie die benachbarten Häuser auf der Charitéseite in den Jahren 1840/41 erbaut worden. Der Architekt war Ludwig Hesse, der Erbauer der gegenüberliegenden Tierarzneischule. Nr. 12 wurde zusammen mit Nr. 11 und 13 im Jahre 1909 abgebrochen, um dem Neubau der Hals-, Nasen- und Ohrenklinik der Charité Platz zu machen, die sich jetzt noch hier befindet.

Seinem Freund Bernhard von Lepel schreibt Fontane am 5. Oktober 1849 über sein Zimmer und seine trübe Stimmung:

»Da sitz ich denn wieder und koste die Reize des ›chambre garnie‹. Die knarrende Bettstelle, die mitleidsvoll aus den Fugen geht, um einer obdachlosen Wanzenfamilie ein Unterkommen zu bieten, – der wankelmütige Nachttisch, – das gevierteilte Handtuch, – die stereotypen Schildereien: Kaiser Nikolaus, und Christus am Kreuz, alles ist wieder da, mir Auge und Herz zu erquicken. Oh, es ist schön! Kannst Du mir nicht sagen, mein lieber Lepel, warum ich zu gar nichts komme? Ich mache so geringe Ansprüche, und doch, – selbst das Kleinste wird mir verweigert. 400 Taler, worauf mit Recht der Spruch erfunden ist: ›zum Leben zu wenig, zum Sterben zu viel‹, ersehne ich nun schon seit Jahr und Tag, und obschon ich gar nicht wählerisch bin, obschon ich *all* und *jede* Subaltern-Stellung, die nicht besondere Fachkenntnisse erheischt, mit Freuden annehmen würde, dennoch ist es nicht möglich, auch nur ein solches Minimum zu ergattern.«

Des Dichters verzweifelte Stimmung hielt zwar nicht dauernd an, aber die ersehnte Stellung, die ihm die Basis für die Gründung eines eigenen Hausstandes geben sollte, erhielt er erst im August 1850 mit der durch seinen väterlichen Freund Wilhelm von Merckel ausgesprochenen Berufung als Lektor in das Literarische Kabinett beim preußischen Innenministerium. Endlich wurde die Heirat möglich. Über seine Hochzeit hat Fontane selbst recht hübsch berichtet (vgl. S. 184–186 dieses Bandes).

Von 1850 bis 1857

Das junge Ehepaar hatte seine erste gemeinsame Wohnung im Hause *Puttkamerstraße 6, eine Treppe*. Die Straße war erst 1845 zur besseren Verbindung zwischen Wilhelm- und Friedrichstraße angelegt worden. Es standen noch nicht viele Häuser, auch Fontanes Wohnhaus war erst 1847 erbaut worden; es gehörte einem Holzhändler Krüger. Nach der Erinnerung von Elise Weber, Fontanes jüngster Schwester, bewohnte das Ehepaar eine Vierzimmerwohnung, welche etwa 400 Taler Jahresmiete gekostet haben soll. Wenn auch die 40 Taler Monatssalär, die Fontane als Lektor bezog, keine großen Sprünge erlaubten, so erschien das Glück fast vollkommen, wie der heitere Brief an seinen Freund Friedrich Witte am 1. November 1850 zeigt:

»Ich schreibe Ihnen beim hellen Schein Ihrer Stobwasserschen Lampe, für die ich mich – eingedenk der Talgmöpse, die ich noch vor 6 Wochen brannte – gedrungen fühle, wiederholentlich hiemit meinen Dank auszusprechen. [...] Nun aber wollen Sie wohl erfahren, wie's dem jungen Ehepaare geht. Nun, bis jetzt liegt kein Grund zur Klage vor; die Wohnung ist reizend, das tägliche Brot erscheint, gut zubereitet, als ›Gemüse und Fleisch‹ auf dem zweigedeckten Tisch, die Betten (nichts Unerhebliches im Ehestande, wie Sie wohl gehört haben werden) sind mit Hülfe von Matratzen und Sprungfedern so bequem wie möglich, an Ruhe fehlt es nicht und an Arbeit auch nicht (dieser letztere Satz bezieht sich auf mein Leben im allgemeinen und nicht etwa auf die Betten), so daß ich – da sich das lachende Gesicht meiner Frau nur selten in Schmollfalten legt – ein undankbarer Esel sein müßte, wenn ich nicht voll Freude und Zufriedenheit sein wollte. Dann und wann beschleicht mich die ängstliche Frage: ›Wie aber, wenn es mit deiner Lektorschaft plötzlich ein Ende nimmt?‹, doch hat ein bescheiden Stück Selbstvertrauen noch immer Kraft genug gehabt, der Frage mit einer tröstlichen Antwort zu begegnen.«

Seine Ahnung hatte den Dichter nicht getrogen: die Auflösung des Literarischen Kabinetts zum 31. Dezember 1850 stellte das junge Paar vor eine trübe Zukunft; Fontane erklärte seiner Frau, »daß nun jedes Hindernis beseitigt sei und das Hungern losgehen könne«. Um sich eine zusätzliche Einnahme zu verschaffen, eröffneten sie zu Ostern 1851 eine Schülerpension in ihrer Wohnung. Die hierin gesetzten Erwartungen erfüllten sich nicht, der Ärger mit den rüpelhaften Jungen war für die junge Frau – die zudem ihr erstes Kind erwartete – zuviel. Die Schülerpension wurde aufgegeben, und die Familie bezog – nachdem noch in der Puttkamerstraße am 14. August der erste Sohn, George, geboren worden war – eine kleinere Wohnung in der *Luisenstraße 35, drei Treppen.* Als Untermieter zog Freund Friedrich Witte mit ein. Die merkwürdige Situation in dieser Wohnung erwähnt Fontane schon in einem Brief an Witte vom 17. August 1851, in welchem er sich zuerst als neugebackener Vater vorstellt und dann weiter schreibt:

»Bei der Wahl unserer Wohnung haben wir Fritz Witten nicht aus dem Auge verloren und werden zu Michaeli in die Luisenstraße Nr. 35 (neben Ernst Schulze oder Rendant Müller, wo Sie mich mal hineinverschwinden sahn) übersiedeln. Sie erhalten ein sehr hübsches 2fenstriges u. geräumiges Zimmer, wenn Sie's wünschen, auch noch eine 1fenstrige Stube daneben. Daß Sie durch mein Zimmer (das entree-artig ist und liegt) hindurch müssen, wird Sie – der Sie schwerlich allabendlich mit einem ›Feger auf die Kneipe rücken‹ werden – kaum je genieren.«

Aus diesen Zeilen kann man ersehen, daß diese Wohnung nicht viel kleiner als die vorherige gewesen sein kann, denn wenn Witte zwei Zimmer mietete – er wohnte bis 1853 dort –, so mußten für Fontanes zwei weitere Zimmer zur Verfügung gestanden haben. Bestätigt wird das durch einen Brief Fontanes an Wilhelm Wolfsohn, in dem es heißt: »[...] der beste Teil unserer Wohnung (Luisenstraße No. 35) ist Chambre garnie vermietet, und nur zwei Zimmerchen sind uns zu unsrer Verfügung.« Der Grund des Umzugs von Puttkamerstraße nach Luisenstraße wird also nicht die Größe der Wohnung, sondern eher die Höhe der Miete gewesen sein. Zweifellos war diese hier niedriger.

Das Haus war 1826 erbaut worden und gehörte damals dem Kreisphysikus Dr. Johann Daniel Karl Eduard Thümmel. Im Januar 1855 ging es an den Bäckermeister Friedrich Ferdinand Roeßler über. 1898 wurde es durch einen Geschäftshausneubau für die AEG ersetzt; nach einem Brand im Jahre 1928 erfolgte wiederum ein Neubau, der mit veränderter Fassade noch jetzt steht.

In der Luisenstraße durchlebte die junge Familie vom 1. Oktober 1851 bis Ende September 1855 ihre schwersten Jahre. Die materielle Not des noch ungesicherten Schriftstellerdaseins war hier am größten, aber auch die seelische Not, besonders für die junge Frau Emilie; brachte sie doch 1852, 1853 und 1855 Kinder zur Welt, die schon bald nach ihrer Geburt wieder starben. In die Zeit dieser Wohnung fiel auch Fontanes zweiter England-Aufenthalt von April bis September 1852. Neben seiner Tätigkeit für die neugegründete »Zentralstelle für Preßangelegenheiten« und seiner zeitweiligen Tätigkeit als Schlußredakteur bei der »Preußischen Zeitung«, der sogenannten »Adler-Zeitung«, gab Fontane noch Privatunterricht für die Töchter der Familien Flender und von Wangenheim. Letzteren blieb er in lebenslanger Freundschaft verbunden. Ab Herbst 1854 hielt er außerdem Geschichtsvorträge bei zwei Offiziersfamilien seines früheren Regiments, die in der Holzmarktstraße im Osten Berlins wohnten (vgl. S. 187 dieses Bandes).

Fontanes Bericht darüber wirft ein Streiflicht auf die Verhältnisse in dem damals schon weiträumigen Berlin, in dem sich das Fehlen preiswerter Massenverkehrsmittel nachteilig bemerkbar zu machen begann. Aber bis zur Eröffnung der ersten Pferdebahnlinie sollte es noch elf Jahre dauern. Auch die damals schon bestehenden Omnibusgesellschaften brachten keine merklichen Verkehrsverbesserungen innerhalb der Stadt.

Im September 1855 reiste Theodor Fontane – diesmal in offiziellem Auftrag – wieder nach England, um in London eine Deutsch-Englische Presse-Korrespondenz aufzubauen. Die Wohnung wurde zum 1. Oktober aufgegeben, und Frau Emilie zog mit dem Sohn zur Schwiegermutter nach Neuruppin. Die Absicht, diese Wohnung zu verlassen, hatten Fontanes schon ein Jahr früher gehabt, wie die Zeilen aus einem Brief des Dichters an seine Mutter vom 30. Dezember 1854 zeigen:

»Das einzige, was mich in meiner Freude hätte stören können, ist Emiliens andauerndes Unwohlsein. Sie ist in beständiger Angst, und sowie der Wind ein bißchen bläst, steigert sich die Todesfurcht bis aufs höchste. Die Weihnachtstage sind uns dadurch verdorben worden; ich fürchtete sogar, sie würde das Nervenfieber bekommen. Die Wohnung ist ihr durch das ewige Windgeheul (was allerdings bei uns stärker ist als irgendwo in der Stadt) total verleidet, und wir werden zu Michaeli wahrscheinlich ausziehn.«

Im Januar 1856 reiste die Familie dann ebenfalls nach London, kehrte aber schon Ende Mai wieder in die Heimat zurück. Nach einigem Suchen fand Frau Emilie dann durch Vermittlung der befreundeten Familie von Merckel eine Wohnung im Hause *Bellevuestraße 16.* Merckels wohnten »um die Ecke« in der Potsdamer Straße 1. Bellevuestraße 16 war eine Villa, die 1836 von dem bekannten Architekten Eduard Knoblauch erbaut worden war. Als Fontanes dort wohnten, gehörte sie dem Geheimen Obermedizinalrat Dr. Casper. Die Miete für drei kleine Zimmer im Obergeschoß betrug laut Wirtschaftsbuch 25 Taler und 15 Silbergroschen pro Quartal. Das Haus wurde 1907 für den Neubau des Hotels Esplanade abgebrochen.

In dieser Wohnung wurde am 3. November 1856 der fünfte Sohn, das zweite überlebende Kind, Theodor Fontane jr., geboren. Von Ende März bis Ende April 1857 weilte Theodor Fontane auf Urlaub in Berlin, um die erneute Übersiedlung der Familie vorzubereiten, und Ende Juli traf Emilie mit den Kindern in London ein.

Von 1859 bis 1898

Der Umschwung der politischen Verhältnisse in Preußen Ende 1858 beendete auch Fontanes Mission in London. Am 17. Januar 1859 traf er wieder in Berlin ein, während die Familie zwecks Auflösung des Haushalts noch in London blieb. Fontane stieg im »Hôtel de Pologne«, Dessauer Straße 38, ab, um von hier aus Wohnung, aber auch eine neue Stellung zu suchen; im ministeriellen Dienst oder als Redakteur. Das Quartier in der Dessauer Straße war wohl deshalb gewählt worden, weil Fontanes Freund Friedrich Eggers, Redakteur des Literaturblattes des »Deutschen Kunstblattes«, dessen Nachfolge Fontane anzutreten hoffte, in der Nähe, Hirschelstraße 9 (später Königgrätzer Straße), wohnte. Auch viele andere Freunde zogen hierher, wie ja auch Fontane sich nie mehr ganz aus dieser Gegend lösen sollte. Am 22. Januar zog er aus dem von ihm als »höhre Berliner Räuberhöhle« bezeichneten »Hôtel de Pologne« aus und bezog eine möblierte Wohnung im Hause *Dessauer Straße 31, drei Treppen*. Die Miete für zwei Zimmer und eine Kammer betrug monatlich 12 Taler. Besonders gut scheint das Quartier nicht gewesen zu sein, denn schon drei Tage nach dem Einzug, am 25. Januar 1859, schreibt er an seine Frau: »Umzug hierher, neuer Ärger über miserable Wirtschaft, Commodité (dreckig und eigentlich entsetzlich) hinten auf dem Hof; Wohnungen suchen.« Hier macht sich zum ersten Mal Fontanes Abneigung gegen die Berliner Toilettenverhältnisse bemerkbar, wir werden ahnlichen Bemerkungen über »Commodité« noch mehrfach begegnen.

Das Haus Dessauer Straße 31 war 1842 erbaut worden, vierstöckig, und gehörte dem Klempnermeister August Ferdinand Woedicke. Im zweiten Weltkrieg ist es zerstört worden. Eine Bewohnerin des Hauses war 1859 die Witwe des General-Polizei-Direktors von Hinckeldey.

Anfang Februar 1859 kehrte Frau Emilie mit dem kleinen Theo nach Berlin zurück, während George noch in London bei der befreundeten Familie Merington blieb. Emilie gefiel die möblierte Wohnung ganz und gar nicht, so daß sie zum nächstmöglichen Termin wieder aufgegeben wurde. Die Familie zog für ein paar Tage in die Perlewitzsche Pension, Jerusalemer Straße 29/Ecke Kronenstraße. Für ein paar Tage nur, weil Theodor Fontane am 24. Februar nach München zu reisen beabsichtigte, wo seine früheren Berliner Freunde, vor allem Paul Heyse, ihm eine Stellung als Königlicher Privatbibliothekar verschaffen wollten. Emilie mit dem Kind blieb so lange in Neuruppin bei der Schwiegermutter. Die Münchener hatten zwar den besten Willen, aber das Unternehmen scheiterte, weil keine Stelle frei war, d. h., der Inhaber derselben war nicht gesonnen, sie zugunsten Fontanes zu räumen. Nach dem Münchener Fehlschlag kehrte Fontane am 28. März über Leipzig nach Berlin zurück und zog wieder für einige Tage, vom 20. März bis zum 5. April, in die Perlewitzsche Pension. Am 6. April mietete man eine von Frau Fontane ausgewählte Sommerwohnung in der *Potsdamer Straße 33*. Fontane schreibt darüber am 8. April 1859 an Paul Heyse (vgl. S. 188f. dieses Bandes).

Die Lage dieser Sommerwohnung (über die er auch am 26. Mai 1859 an Wilhelm Wolfsohn berichtet; vgl. S. 24 dieses Bandes) hat schon manches Kopfzerbrechen verursacht, weil sie so ohne weiteres in der Potsdamer Straße nicht zu finden ist. Sie ist auch nicht mit dem im Kriege zerstörten Eckhaus an der Nordwestecke der Potsdamer- und Lützowstraße identisch. Das Haus Potsdamer Straße 33 war ein einstöckiges Wohnhaus, um 1840 erbaut, und gehörte dem Kaufmann Julius Moser. Es lag dort, wo jetzt der Straßendamm der Lützowstraße ist, auf dessen westlicher Hälfte, die damals noch nicht existierte. Die Lützowstraße, die nur zwischen Flottwell- und Potsdamer Straße verlief, hieß »Lützower-Weg-Straße« und bekam erst 1867, bei Durchlegung der Straße über das Grundstück mit Fontanes Wohnhaus, ihren heutigen Namen. Die Verbindung von Schöneberg in die Stadt vermittelte eine Pferdeomnibuslinie Schöneberg–Berlin-Molkenmarkt.

Fontanes betrachteten diese Wohnung nur als ein Provisorium, zum Winter mußte etwas anderes, Größeres gesucht werden. Da man mit dem Gelde haushalten mußte, war die nicht hohe Miete von 45 Reichstalern pro Quartal ganz angenehm. Die vorhin erwähnte Einkommensteuer betrug 27 Silbergroschen. Für die Einfachheit der Wohnverhältnisse sprechen folgende Zeilen aus einem Brief an Frau Emilie vom 16. September: »Die Gardine in der Vorderstube habe ich wieder anmachen lassen, ebenso gedenk ich auch auf eine Bettdecke *nicht* Verzicht zu leisten. Ich kann doch, wenn meine Frau auf Reisen geht, derweil nicht wie in einer Kaserne leben; das Studententum hat man nachgerade hinter sich.«

In diesem Sommer 1859, von dieser Sommerwohnung aus, machte Fontane seine ersten Fahrten in die Mark Brandenburg, deren literarischer Ertrag sich in Zeitungsaufsätzen niederschlug, die den Grundstock zu seinen Wanderungsbänden bildeten.

Anfang Oktober 1859 erfolgte der Umzug in den Nachbarort Tempelhof, in das neuerbaute Haus *Tempelhofer Straße 51.* Fontane war nun also Tempelhofer geworden, denn 1859 gehörte dieser Teil des heutigen Bezirks Kreuzberg noch als »Tempelhofer Unterland« zu diesem Dorfe und wurde erst mit Wirkung vom 1. Januar 1861 nach Berlin eingemeindet. Der neue Stadtteil hieß dann offiziell »Tempelhofer Vorstadt«. Aus der Tempelhofer Straße wurde 1864 die Belle-Alliance-Straße und nach 1946 der Mehringdamm. Das ehemalige Grundstück Tempelhofer Straße 51 – ein Teilstück von Blücherplatz 1 – ist jetzt Mehringdamm 1. Dieses Grundstück, auf dem heute die Amerika-Gedenkbibliothek steht, gehörte damals dem Holzhändler Albert Degebrodt und kam 1889 an die Berliner Spediteur-Verein-AG. 1910 wurden die Häuser bis auf einen Rest des Fontane-Wohnhauses, in dem sich eine Depositenkasse der Dresdner Bank befand, abgebrochen. Der Restbau wurde im zweiten Weltkrieg zerstört.

Nach dem Umzug schreibt der Dichter an seine Mutter nach Neuruppin am 26. Oktober 1859:

»Wir sind nun allgemach in Ordnung und haben daran zu denken, wie wir unsre Briefschulden und andre Schulden abtragen wollen. Hinsichtlich der letztern werden die Schwierigkeiten nicht unerheblich sein.

Zunächst von unsrem Befinden. Emilie ist etwas matt und angegriffen (zum Teil infolge des Umzugstrubels), aber doch eigentlich wohl und, kleine Anfälle abgerechnet, heiter und zufrieden. George geht seit gestern in die Schule (Fried.-Wilh.-Gymnasium) und scheint sich sehr zu gefallen. Der Engländer ist völlig aus- und der Berliner angezogen; in 6 Wochen wird man an seinem Sprechen nicht mehr merken, daß er auf der Hohen Schule des Anstands und der guten Sitte (England) so lange gelebt hat. – Der Kleine kränkelte 8 Tage lang infolge der feuchten Wohnung, der Dunst und Schimmel hat sich nun aber ziemlich verloren, und mit der beßren Luft ist auch der Kleine wieder besser geworden. Er ist possierlich und sehr zärtlich, aber ein furchtbarer Bock und bedarf der bekannten Vorlesungen aus Kloppstock.«

An seine Frau Emilie richtet er zum 14. November die Geburtstagsverse »An alter Stell, an neuer Stell«, in denen die Anteilnahme an den Sorgen und Mühen der vergangenen Monate und der Dank dafür, ihm, dem Schriftsteller, das Leben zu erleichtern, anklingen.

Am 21. März 1860 wurde in der Tempelhofer Wohnung die Tochter Martha, genannt »Mete«, geboren, als drittes Kind in der Familie. Endlich ein Mädchen! Ihr galt fortan des Dichters besondere Liebe und Sorge.

Diese Wohnung sah auch den ersten größeren Schriftstellerruhm mit den England-Büchern und dann im November 1861 das Erscheinen des ersten Bandes der »Wanderungen durch die Mark Brandenburg«. Sie sah aber auch Fontanes Eintritt in die »Kreuzzeitung« am 1. Juni 1860. Hier war er bis Mai 1870 als Redakteur des »Englischen Artikels« tätig. Im Sommer 1862 waren die Tage der Familie Fontane in dieser Wohnung gezählt. Als Emilie Fontane mit den kleinen Kindern bei ihrer Freundin Johanna Treutler in Schlesien zur Erholung weilte, schrieb ihr der Gatte am 10. Juli 1862 folgendes:

»Meine liebe, gute Frau.
Eigentlich ist es ein halber Unsinn, daß ich diese Zeilen noch schreibe, aber ich kann doch der Versuchung nicht widerstehn und bezahle sie mit 3 Silbergroschen.

Gestern, auf einem Abendspaziergange am Kanal nach der Hasenheide hin, hab ich möglicherweise eine Wohnung für uns entdeckt, und zwar in einem neugebauten, noch nicht ganz fertigen Eckhause (Ecke vom Johannistisch und der Kanal-Straße, also neben dem hübschen Privathause mit Georginen und Eisengitter vor der Tür, das wir uns öfters angesehen haben).

Gestern abend, als ich die einliegende Zeichnung machte, erschien mir die Sache beinah unbedingt gut – in der Nacht aber hab ich mir doch überlegt, daß die Wohnung zu klein ist, nicht an Zimmerzahl, sondern an Quadratfußen, an Ausdehnung überhaupt. Unsre jetzigen Zimmer sind nämlich so groß, daß wir viel mehr Sachen besitzen, als wir eigentlich glauben, so daß ich sicher bin, wir würden alles gar nicht plazieren können.

Entschließen wir uns jedoch (und *Du* wirst nichts dagegen haben, denn Dir liegt wenig an fremdländischer Einquartierung), die 1fenstrige Fremdenstube als solche aufzugeben und zu einer höhren Rumpelkammer zu machen, so könnte die Wohnung leidlich hübsch werden. Wir müßten dann einzelne Schränke, den Stuhl der Nacht und eine Badewanne (für die ich doch sehr bin und doppelt bei Wasserleitung) etc. etc. darin plazieren. Dann würde R neben der Küche zur Speisekammer. – Ich, für mein Teil, hätte gar nichts gegen Köpnickerfeld etc., es geht aber Georgens halber nicht, und ewiges Schulewechseln ist nicht gut. – Übrigens trag ich mich mit einem großen Gedanken, angeregt durch Hesekiel, der ähnliches beabsichtigt – nämlich *mit dem Bau eines Hauses*, in dem man nur selber wohnt. Man kauft eine Bau-Stelle für 1000 Taler, und hat man solche Stelle, so erhält man ohne Mühe 3000 Taler zum Bau eines Hauses, die dann zu erster Hypothek völlig sicher stehn. Hat man dann auch 5000 Taler zu verzinsen zu 4 und 5%, so wohnt man immer nicht teurer, als wenn man für 200 bis 250 Taler zu Miete wohnt. Einzelne Ausgaben kommen zwar hinzu, aber die Annehmlichkeit ist dafür sehr, sehr groß, und der Wert des Grundstücks wächst mit der Ausdehnung der Stadt, so daß er sich verdoppeln kann. Sprich mit Treutler darüber.

Dein ganz geschäftlicher Theo.«

Falls Emilie mit Treutler gesprochen haben sollte, wird er abgeraten haben, schon aus dem Mangel des Anfangskapitals heraus, jedenfalls wurde aus dem Projekt nichts. Es würde sich bei dem raschen Wachstum Berlins in den Gründerjahren und der damit erfolgenden ungeheuren Wertsteigerung aller Grundstücke zweifellos gelohnt haben. Mit der im Brief erwähnten »Kanal-Straße« ist das Planufer gemeint, mit dem Eckhause das Haus Am Johannistisch 3/ Ecke Planufer. Es wurde im zweiten Weltkrieg zerstört.

Emilie Fontane war nach kurzem Aufenthalt in Berlin nach Neuruppin zur Schwiegermutter gereist, wo sie ein Brief des Gatten vom 31. Juli 1862 erreichte; er schildert ein humorvolles Erlebnis aus dem Privatleben, wie man es in dieser Art in dem umfangreichen Briefwechsel nur selten findet (vgl. S. 192–194 dieses Bandes).

Nach einigem Suchen fand man schließlich eine Wohnung »intra muros« am Anfang der Luisenstadt in der Alten Jakobstraße. Am 27. September 1862 erfolgte der Umzug von der Tempelhofer Straße nach *Alte Jakobstraße 171, parterre links.* Das Wirtschaftsbuch weist 10 Taler, 5 Silbergroschen an Umzugskosten aus. Die Miete betrug 62,15 Reichstaler im Quartal. Das Haus war ein gerade fertig gewordener Neubau – ein vierstöckiges Vorderhaus mit zwei Seitenflügeln – und gehörte dem Maurermeister Johann Friedrich Carl Corsalli. Im zweiten Weltkrieg wurde es zerstört.

Wir wissen über diese Wohnung fast nichts. In der früheren Fontane-Literatur ist mit einer kleinen Ausnahme der Aufenthalt Fontanes in dieser Wohnung überhaupt nicht erwähnt. In den nun vollständig veröffentlichten Briefen Fontanes an Mathilde von Rohr ist auch ein Brief vom 2. Oktober 1862, in welchem er sein neues Domizil mitteilt:

»Mein gnädigstes Fräulein.
Wenn Sie auch, infolge der Barre, die Ihre eignen Warnerworte vor Behrenstraße 70 errichtet haben, vorläufig nicht persönlich zu erreichen sind, so sollen wenigstens diese Zeilen vor Ihnen erscheinen und Sie, gnädigstes Fräulein, wieder herzlichst in Berlin willkommen heißen. Ich habe zwar von den Berlinern en masse kein dahin lautendes Mandat erhalten, aber eine desto entschiednere Aufforderung von dem Bruchteil Berlinertum, das jetzt Alte Jakobstraße 171 parterre links seine Hütten aufgeschlagen hat.«

In die Zeit dieser Wohnung, April 1863, gehört eine Zeichnung von Bernhard von Lepel, die den Schatten eines Menschen hinter einem Zimmerfenster zeigt. Fontane schrieb dazu: »Lepel erkennt meinen Schatten am Fenster, nachdem ich mich hatte verleugnen lassen, und schickt mir am andern Morgen dies, zum Zeichen, daß er mich ertappt hat.« Die Zeichnung kam auf der Versteigerung des Fontane-Nachlasses 1933 in Privathand und ist verschollen.

Im August 1863 weilte Fontane in Heringsdorf und besuchte von dort aus Swinemünde, Stettin usw. In dem aufstrebenden Badeort kam ihm auch der Gedanke, sich dort ein Sommerhaus zu bauen. Am 24. August berichtet er darüber an seine Frau. Emilie Fontane hat sicher ablehnend geantwortet, denn die Idee wurde nicht mehr weiterverfolgt. Am Ende seines Heringsdorf-Aufenthaltes schreibt er noch einmal an seine Frau, und hier klingt wieder seine Empfindlichkeit in Toilettenfragen an. Am 30. August heißt es:

»Nur eines bleibt: *die Luft*, die dem ganzen alten body wie ein Balsam ist. Und das ist doch die Hauptsache. Was diese Seite angeht, so denk ich mit Schrecken an die water closets (wie schön ist der grüne Wald und das hohe Heidekraut zu diesem Behuf) und alle die entsprechenden Zugaben der Berliner Häuser im allgemeinen und des Corsallyschen in specie. Auch der Korridor der Hirschelstraße dämmert gespenstisch in der Ferne.«

Der letzte Satz leitet über in die Wohnung, die Fontanes am 1. Oktober 1863 bezogen: *Hirschelstraße 14, eine Treppe*. Auch hier wissen wir aus dem Wirtschaftsbuch die Umzugskosten: 9 Taler, 10 Silbergroschen, also etwa 1 Taler weniger als 1862. Die Miete für die Fünfzimmerwohnung betrug 65 Reichstaler, ab April 1864 wegen des Einbaues einer Wasserleitung 68 Reichstaler pro Quartal. Das Wirtschaftsbuch erwähnt z. B. auch die Anschaffung eines Pianinos für 150 Taler.

Diesmal war man nicht in einen Neubau gezogen; das Haus Hirschelstraße 14 stand schon seit 1842, es war eines der ersten Häuser, die in dem damals neu entstehenden Geheimratsviertel gebaut worden waren. Als Fontanes dorthin zogen, stand die Stadtmauer noch, obwohl sie bereits keine Funktion mehr ausübte, da die Steuergrenze bereits seit 1861 weiter draußen lag. Von der Hirschelstraße gesehen, jenseits der Stadtmauer, an ihrer Innenseite, fuhr damals noch der »Verbinder«, die 1851 angelegte Verbindungsbahn für den Gütertransport zu den außerhalb der Stadt liegenden Bahnhöfen. Erst nach Fertigstellung der Ringbahn am 17. Juli 1871 wurde der Verkehr auf dieser Bahn eingestellt. In den Kriegen 1864 und 1866 konnten Fontanes von ihren Fenstern aus die Truppentransporte vorüberrollen sehen. Im ersten Wohnjahr in der Hirschelstraße wurde am 5. Februar 1864 das letzte Kind geboren, Sohn Friedrich. Zur selben Zeit schrieb der Dichter die ersten Kapitel seines 1877 vollendeten Romans »Vor dem Sturm«. Er erinnert sich später:

»Das Buch ist schon aus dem Winter 1863/64, und ich schrieb abends und nachts die ersten Kapitel – während die österreichischen Brigaden unter meinem Fenster vorüberfuhren; und wenn zuletzt die Geschütze kamen, zitterte das ganze Haus, und ich lief ans Fenster und sah auf das wunderbare Bild: die Lowries, die Kanonen, die Leute hingestreckt auf die Lafetten, und alles von einem trüben Gaslicht überflutet.«

Zur Erinnerung an die entscheidende Schlacht des Krieges von 1866 erhielt die Hirschelstraße am 16. Oktober 1867 den Namen »Königgrätzer Straße«, Fontanes Haus die neue Nr. 25. Nach dem Tode Stresemanns im Jahre 1929 erhielt die Straße dessen Namen; 1935 wurde sie in Saarlandstraße und 1946 wieder in Stresemannstraße umbenannt. Fontanes Wohnhaus wurde im zweiten Weltkrieg zerstört.

Wir lassen hier den Auszug aus den Lebenserinnerungen Theodor Fontanes jr. folgen, der besonders viel zu der elterlichen Wohnung Hirschelstraße 14/Königgrätzer Straße 25 zu berichten hat.

Aus den Lebenserinnerungen von Theodor Fontane jr. (1856–1933), verfaßt zwischen 1923 und 1932:

Bellevuestraße 16

Zur Zeit meiner Geburt und noch auf viele Jahre hin eine stille, vornehme Straße, unter deren fast allzu dichten Kastanien man wie in einem Dom dahinwandelte, die sich aus ihrer gegenwärtigen Gestalt gar nicht wieder in ihre damalige zurückdenken läßt. Zwar hat auch heute noch dort der Reichtum seine Stätte aufgebaut, aber in der aufdringlichen Weise der Emporkömmlinge. Es ist eine Geschäftsstraße geworden. – Wie die von tiefen Vorgärten abgeschlossenen Villen der wohlhabenden Bürger Berlins teils verschwunden, teils zu Erwerbszwecken umgebaut worden sind, so auch mein Geburtshaus, das als ein Teil des Hotels Esplanade schwerlich meine Geburtstätte hätte werden können. Dazu hätten die Mittel – selbst wenn es sich nur um eine kurze Niederkunftsbleibe gehandelt hätte – bei meinen im Kampf ums Dasein stehenden Eltern nicht annähernd gereicht. War es doch ohnehin nicht das frühere, in Anlehnung an griechischen Stil gebaute und m. W. von einem Universitätsprofessor Kaspar mit seiner Familie bewohnte Haus selbst, sondern nur ein Teil von dessen Drempel- oder Bodengeschoß mit winzig kleinen Fenstern, in dem meine Mutter, in Abwesenheit ihres in England weilenden Gatten, ihre recht schwere Stunde durchzumachen hatte.

Von der elterlichen Wohnung in der Belle-Alliance-, damals Tempelhofer Straße 51, dem Geburtshaus meiner Schwester, dämmert mir nur eine dunkle Vorstellung. Etwas mehr weiß ich von unserer nächsten Wohnung in der neuen Jakobstraße, zu der ein merkwürdiges kleines Zimmer – das Dreieck genannt – und ein Hintergarten gehörte. So entsinne ich mich, daß eines Tages uns Paul Heyse mit Kindern besuchte, von denen mindestens das Geschwisterpaar Julie und Hans bei uns, wohl im Dreieck, übernachtete. Von den Kindern, jedenfalls von dem Mädchen habe ich eine südländisch wirkende Vorstellung behalten, von dem berühmten Vater dagegen leider gar keine.

Hirschelstraße 14

In dem damals ziemlich ansehnlichen Haus Ecke Dessauer Straße hatten meine Eltern die von der Stadtmauer aus am meisten links belegene Wohnung im ersten Stock inne. Ein dunkler Flur trennte zwei nach vorn liegende, als Arbeitszimmer des Hausherrn und als Damenzimmer dienende, leidlich große zweifenstrige Räume von zwei auf einen engen unfreundlichen Hof gehenden Schlafstuben. Die eine davon schuf hintenherum eine sonst nur durch die erstgenannten Zimmer mögliche Verbindung zum großen einfenstrigen Berliner Zimmer, das als Eßraum dienend auch zum Schlafen mit herhalten mußte. Dann folgte ein Durchgangsstübchen zur Küche.

Der erwähnte Flur stieß gradeaus auf eine gleichfalls düstere, überaus winzige, aber unabwendbar nötige Örtlichkeit, die mangels Ventilationsmöglichkeit sehr geschont wurde, d. h. nur für die Eltern und »dringendste« Fälle bestimmt war. Allwöchentlich erschien eine ältliche Frau mit lang herabwallendem Umhang; er verbarg ein Traggestell mit zwei Eimern, deren einer gegen den unsrigen ausgewechselt wurde. Wir Kinder mußten die stark gewendelte Hintertreppe hinunter zu einem nicht auf Abtragung, sondern auf Absaugung eingerichteten Ruhesitz. Es waren keine schönen Stunden, wenn wir den Ozonbedarf unserer Hinterräume an Reinigungstagen von dem sich gar zu langsam wieder zurecht ventilierenden Eckhaushof beziehen mußten. Auch die Vordertreppe war, allerdings weniger steil, gewendelt und auffällig dunkel; am meisten an ihrer auf den Hausflur mündenden Stelle, wo undankbare oder verwöhnte Handwerksburschen und Bettler sich der unbelegten oder gar nur dünn gestrichenen Butterbrote wieder zu entledigen pflegten. Die Miete für die im großen und ganzen gut bürgerlich wirkende Wohnung war billig; erst ihre Steigerung auf das Dreifache 1872 zwang meine Eltern zu Wegzug in die Potsdamer Straße. Gar nicht störte in ästhetischer Hinsicht die den Vorderräumen gegenüber sich entlangziehende Stadtmauer, die im Gegenteil als Vergleich zu den Häusern anderer Straßen als angenehmes, nicht lärmendes, nicht neugieriges Vis-à-Vis empfunden wurde, und schnell gewöhnte man sich an den wohl meist in der Nacht stattfindenden Güterverkehr der Eisenbahn jenseits der Mauer. Diese wurde freilich im Laufe der Zeit ein recht unbequemes Hindernis, weil zwischen hüben und drüben nur am Potsdamer und dann erst wieder am Askanischen Platz eine Verbindung bestand. Infolgedessen entbrannte ein ebenso stiller wie hartnäckiger Kampf zwischen dem Begehr des Publikums und behördlichem Eigensinn. Als wenn Heinzelmännchen nächtens tätig wären, entstanden in roher Weise hergestellte Mauerdurchbrüche, die eigentlich mehr einen Protest bedeuteten als der Verkehrserleichterung dienten, weil sie nur von kletterkundigen Waghalsen benutzt werden konnten. Zumauerungen seitens der Verwaltung fruchteten nichts; mit heißem Wasser wurde der Kalkmörtel wieder gelöst, das bisherige Loch war wieder da, und neue an andern Stellen gesellten sich dazu. Schließlich gab die Behörde den Kampf auf, die Durchbrüche wurden zu bequemen Durchgängen, und eines Tages begann die offizielle Niederlegung der Stadtmauer. Der Eisenbahnverkehr blieb allerdings noch längere Zeit bestehen und diente der Güterbeförderung, brachte aber zur Freude der Jugend im Jahre 70 auch Truppen- und Gefangenentransporte, wie dies schon 1866 der Fall gewesen war. 1871 dürften aber die Bahngleise beseitigt gewesen sein, denn mir schwebt vom 16. 6. 71, dem Einzugstag unserer glorreichen Truppen, hier die Siegesstraße in der vollen Breite der Königgrätzer Straße einschließlich ihrer wohl damals bereits umgetauften inneren Schwester, der Potsdamer und Anhalter Kommunikation, als ganz besonders stattlich vor.

Von jenem Einzug selbst bekam ich leider nur wenig zu sehen. Es war erstaunlich, wie viele Leute, mit denen meine Eltern nur ganz oberflächlich bekannt geworden waren, plötzlich ihr Herz für Fontanes entdeckten und die Bitte um »ein ganz bescheidenes Fensterplätzchen« aussprachen. Ihnen gesellten sich Verwandte sowie die wirklichen Freunde aus Rütli und Ellora. Trotz kunstreicher Etagenbauten an unsern vier Fenstern blieb aus Höflichkeitsrücksichten für die Kinder des Hauses nur wenig Gelegenheit zum Sehen übrig.

Um weiter von unserer Wohnung zu erzählen, so bin ich noch heute in der Rückerinnerung erstaunt, wie es meine Eltern möglich gemacht haben, unter Aufrechterhaltung einer gewissen Geselligkeit soviel Menschen dauernd darin unterzubringen, zumal das eigentlich wohl für die Köchin bestimmte Zimmerchen zur Hebung des Budgets nur teilweise seinen Durchgangscharakter behielt, während der verbleibende Rest durch einen verschiebbaren grünen Plüschvorhang für eine der Töchter aus den Häusern Merington in London oder Treutler auf Neuhof bei Liegnitz als Schlafraum umgewandelt wurde.

Man war eben damals in Unterbringungsfragen noch sehr bescheiden in der jungen Reichshauptstadt. Dank sowohl den wirtschaftlichen Talenten meiner Mutter als auch ihrer auf Repräsentation gestellten Natur verliefen die freilich wohl seltenen Gesellschaften bei uns nicht nur geistig angeregt, sondern machten auch in der Wirkung heller Beleuchtung und guter Verpflegung einen höchst anständigen feierlichen Eindruck. Die pekuniären Verhältnisse meiner Eltern, welche von den meisten ihrer z. T. in recht guter Lage befindlichen Freunden erheblich überboten wurden, andererseits aber ihre gesellschaftlichen Talente – darin besonders meine Mutter einen ganz ungewöhnlichen Charme entwickelte – machen es begreiflich, daß sie sehr viel häufiger Gäste als Wirte waren. Über beide ist mir späterhin viel Schmeichelhaftes erzählt worden, meine eigenen Eindrücke davon aus dieser Zeit beschränken sich auf ein olivbräunliches Seidenkleid mit Falbeln, das meine Mutter häufig zu Gesellschaften trug und gewiß öfter anziehen mußte, als ihr lieb gewesen sein mag, während ich meine darin so stattliche Mama mit immer gleicher Bewunderung anstaunte. [Soweit der Bericht von Theodor Fontane jr.]

Dem Frieden von Frankfurt im Mai 1871 folgten die Gründerjahre, eine Zeit wirtschaftlicher Blüte und Scheinblüte, die auch Fontane berührte. Ein Teil der Scheinblüte spielte sich auf dem Gebiet der Bodenspekulation ab; Terrains und Häuser wurden günstig gekauft und mit überhohem Gewinn wieder verkauft. Darunter war auch das Eckhaus Königgrätzer Straße 25 mit Fontanes Wohnung. Sein Eigentümer, Ziegeleibesitzer Fritze aus Glindow an der Havel, verkaufte es mit Wirkung vom September 1872 an den Bankier F. A. Hackel und die

Handelsgesellschaft Siegheim & Avellis. Am 30. März 1872 schreibt Fontane an Mathilde von Rohr:

»Meine Frau ist jetzt vor allem in Wohnungsnöten. Ich weiß nicht, ob ich Ihnen schon schrieb, daß unser Haus verkauft ist, daß die Mieten mindestens verdoppelt werden und daß wir also *alle* ziehn. Eine vorzügliche Wohnung in der Dessauer Straße hat uns Tante Merckel vorgestern weggeschnappt. Ich persönlich teile nicht die allgemeinen Ängste; wir müssen natürlich 3 Treppen hoch ziehen und 100 Tlr. mehr bezahlen; c'est tout. Dafür kriegt man aber was.«

Über den weiteren Verlauf der Angelegenheit erfahren wir am 25. September 1872, wieder aus einem Brief an Mathilde von Rohr:

»Unser Leben beginnt sich, jetzt, wo alle ausgeflogenen Vögel heimkehren, wieder in der alten Winterweise zu gestalten. Die großen Gesellschaften sind freilich noch in Rückstand, was ein wahres Glück ist. Vorläufig beschäftigt uns allerpersönlichst unser in etwa 8 Tagen bevorstehender Umzug. Wir freuen uns auf den Wechsel der Szene. Es waren 9 glückliche Jahre, die wir in dieser Wohnung (die wir, wie so vieles andre, Ihnen verdanken) zugebracht haben; aber Haus und Wohnung sind sehr heruntergekommen, und keine Ordnungsliebe, auch der wirtschaftlichsten Frau, reicht aus, eine Wohnung im Stande zu erhalten, wenn alle Nachbarn oben und unten, rechts und links, alles verkommen lassen. Dazu Flur, Treppe, Korridor – alles in einem furchtbaren Zustand, der Hof sieht aus, als könne er das ganze Geheimerats-Viertel mit Typhus versorgen. Alles hat seine Zeit, so auch eine Wohnung. Im übrigen wünschen wir aufrichtigst und in Dankbarkeit gegen das, was zurückliegt, daß die nächsten 9 Jahre nicht unglücklicher verlaufen mögen als die Epoche von 1863 bis 72. Es waren wie die besten so auch die interessantesten Jahre meines Lebens. Drei Kriege und welche! Alles an den Fenstern vorüber, Dänen, Kroaten, Turkos. Dazu Reisen kreuz und quer und selbst eine romantische Gefangenschaft.«

Am 3. Oktober erfolgte der Umzug in die neue Wohnung *Potsdamer Straße 134c, drei Treppen links*. Hierzu lesen wir wieder in einem Brief an Mathilde von Rohr am 31. Oktober 1872:

»Dieser Oktober soll nicht aus der Zeitlichkeit scheiden, ohne daß ich Ihnen vorher noch für Ihren lieben Brief vom 6. d. M. gedankt hätte. Vieles darin tat mir wohl, am meisten aber die, ich darf es wohl sagen, in Demut von mir hingenommenen Worte: ›Sie und Ihre liebe Frau bringen Segen in jedes Haus, in der unausgesetzten Tätigkeit und der dankbaren Anerkennung dessen, was Gott Ihnen schenkt.‹ Diese Worte hätten mich zu allen Zeiten beglückt, an *dem* Tage aber, an dem sie hier eintrafen, wirkten sie wie ein Talisman, denn unmittelbar vorher hatte mir meine Frau erzählt, das alte Judenweib, das vorher diese Wohnung inne hatte, sei mit den Worten von hier geschieden: ›na, Freude soll er hier nicht erleben‹. Bei all meinem Vertraun in die Gnade Gottes, die auf den Wunsch eines alten Judenweibes nicht von mir abfallen wird, verstimmte mich die Sache doch ein wenig, und ich atmete erst freier auf, als Ihre Zeilen wie eine Art Exorzismus des Teufels eintrafen. Ein christlicher Segenswunsch wird doch wohl mächtiger sein als ein alter, halbversteckter Judenfluch. Mögen Ihre freundlichen Gesinnungen und Fürsprachen an *aller*oberster Stelle uns ferner schützend zur Seite stehn.«

Friedrich Fontane schrieb später hierzu:

»Beelzebubs Geist schien allerdings in der verlassenen

Wohnung noch herrschen zu wollen. Seit Jahren aufgespeicherter Schmutz starrte den Ankömmlingen entgegen. Aber die schlimmste Hinterlassenschaft barg jener eigentümliche Schlafraum, der, Alkoven genannt, in alten Gebäuden die Verbindung zwischen den Vorder- und Hinterstuben herstellte. Hier wimmelte es nur so von Ungetier, hier feierte die Bettwanze ungestörte, ewige Brautnacht. In allen Fugen und Ritzen war es lebendig. An den Wänden, in herabhängenden Fetzen vielfach überklebter Tapeten hatten sie seit Äonen sich ihre Nester gebaut. Dazu gesellten sich, namentlich in der Küche, als ebenbürtige Bundesgenossen die biederen Schwaben in einer kaum übersehbaren Heerschau.

In diesem fürchterlichen Chaos galt es nun Ordnung zu schaffen. Eine wahre Sysiphusarbeit mußte geleistet werden. Da darf es nicht wundernehmen, daß eine tüchtige Hausfrau oft zu verzagen drohte. Denn dieser Kampf gegen den ›Feind im Hause‹ ging fast schon über Menschenkräfte. Es kostete viele Tränen, bis es endlich unter Anwendung radikalster Mittel gelang, die Säuberung zu vollziehen, die Räume wohnlich, behaglich und besuchsfähig herzurichten. – Kein Geringerer als Richard *Lucae*, damals Direktor der Bauakademie, stand dem ihm befreundeten Ehepaar mit fachmännischem Rat zur Seite. Es wurde gründliche Arbeit getan. Die Wand, deren Fenster von dem Hinterzimmer aus spärliches Licht in den bösen Alkoven fallen ließ, mußte der Axt weichen. Und so reihte sich eine Verbesserung an die andre.«

Zurückschauend darf man wohl sagen, daß die Segenswünsche des Fräuleins von Rohr in Erfüllung gegangen sind. Theodor Fontane blieb in dieser Wohnung bis zu seinem Tode.

Der Bau des Hauses wurde 1847 begonnen, fertig war

es im März 1848. Es bestand aus dem Vorderhaus und zwei Seitenflügeln und hatte einen Feuerkassenwert von 10825 Talern. Sein erster Besitzer war der Privatmann Carl August Karsch; nach weiteren zwei Besitzern kam das Haus im Dezember 1866 an die »Balley Brandenburg des ritterlichen Ordens St. Johannis vom Spital zu Jerusalem«. Daher wird Fontanes Wohnung auch gern als im »alten Johanniterhause« gelegen bezeichnet, obwohl das Haus keineswegs alt war. Der Feuerkassenwert betrug 1872 übrigens 20600 Taler, war also in 24 Jahren auf das Doppelte gestiegen. Im Jahre 1905 erwarb die »Bazar-Aktiengesellschaft« das Haus, ließ es abreißen und vom Architekten Ludwig Engel durch ein Geschäftshaus für die bekannte Modenzeitschrift ersetzen. Im zweiten Weltkrieg wurde es zerstört. Als Kuriosum sei erwähnt, daß das Haus als einziges in Berlin zwei Gedenktafeln für dieselbe Person – Theodor Fontane – trug; nämlich die erste, 1899 von der Stadt Berlin gestiftete auf dem Hofe des Neubaus, und die zweite, 1906 vom Bauherrn gestiftete, als Ersatz für die im Format nicht mehr an die Fassade passende alte Tafel, an der Front des Neubaues.

Fontanes Wohnung lag wie gesagt im 3. Stockwerk. Aber es war *keine* Mansarde, wie der Dichter, untertreibend, sie ein paarmal bezeichnete, lag sie doch in dem voll ausgebauten dritten Geschoß.

Übrigens brauchten die im Brief vom 30. März 1872 vermuteten 100 Taler nicht mehr gezahlt werden. Für die neue Wohnung – 4 Zimmer mit Küche und Kammer – zahlte man 70 Reichstaler pro Quartal, später 210 Mark, also 70 Mark im Monat, und das 26 Jahre lang.

Über die Einrichtung der Wohnung wissen wir fast nichts, nur über das Arbeitszimmer des Dichters hat uns Friedrich Fontane in einem ausführlichen Aufsatz im

Heft 9 der »Brandenburgischen Jahrbücher«, Jahrgang 1938, unterrichtet. Neben dem bekannten »Schreibtischfoto« aus dem Jahre 1896 kennen wir noch das Aquarell, das Marie von Bunsen im November 1898 von einem Ausschnitt des Arbeitszimmers gemalt hat und das im Märkischen Museum hängt. In diesem Zimmer hat der Dichter einen großen Teil seines Lebenswerkes geschaffen, besonders seine unvergänglichen Romane. Den Schreibtisch hatte er von seinem Freund, dem Kunsthistoriker Wilhelm Lübke, erworben, als dieser 1861 an das Polytechnikum nach Zürich ging. Schreibtisch und Sessel mit anderen Erinnerungsstücken kamen nach dem Tode Emilie Fontanes im Jahre 1903 als Geschenk der Erben in das Märkische Museum, wo im Neubau eigens ein Fontane-Zimmer eingerichtet wurde. Im zweiten Weltkrieg wurde der Schreibtisch ausgelagert und ist seitdem verschollen, nur der Sessel existiert noch.

Die Standuhr stammte bereits aus dem Besitz des Vaters, und Fontane wollte bei der Erbaufteilung eigentlich auf sie verzichten, wie aus einem Brief an den Schwager Sommerfeldt vom 29. Oktober 1867 hervorgeht. Er hat sie aber dann doch bekommen. Nach dem Tode von Emilie Fontane wurde das Mobiliar unter die Erben verteilt, und vieles erhielt Friedrich Fontane. Nach dessen Tode 1941 verkaufte sein Sohn verschiedene Möbel an das Neuruppiner Museum, wo sie infolge Kriegseinwirkung verlorengingen. Nur die Standuhr blieb erhalten und schmückt heute den Fontane-Raum im Neuruppiner Heimatmuseum.

Auch einer der Bücherschränke Fontanes ist erhalten geblieben, weil er sich im Besitz des Theodor-Fontane-Archivs in Potsdam befand und dort die Kriegswirren überdauerte. Heute enthält er die Erstausgaben des

Dichters. Wahrscheinlich befanden sich weitere Möbel aus der Fontane-Wohnung im Besitz von dessen Enkel Otto Fontane, der in der Landauer Straße in Wilmersdorf wohnte und dort 1944 ausgebombt wurde, so daß hier nichts mehr erhalten ist.

In der Potsdamer Straße hat der Dichter den Aufstieg Berlins von der zwar bedeutenden, aber im Äußeren noch provinziellen Hauptstadt Preußens zur Reichshauptstadt und Weltstadt miterlebt. Am 14. August 1873 erfolgte der erste Spatenstich für die neue Kanalisation, die später auch für Fontanes Haus das hygienisch einwandfreie Spülklosett brachte. 1879 wurde die durch die Potsdamer Straße laufende Pferdebahnlinie nach Schöneberg eröffnet, seit 1897 fuhr die elektrische Straßenbahn hier vorbei. Von hier aus machte der Dichter seine Spaziergänge am Landwehrkanal, zum Tiergarten, durch die Königgrätzer Straße zum Potsdamer Platz, wo Anfang der neunziger Jahre das Café Josty eröffnet wurde (vgl. S. 76 dieses Bandes). 1895 entstand das Gedicht »Meine Reiselust«, in dessen zweiter Strophe Fontane seine Spaziergänge um das Johanniterhaus heiter-ironisch schildert (vgl. S. 213f. dieses Bandes).

Das Fragment einer Novelle »Die Drei-Treppen-Leute«, deren Handschrift sich bis 1945 im Theodor-Fontane-Archiv befand, wurde zusammen mit der Skizze »Umzug« von Friedrich Fontane unter dem Titel »Wie Theodor Fontane umzog. Aus unveröffentlichten Manuskripten« in der »Vossischen Zeitung« vom 5. August 1922 abgedruckt. In Fontanes Briefen aus den späten Jahren finden wir humorvolle Schilderungen aus dem Leben in der Potsdamer Straße wie die Episode mit dem vergessenen Hausschlüssel vom April 1884 oder die Schilderung der Wohnungsrenovierung im August 1891 (vgl. S. 198f. und 205f. dieses

Bandes). Hier erlebte der Dichter mit seiner Gattin auch schmerzliche und frohe Ereignisse mit den Kindern: Im September 1887 starb der älteste Sohn, George, an Blinddarmvereiterung; 1888 gründete der jüngste Sohn, Friedel, seinen Verlag, der später auch das Werk des Vaters publizierte; 1889 wurde der Sohn Theodor Intendanturrat und später »Wirklicher Geheimer Kriegsrat« im Range eines Generals, und im Januar 1898 feierte er noch die Verlobung der Tochter Mete mit dem Architekten Karl Emil Otto Fritsch, dem Herausgeber der »Deutschen Bauzeitung«. Theodor Fontane und seine Gattin waren gemeinsam alt geworden, das Lebensschiff lenkte in ruhiges Fahrwasser. Am 20. September 1898, abends gegen neun Uhr, starb Fontane in seiner Wohnung. Vier Tage später trug man seine sterbliche Hülle die 75 Stufen hinab, um sie auf dem Kirchhof der Französischen Gemeinde im Berliner Norden zu bestatten. Am 18. Februar 1902 starb Emilie Fontane und wurde neben ihrem Gatten beigesetzt.

Quellen

Die Texte sind folgenden Fontane-Ausgaben des Aufbau-Verlages und des Aufbau Taschenbuch Verlages, Berlin, entnommen:

Große Brandenburger Ausgabe. Hrsg. von Gotthard Erler. 1994 ff.
Stine. Hrsg. von Christine Hehle. 2000.
Der Ehebriefwechsel. Hrsg. von Gotthard Erler unter Mitarbeit von Therese Erler. 3 Bände. 1998.
Gedichte. Hrsg. von Joachim Krueger und Anita Golz. 3 Bände. 1995 (eine Auswahl unter dem Titel »Leichte Wolke, sei mein Wagen. Die schönsten Gedichte« als Taschenbuch lieferbar).
Tagebücher. Hrsg. von Charlotte Jolles unter Mitarbeit von Rudolf Muhs (Band 1) und Gotthard Erler unter Mitarbeit von Therese Erler (Band 2). 1994.
Wanderungen durch die Mark Brandenburg. Hrsg. von Gotthard Erler und Rudolf Mingau unter Mitarbeit von Therese Erler. 8 Bände. 1997 (auch als Taschenbuch-Kassette lieferbar).

Romane und Erzählungen in 8 Bänden. Hrsg. von Peter Goldammer, Gotthard Erler, Anita Golz und Jürgen Jahn. 4. Aufl. 1993:
Cécile. Hrsg. von Anita Golz.
Der Stechlin. Hrsg. von Gotthard Erler.
Die Poggenpuhls. Hrsg. von Gotthard Erler.
Frau Jenny Treibel. Hrsg. von Gotthard Erler.

Autobiographische Schriften. Hrsg. von Gotthard Erler, Peter Goldammer und Joachim Krueger. 3 Bände. 1982.

Briefe an Julius Rodenberg. Eine Dokumentation. Hrsg. von Hans-Heinrich Reuter. 1969.

Der Briefwechsel zwischen Theodor Fontane und Paul Heyse. Hrsg. von Gotthard Erler. 1972.

Theodor Fontanes Briefwechsel mit Wilhelm Wolfsohn. Hrsg. von Christa Schultze. 1988.

Aus den Tagen der Okkupation. Eine Osterreise durch Nordfrankreich und Elsaß-Lothringen 1871. Mit einem Nachwort von Gotthard Erler. 2000.
Kriegsgefangen. Erlebtes 1870. Mit einem Nachwort von Gotthard Erler. 1999.

Meine Kinderjahre. Autobiographischer Roman. Hrsg. von Gotthard Erler. 3. Aufl. 1998.

Von, vor und nach der Reise. Plaudereien und kleine Geschichten. Mit einem Nachwort von Gotthard Erler. 1999.

Von Zwanzig bis Dreißig. Autobiographisches. Hrsg. von Peter Goldammer. 2. Aufl. 1998.

Herangezogen wurden ferner:

Briefe. Hrsg. von Kurt Schreinert, zu Ende geführt von Charlotte Jolles. 4 Bände. Propyläen-Verlag, Berlin 1968–1973.

Theodor Fontane, Sämtliche Werke (Nymphenburger Ausgabe):
Band XVII. Hrsg. von Charlotte Jolles.
Band XXI/1 und 2. Hrsg. von Kurt Schreinert.
Band XXII/1, 2 und 3. Hrsg. von Edgar Gross.
Band XXIII/1 und 2. Hrsg. von Rainer Bachmann und Edgar Gross.

Theodor Fontane, Werke, Schriften und Briefe (Hanser-Ausgabe), Abteilung IV: Briefe. Hrsg. von Helmuth Nürnberger. 4 Bände. 1976–1982.

Briefe an Georg Friedlaender. Hrsg. von Kurt Schreinert. Verlag Quelle & Meyer. Heidelberg 1954. Als insel taschenbuch hrsg. von Walter Hettche. 1994.

Briefe an Wilhelm und Hans Hertz. Hrsg. von Kurt Schreinert, vollendet von Gerhard Hay. Ernst Klett Verlag. Stuttgart 1972.

Bei dem Text von Hans-Werner Klünner über »Fontanes Berliner Wohnstätten« handelt es sich um die aktualisierte, diesem Band angepaßte Version eines Aufsatzes, der 1977 im Band 4, Heft 2, der »Fontane-Blätter« erschienen ist. Hans-Werner Klünner starb am 14. Oktober 1999.

Dem Vorwort »Fontane und Berlin – Geschichte einer Haßliebe« liegt ein Artikel zugrunde, den Gotthard Erler am 26. Februar 1994 im »Tagesspiegel« veröffentlichte und der im selben Jahr in den von Günther Rühle herausgegebenen Band »LiteraturOrt Berlin« aufgenommen wurde.

Für die Zusammenstellung in diesem Band wurden die Fontane-Texte in Orthographie und Interpunktion modernisiert.

Detaillierte Inhaltsübersicht

Berlin und die Berliner

Berliner Topographie

Fontane als Berliner

Anhang